国家出版基金项目
NATIONAL PUBLICATION FOUNDATION

馮其庸文集

卷十四

曹雪芹家世新考 上

青島出版社

圖書在版編目（CIP）數據

馮其庸文集．第14卷，曹雪芹家世新考．上／馮其庸著．
—青島：青島出版社，2012.12
ISBN 978-7-5436-8990-9

Ⅰ．①馮… Ⅱ．①馮… Ⅲ．①馮其庸—文集
②曹雪芹—家族—研究 Ⅳ．①C53 ②K820.9

中國版本圖書館CIP數據核字（2012）第290936號

責任編輯 劉　詠　董建國
責任校對 張書才　任曉輝　趙　旭　孫熙春　高海英

曹雪芹家世新考

宽堂

圖版目録

一、始建於金大定初年的遼陽白塔

二、遼陽殘存的東京城

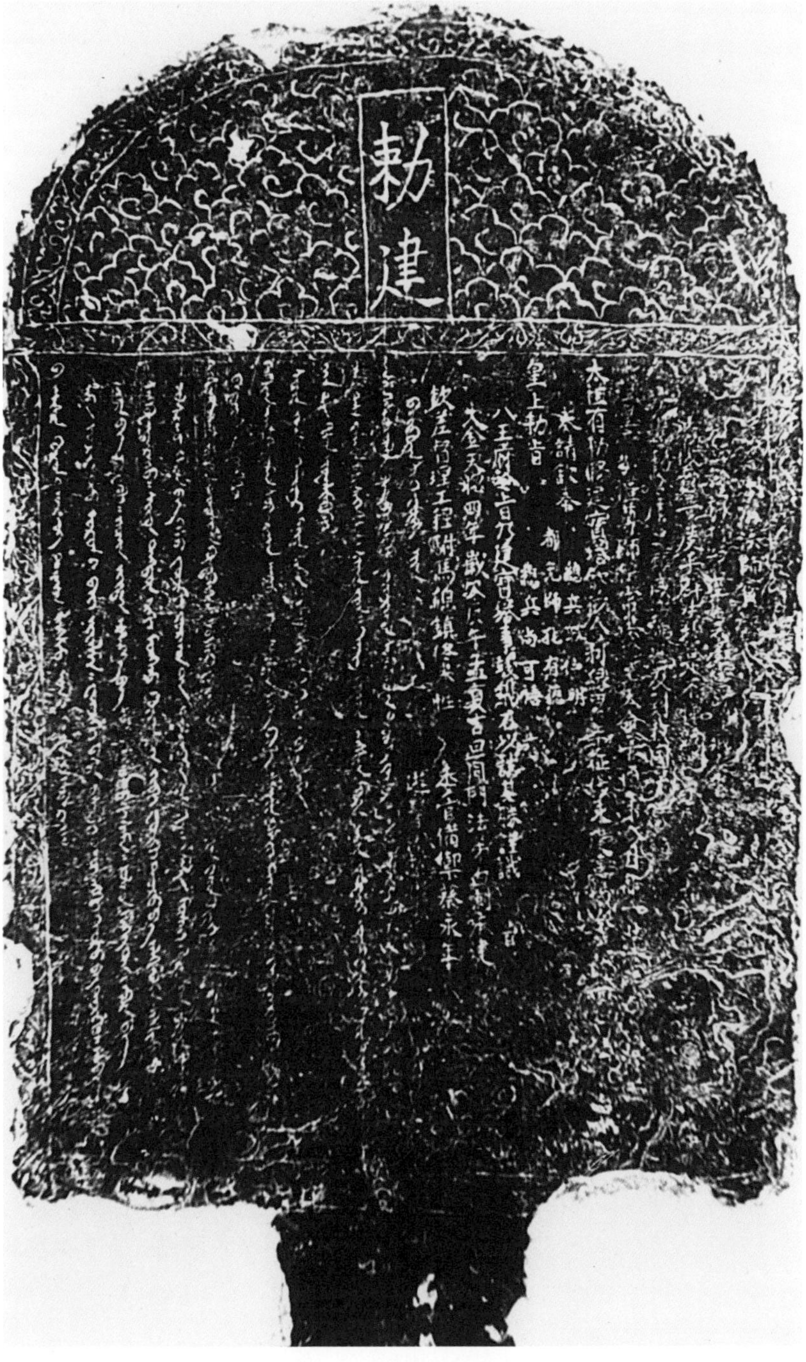

三、天聰四年"大金喇嘛法師寶記碑"碑陽

四、“大金喇嘛法師寶記碑”碑陰及題名

五、“大金喇嘛法師寶記碑”碑陰曹振彦題名

六、“大金喇嘛法師寶記碑”碑陰曹振彦題名前“教官”職銜特寫

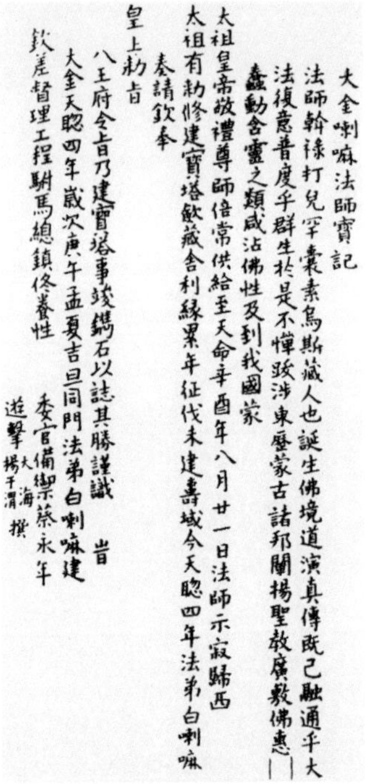

七、“大金喇嘛法師寶記碑”
碑陽文字曹汛摹本

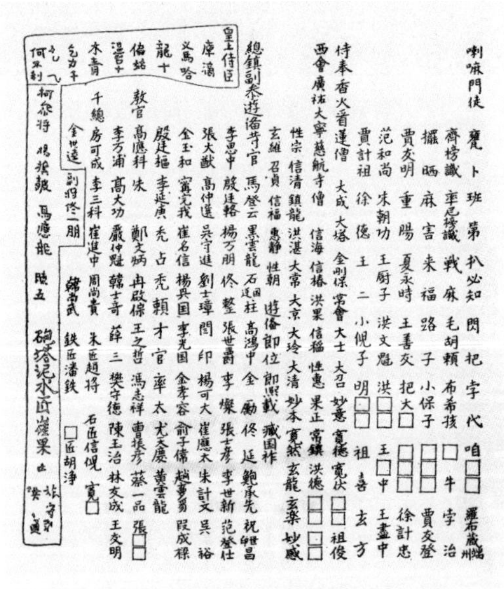

八、“大金喇嘛法師寶記碑”碑陰文字曹汛摹本

九、天聰四年九月“玉皇廟碑”碑陽

一一、“玉皇廟碑”碑陰曹振彥題名特寫

一〇、“玉皇廟碑”碑陰及題名

一二、天聰七年孔有德、耿仲明乞降疏滿文原本

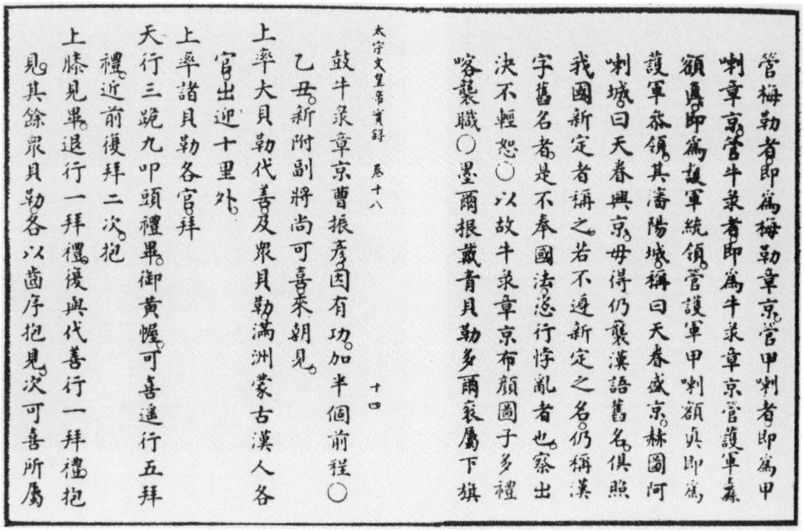

管梅勒者即爲梅勒章京管甲喇者即爲甲喇章京管牛彔者即爲牛彔章京管護軍纛額真即爲護軍統領管護軍甲喇額真即爲護軍參領其瀋陽城稱曰天眷盛京赫圖阿喇城曰天眷興京毋得仍襲漢語舊名俱照我國新定者稱之若不遵新定之名仍稱漢字舊名者是不奉國法恣行悖亂者也察出決不輕恕○以故牛彔章京布顏圖子多禮喀襲職○墨爾根戴青貝勒多爾袞屬下旗

太宗文皇帝實錄　卷十八　十四

鼓牛彔章京曹振彥因有功加半個前程○
乙丑新附副將尚可喜來朝見
上率大貝勒代善及衆貝勒滿洲蒙古漢人各官出迎十里外
上率諸貝勒各官拜
天行三跪九叩頭禮畢御黃幄可喜進行五拜禮近前復拜二次抱
上膝見畢退行一拜禮復與代善行一拜禮抱見其餘衆貝勒各以齒序抱見次可喜所屬

一三、天聰八年甲戌《清太宗實録》中關於曹振彦的記載

一四、崇德六年的“彌陀寺碑”

一五、“彌陀寺碑”碑陽拓本

一七、“彌陀寺碑”碑陰曹世爵題名

一八、“彌陀寺碑”碑陰曹得先、曹得選題名

一六、“彌陀寺碑”碑陰拓本

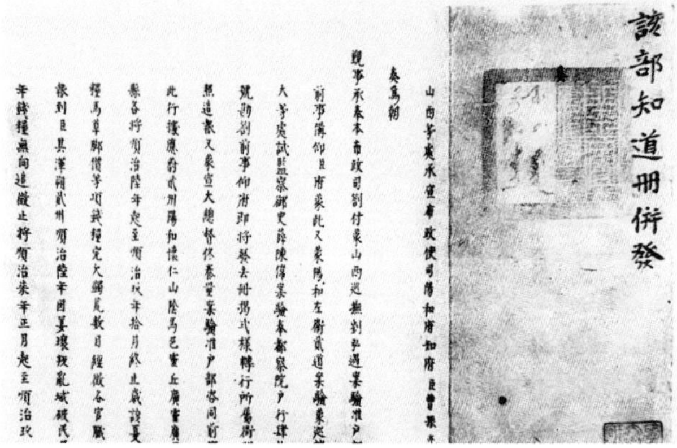

一九、順治九年山西陽和府知府曹振彥奏摺之一

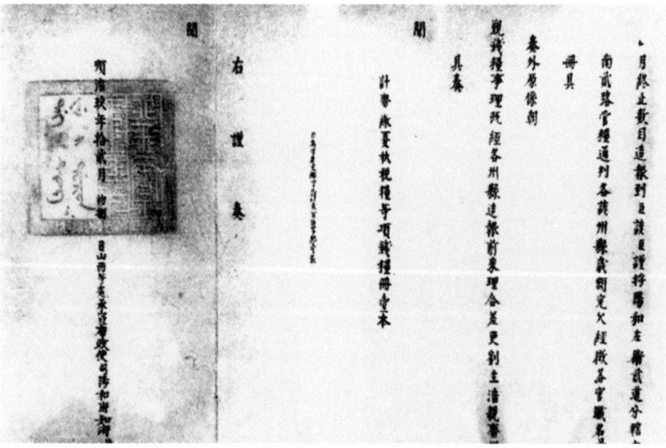

二〇、順治九年山西陽和府知府曹振彥奏摺之二

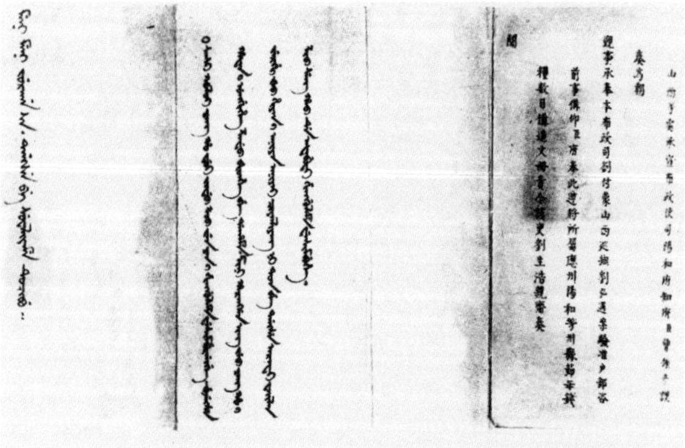

二一、順治九年山西陽和府知府曹振彥奏摺之三

二二、順治十二年吉州曹振彦題名碑碑陽

二三、順治十二年吉州曹振彦題名碑碑陰

二五、康熙二十三年未刊稿本《江寧府志•曹璽傳》之二

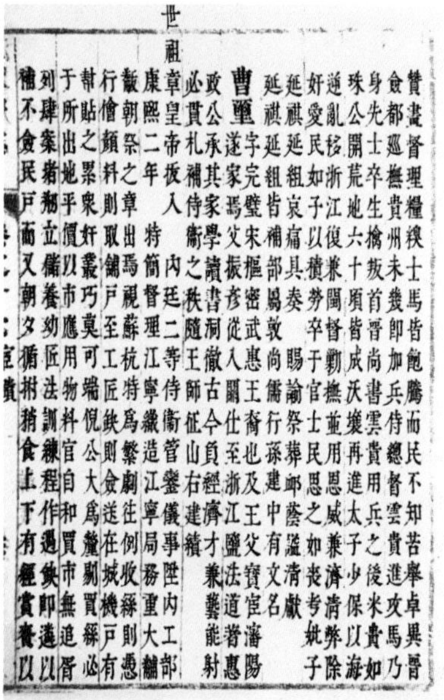

二四、康熙二十三年未刊稿本《江寧府志•曹璽傳》之一

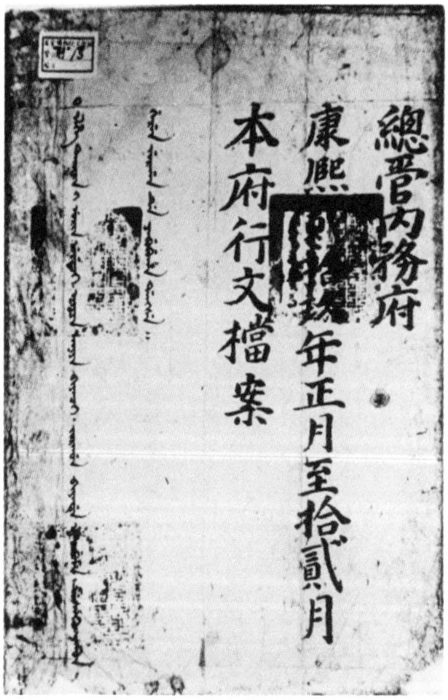

總管內務府

康熙[illegible]年正月至拾貳月

本府行文檔案

二六、內務府爲曹順等捐納監生事行文檔册封面

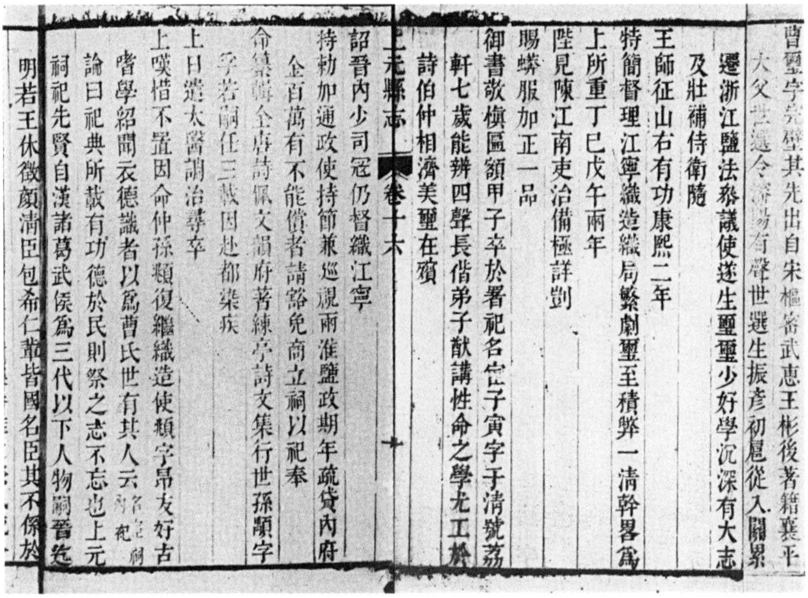
曹璽字完璧其先出自宋樞密武惠王彬後著籍襄平
大父世選令瀋陽有聲世選生振彥初扈從入關累
遷浙江鹽法參議使遂生璽璽少好學沉深有大志
及壯補侍衛隨
王師征山右有功康熙二年
特簡督理江寧織造織局繁劇璽至積弊一清幹略爲
上所重丁巳戊午兩年
陛見陳江南吏治備極詳剴
賜蟒服加正一品
御書敬慎匾額甲子卒於署祀名宦子寅字子清號荔
軒七歲能辨四聲長偕弟子猷講性命之學尤工於
詩伯仲相濟美璽在殯

上元縣志 卷十六 十

詔晉內少司寇仍督織江寧
特敕加通政使持節兼巡視兩淮鹽政期年疏貸內府
金百萬有不能償者請豁免商立祠以祀奉
命纂輯全唐詩佩文韻府著楝亭詩文集行世孫顒字
孚若嗣任三載因赴都染疾
上日遣太醫調治尋卒
上嘆惜不置因命仲孫頫復繼織造使頫字昂友好古
嗜學紹聞衣德識者以爲曹氏世有其人云名宦祠內祀
論曰祀典所載有功德於民則祭之志不忘也上元
祠祀先賢自漢諸葛武侯爲三代以下人物嗣晉迄
明若王休徵顏清臣包希仁輩皆國名臣其不係於

二七、康熙六十年刊本《上元縣志•曹璽傳》

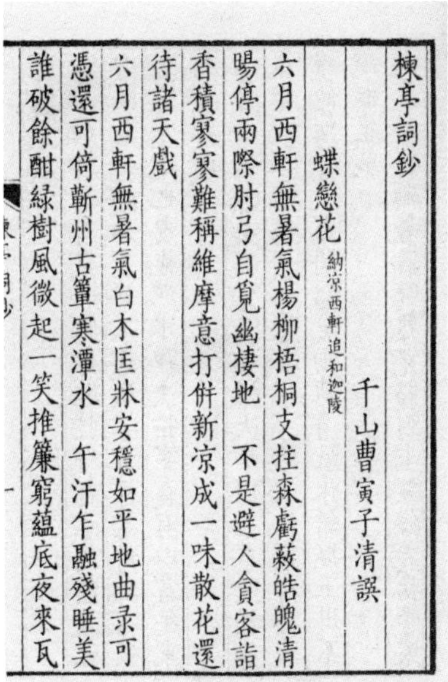
楝亭詞鈔
千山曹寅子清譔
蝶戀花 納涼西軒追和迦陵
六月西軒無暑氣楊柳梧桐支拄森虧蔽皓魄清
暘停雨際肘弓自覓幽棲地 不是避人貪客詣
香積寥寥難稱維摩意打併新凉成一味散花還
待諸天戲
六月西軒無暑氣白木匡牀安穩如平地曲彔可
憑還可倚蘄州古簟寒潭水 午汗乍融殘睡美
誰破餘酣綠樹風微起一笑推簾窮蘊底夜來瓦

二九、曹寅《楝亭詞鈔》之第一頁

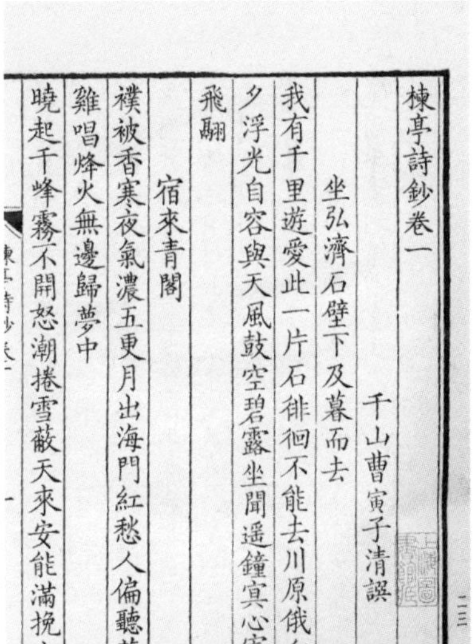
楝亭詩鈔卷一
千山曹寅子清譔
坐弘濟石壁下及暮而去
我有千里遊愛此一片石徘徊不能去川原俄向
夕浮光自容與天風鼓空碧露坐聞遙鐘冥心寄
飛翮
宿來青閣
襆被香寒夜氣濃五更月出海門紅愁人偏聽荒
雞唱烽火無邊歸夢中
曉起千峰霧不開怒潮捲雪蔽天來安能滿挽水

二八、曹寅《楝亭詩鈔》之第一頁，曹寅自署“千山曹寅”

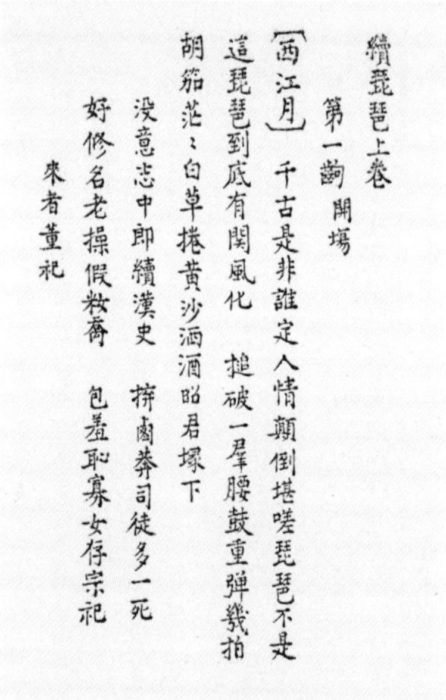

續琵琶上卷
第一齣 開場
〔西江月〕千古是非誰定人情顛倒堪嗟琵琶不是
這琵琶到底有關風化 搥破一羣腰鼓重彈幾拍
胡笳茫茫白草捲黃沙洒酒昭君塚下
没意忠中郎續漢史 捹肉莽司徒多一死
好修名老操假救齋 包羞耻寡女存宗祀
來者董祀

三〇、曹寅《續琵琶》鈔本

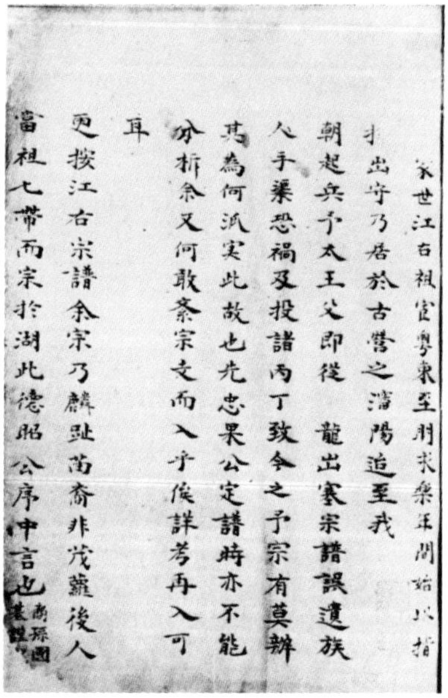

家世江右祖宦粤東至明永樂年間始以指
揮出守乃居於古營之潘陽追至我
朝起兵于太王父即從 龍出塞宋譜誤遺族
人手渠恐禍及投諸丙丁致令之予宗有莫辨
其為何派实此故也先忠果公定譜時亦不能
分析余又何敢叅宗支而入于伥詳考再入可
耳
更按江右宗譜余宗乃麟趾苗裔非茂蘿後人
當祖七帶而宗於湖此德昭公序中言也 裔孫國基謹識

三一、康熙鈔本《甘氏家譜》甘國基序文

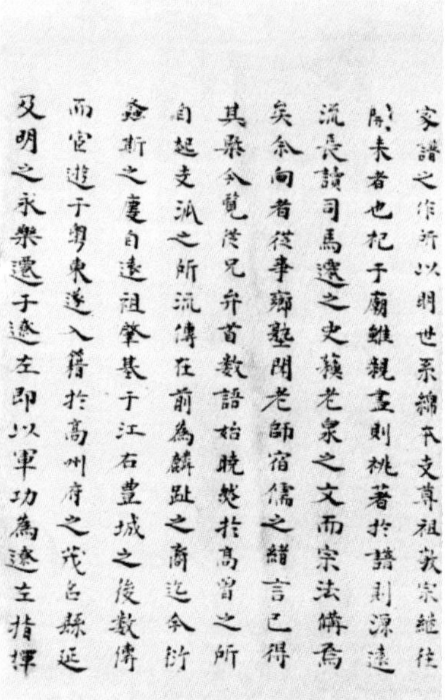

家譜之作所以明世系總本支尊祖敬宗繼往
開來者也杞于廟雖親盡則祧著於譜則源遠
流長讀司馬遷之史類老泉之文而宗法備焉
矣余向者從事鄉塾聞老師宿儒之緒言已得
其槩余覧從兄弁首數語始曉然於高曾之所
自起支派之所流傳在前為麟趾之裔迄今所
叅斯之處自遠祖肇基于江右豐城之後數傳
而宦遊于粤東遂入籍於高州府之茂名縣延
及明之永樂遷于遼左即以軍功為遼左指揮

三二、康熙鈔本《甘氏家譜》甘國堂序文之第一頁

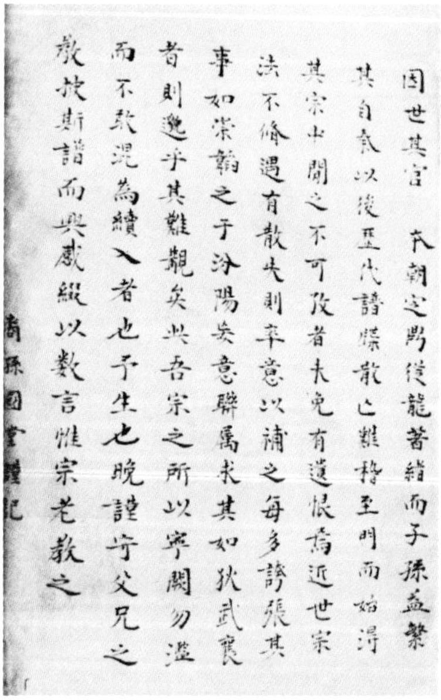

因世其官 本朝定鼎從龍著績而子孫益繁
其自氣以後歷代譜牒散亡雖稽至明而始得
其宗中間之不可攷者未免有遺恨焉近世宗
法不脩遇有散失則率意以補之每多誇張其
事如宗翰之于汾陽安意聯屬求其如狄武襄
者則邈乎其難覯矣此吾宗之所以寧闕勿濫
而不敢混為續入者也予生也晚謹守父兄之
教故斯譜而與感緘以數言惟宗老教之
裔孫國堂謹記

三三、康熙鈔本《甘氏家譜》甘國堂序文之第二頁

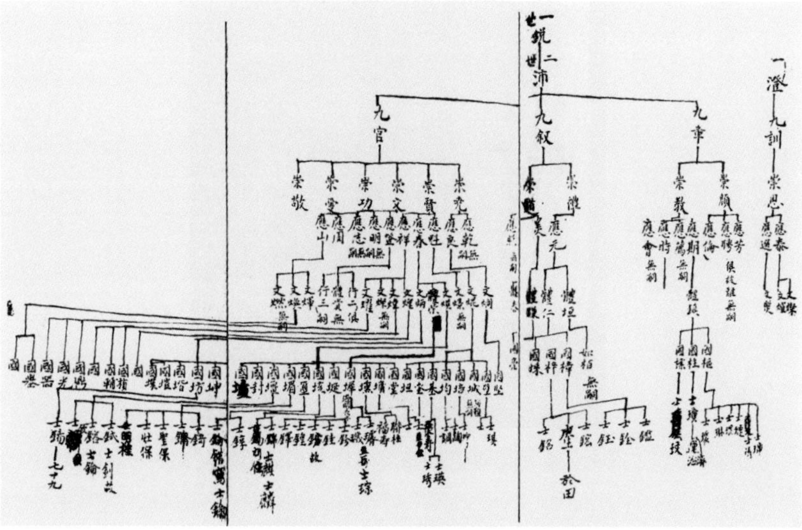

三四、康熙鈔本《甘氏家譜》之世系表

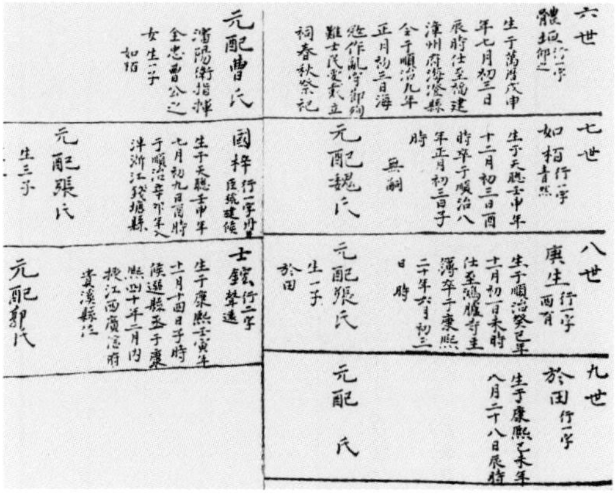

三六、康熙鈔本《甘氏家譜》中之甘體垣

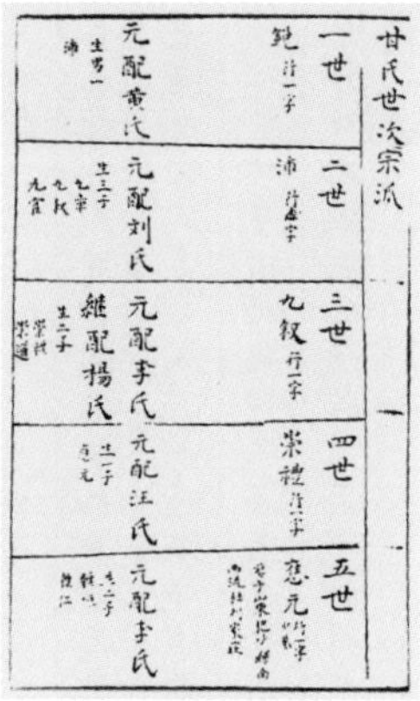

三五、康熙鈔本《甘氏家譜》之世次宗派

三七、康熙鈔本甘國基著《勁草堂詩稿》封面

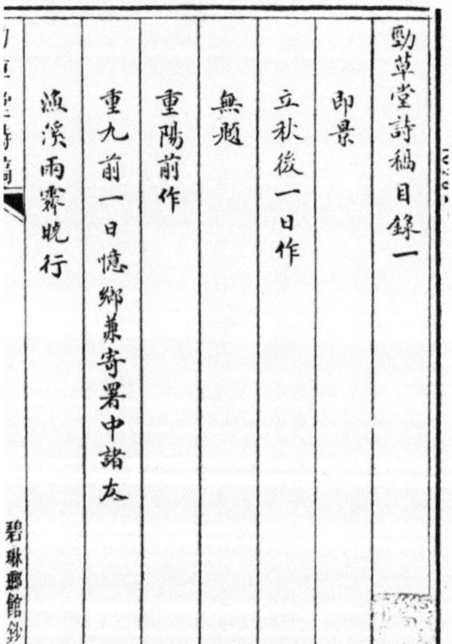

勁草堂詩稿目録一

即景

立秋後一日作

無題

重陽前作

重九前一日憶鄉兼寄署中諸友

漁溪雨霽晚行

碧琳琅館鈔書

三八、康熙鈔本《勁草堂詩稿》目録

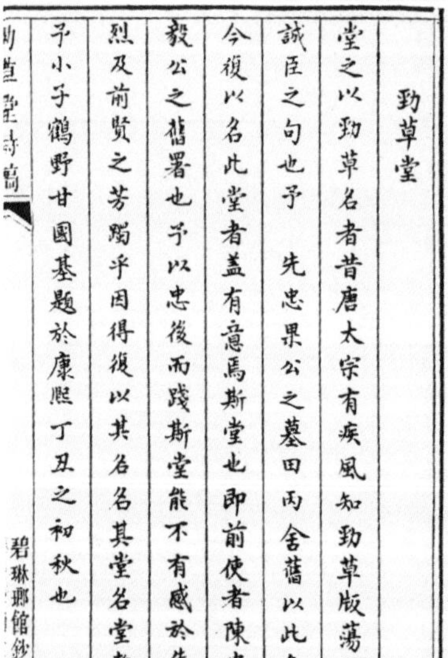

勁草堂

堂之以勁草名者昔唐太宗有疾風知勁草版蕩識誠臣之句也予　先忠果公之墓田丙舍舊以此名今復以名此堂者蓋有意焉斯堂也即前使者陳忠毅公之舊署也予以忠後而踐斯堂能不有感於先烈及前賢之芳躅乎因得復以其名名其堂名堂者予小子鶴野甘國基題於康熙丁丑之和秋也

碧琳琅館鈔書

三九、康熙鈔本《勁草堂詩稿》中之《勁草堂》一文

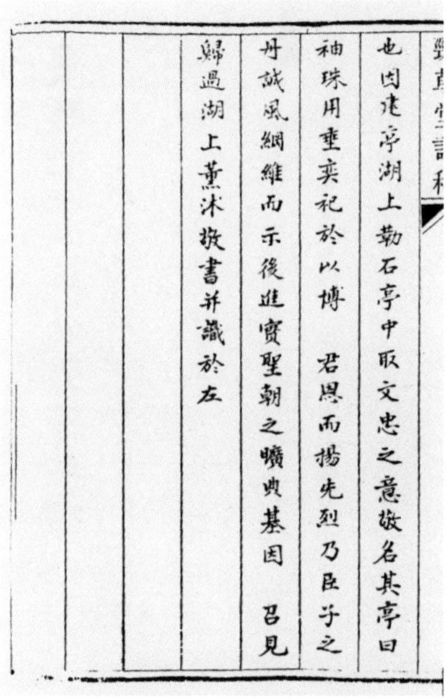
也因建亭湖上勒石亭中取文忠之意敬名其亭曰
袖珠用垂奕祀於以博　君恩而揚先烈乃臣子之
丹誠風綱維而示後進實聖朝之曠典基因　呂見
歸過湖上薰沐敬書并識於左

四一、康熙鈔本《勁草堂詩稿》中之《袖珠亭恭紀》一文之二

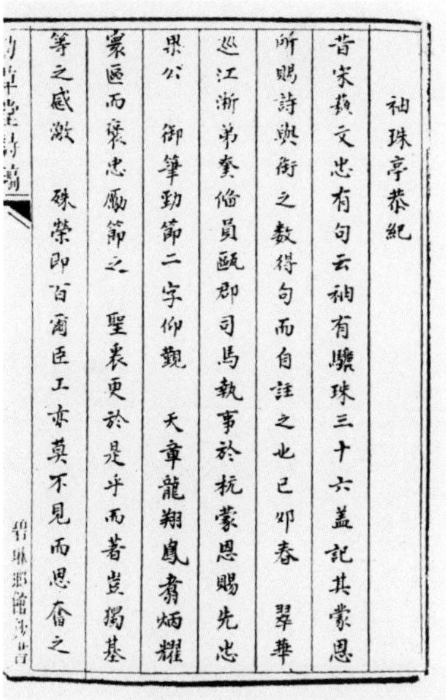
袖珠亭恭紀
昔家藝文忠有句云袖有驪珠三十六蓋記其蒙恩
所賜詩與銜之數得句而自註之也己卯春　翠華
巡江浙弟𡚱偹員甌郡司馬執事於杭蒙恩賜先忠
果公　御筆勁節二字仰覩　天章龍翔鳳翥炳耀
褒匾而褒忠勵節之　聖衷更於是乎而著豈獨基
等之感激　殊榮即百爾臣工亦莫不見而思奮之
勁草堂詩稿　碧琳瑯館叢書

四〇、康熙鈔本《勁草堂詩稿》中之《袖珠亭恭紀》一文之一

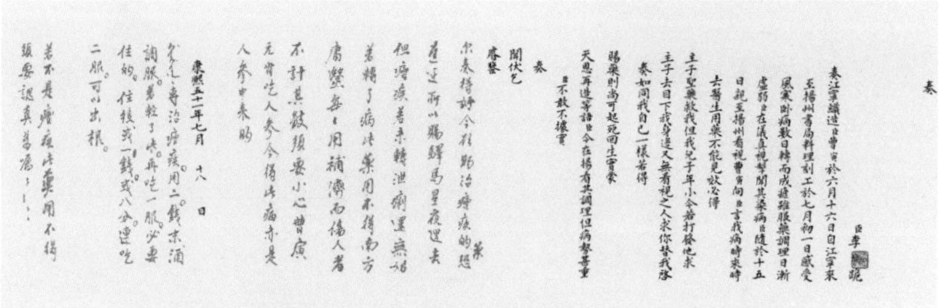

四二、康熙五十一年七月李煦奏報曹寅病重乞賜藥摺

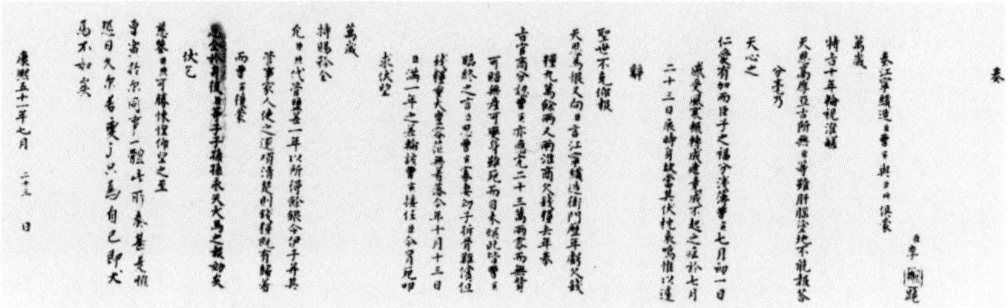

四三、康熙五十一年七月李煦奏報曹寅病故摺

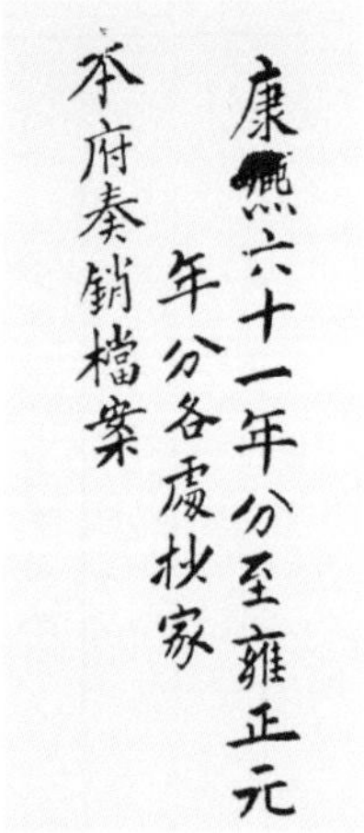

康熙六十一年分至雍正元
年分各處抄家
本府奏銷檔案

四四、查抄李煦家產摺單

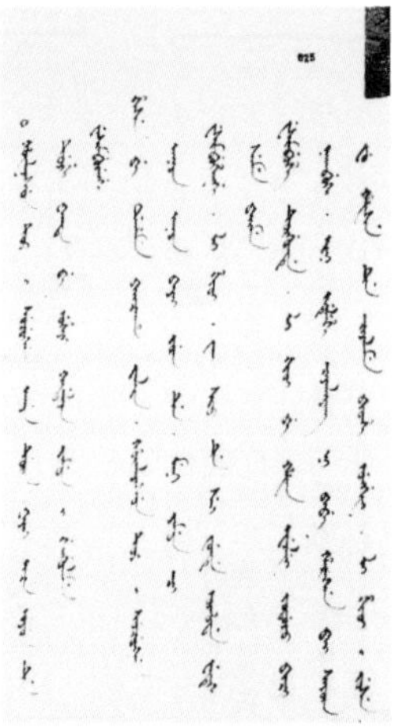

四五、查抄李煦家產摺單滿文本之一

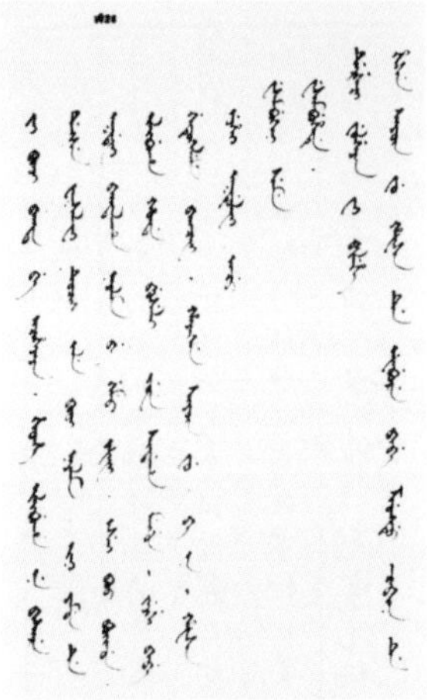

四六、查抄李煦家產摺單滿文本之二

四七、李煦山東故家柳疃姜家寨今貌，今村中尚存李煦家碑記。李煦稱曹雪芹祖母李氏（曹寅之妻）爲妹，李氏是曹家敗落之最後經歷者，抄家後與少年雪芹同遷回北京蒜市口居住

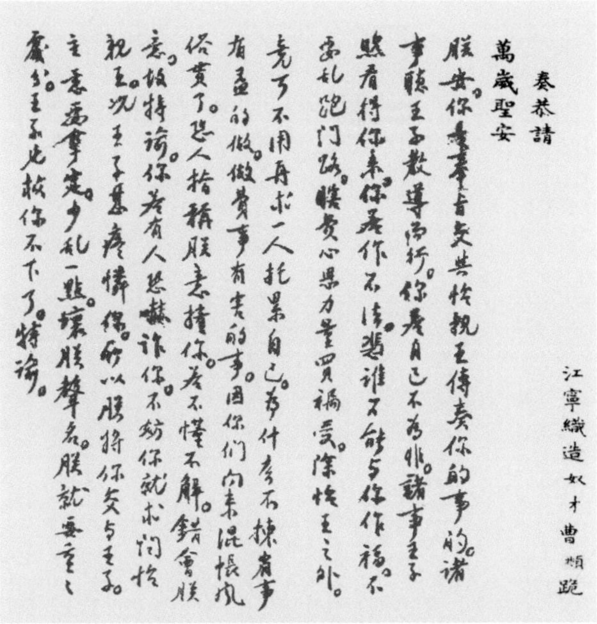

江寧織造奴才曹頫跪

奏恭請

萬歲聖安

朕安。你是奉旨交與怡王傳奏你的事的。諸
事聽王子教導而行。你若自己不為非。諸事王子
照看得你來。你若作不法。憑誰不能與你作福。不
要亂跑門路。瞎費心思力量買禍受。除怡王之外。
竟可不用再求一人托累自己。為什麽不揀省事
有益的做。做費事有害的事。因你們向來混賬風
俗貫了。恐人指稱朕意撞你。若不懂不解。錯會朕
意。故特諭。你若有人恐嚇詐你。不妨你就求問怡
親王。況王子甚疼憐你。所以朕將你交與王子。
主意要拿定。少亂一點。壞朕聲名。朕就要重重
處分。王子也救你不下了。特諭。

四八、雍正二年江寧織造曹頫請安摺及雍正硃批

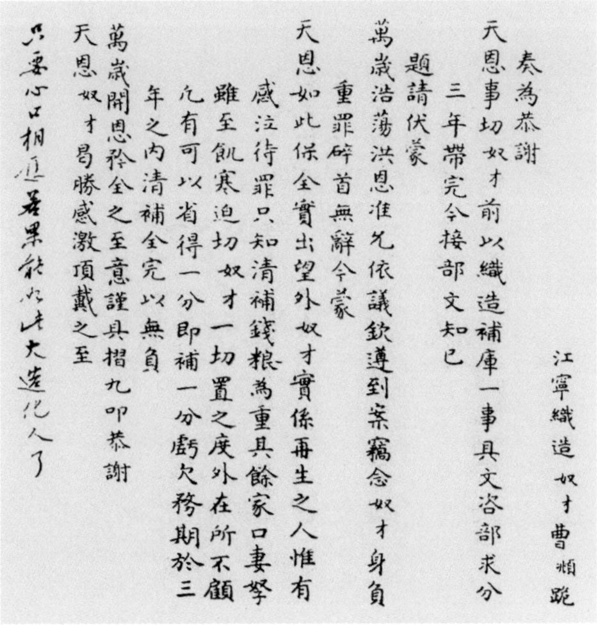

江寧織造奴才曹頫跪

奏為恭謝

天恩事切奴才前以織造補庫一事具文咨部求分
三年帶完今接部文知已
題請伏蒙
萬歲浩蕩洪恩准允依議欽遵到案竊念奴才身負
重罪碎首無辭今蒙
天恩如此保全實出望外奴才實係再生之人惟有
感泣待罪只知清補錢粮為重其餘家口妻孥
雖至飢寒迫切奴才一切置之度外在所不顧
凡有可以省得一分即補一分虧欠務期於三
年之內清補全完以無負
萬歲開恩矜全之至意謹具摺九叩恭謝
天恩奴才曷勝感激頂戴之至

只要心口相應若果能如此大造化人了

四九、雍正二年正月初七日曹頫奏謝摺

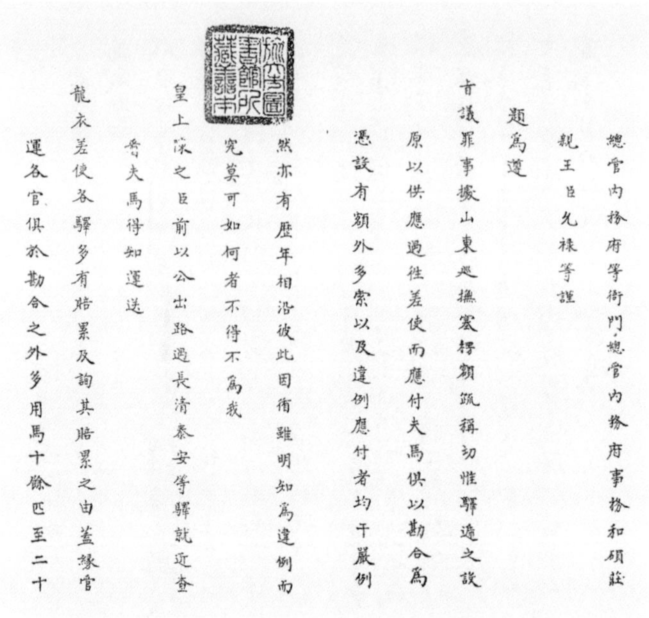

總管內務府等衙門總管內務府事務和碩莊
親王臣允祿等謹
題爲遵
旨議罪事據山東巡撫塞楞額疏稱切惟驛遞之設
原以供應過往差使而應付夫馬俱以勘合爲
憑設有額外多索以及違例應付者均干嚴例
然亦有歷年相沿彼此因循雖明知爲違例而
究莫可如何者不得不爲我
皇上陳之臣前以公出路過長清泰安等驛就近查
看夫馬得知運送
龍衣差使各驛多有賠累及詢其賠累之由蓋緣管
運各官俱於勘合之外多用馬十餘匹至二十

五〇、雍正五年曹頫騷擾驛站獲罪結案題本之一

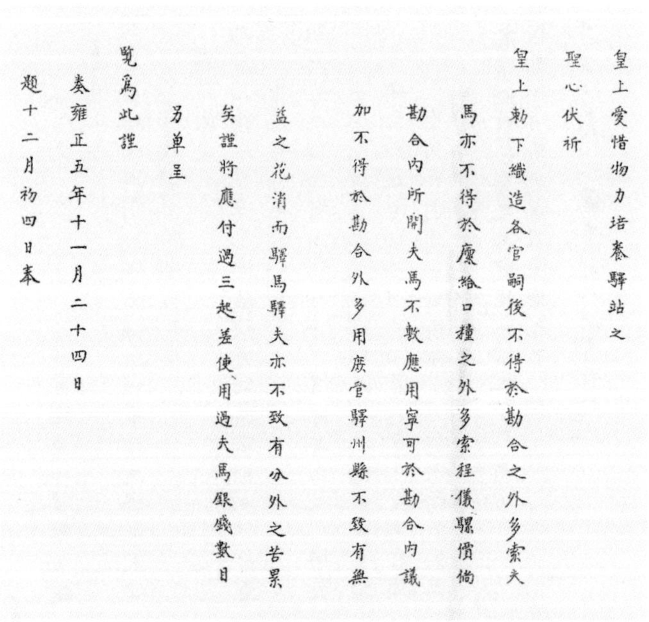

皇上愛惜物力培養驛站之
聖心伏祈
皇上勅下織造各官嗣後不得於勘合之外多索夫
馬亦不得於廩給口糧之外多索程儀騾價倘
勘合內所開夫馬不敷應用寧可於勘合內議
加不得於勘合外多用庶管驛州縣不致有無
益之花消而驛馬驛夫亦不致有分外之苦累
矣謹將應付過三起差使用過夫馬騾價數目
另单呈
覽爲此謹
奏雍正五年十一月二十四日
題十二月初四日本

五一、雍正五年曹頫騷擾驛站獲罪結案題本之二

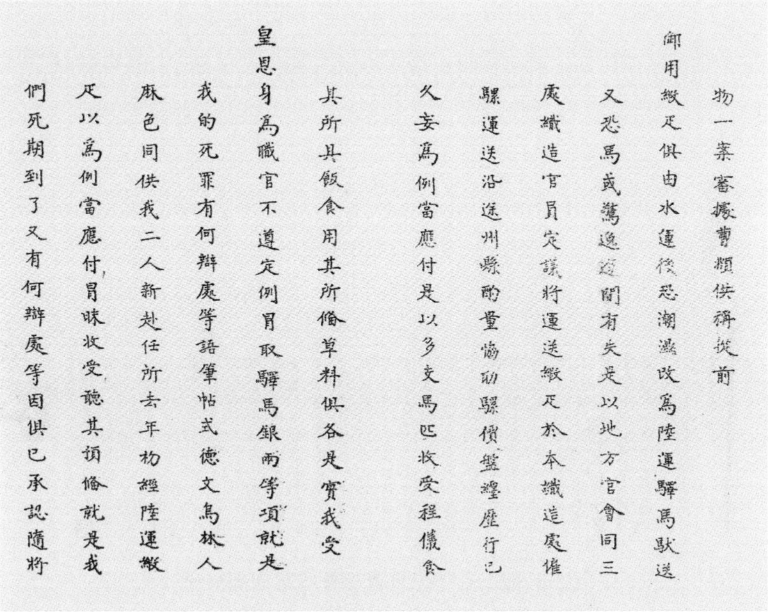

物一案審據曹頫供稱從前
御用緞疋俱由水運後恐潮濕改為陸運驛馬馱送
又恐馬或驚逸途間有失是以地方官會同三
處織造官員定議將運送緞疋於本織造處僱
騾運送沿途州縣酌量協助騾價盤纏歷行已
久妄為例當應付是以多支馬匹收受程儀食
其所具飯食用其所備草料俱各是實我受
皇恩身為職官不遵定例冒取驛馬銀兩等項就是
我的死罪有何辯處等語筆帖式德文烏林人
麻色同供我二人新赴任所去年初經陸運緞
疋以為例當應付冒昧收受聽其領備就是我
們死期到了又有何辯處等因俱已承認隨將

五二、雍正五年曹頫騷擾驛站獲罪結案題本之三

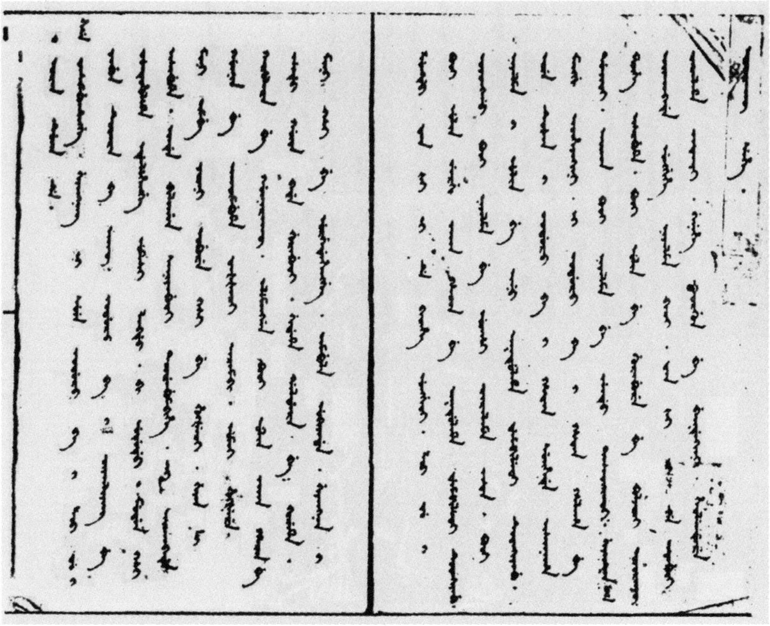

五三、雍正命江南總督范時繹查封曹頫家産上諭

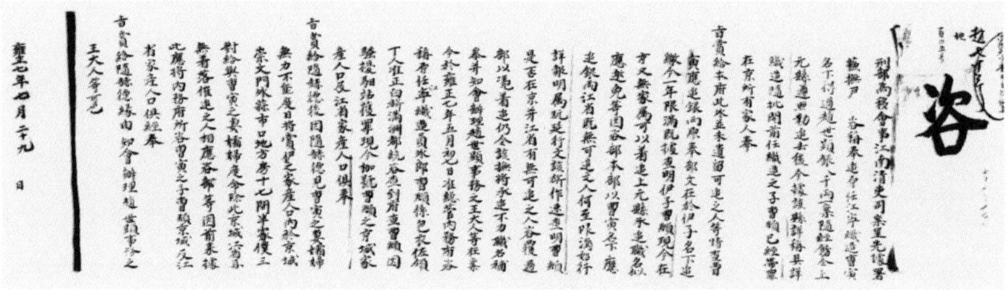

五四、雍正七年七月曹頫獲罪案刑部移會

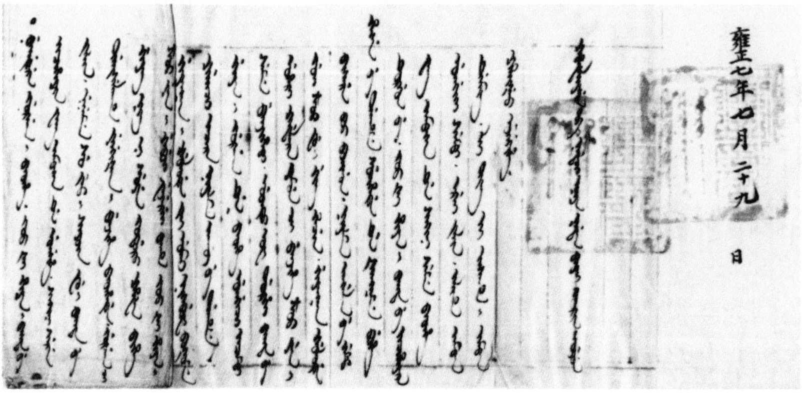

五五、刑部移會滿文本

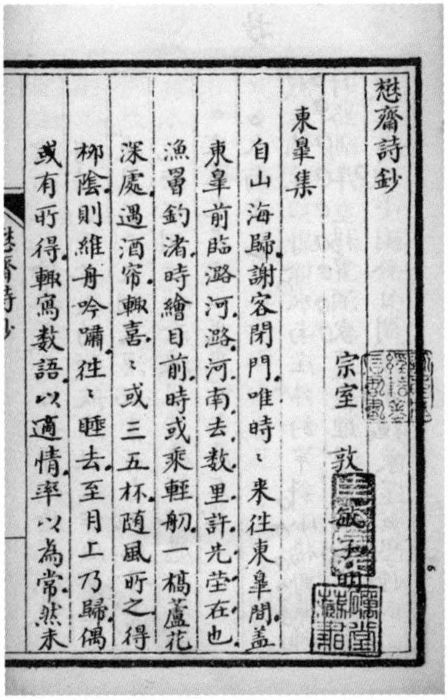

五六、敦敏《懋齋詩鈔》之第一頁

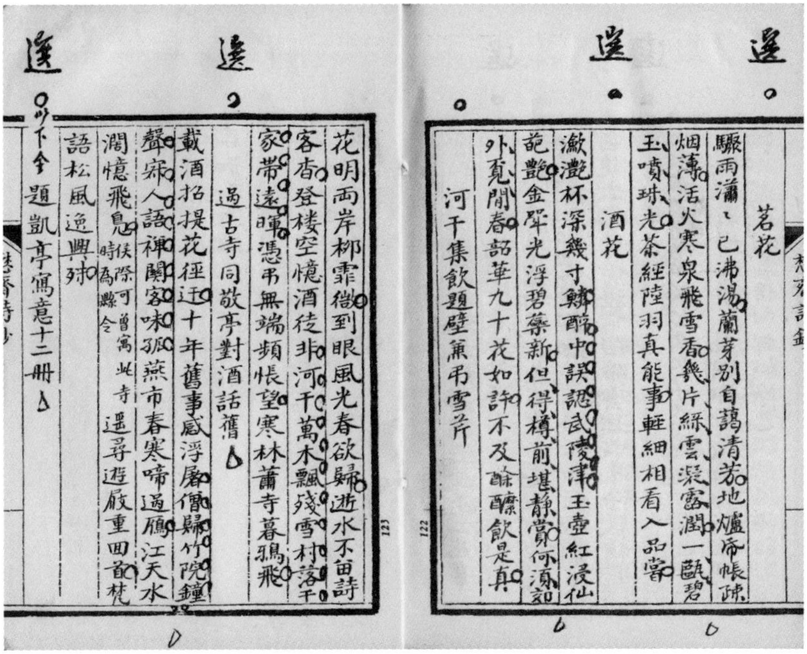

五七、《懋齋詩鈔》付刻底本中《河干集飲題壁兼吊雪芹》詩

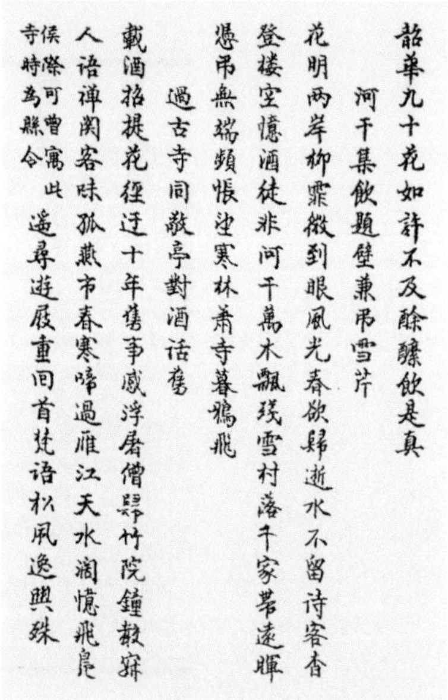
韶華九十花如許不及酴醾飲是真
河干集飲題壁兼弔雪芹
花明兩岸柳霏微到眼風光春欲歸逝水不留詩客杳
登樓空憶酒徒非河干萬木飄殘雪村落千家帶遠暉
憑弔無端頻悵望寒林蕭寺暮鴉飛
過古寺同敬亭對酒話舊
載酒格提花徑迂十年舊事感浮屠僧歸竹院鐘敲寂
人語禪関客味孤燕市春寒啼過雁江天水闊憶飛鳧
侯際可曾寓此寺時為縣令 遙尋遊屐重回首梵語松風逸興殊

五八、美國哈佛大學圖書館所藏鈔本《懋齋詩鈔》中之《河干集飲》詩

四松堂集卷一
古今體詩一百三十七首　宗室敦誠敬亭
田家樂
一村西崦下二頃南山陽春犂得時雨麥隴耘其黃小兒牧犢豕大兒築圃場老妻上機杼阿女縫衣裳羅孫護雞塒中婦炊黃粱男女各有役好樂貴無荒既畢我公賦乃盈我倉箱豐年足衣食野人奚所望
夜景
東林一片月西園滿山雪寒夜獨自歸天地同皎潔

五九、嘉慶初原刻本愛新覺羅敦誠著《四松堂集》

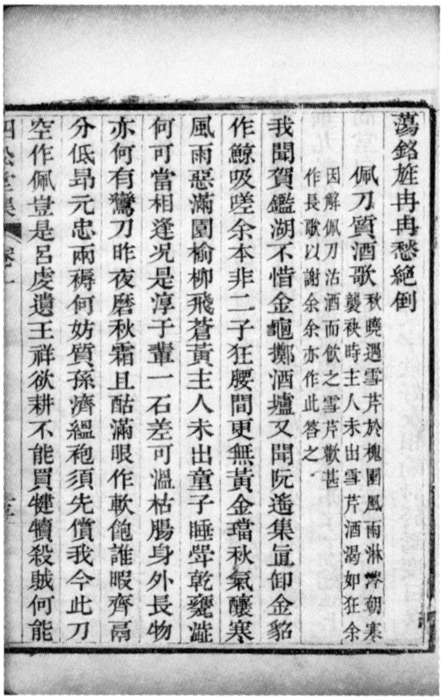
蕩銘旌冉冉愁絕倒
佩刀質酒歌 秋曉遇雪芹於槐園風雨淋涔朝寒襲袂時主人未出雪芹酒渴如狂余因解佩刀沽酒而飲之雪芹歡甚作長歌以謝余余亦作此答之
我聞賀鑑湖不惜金龜擲酒壚又聞阮遙集直卸金貂作鯨吸嗟余本非二子狂腰間更無黃金璫秋氣釀寒風雨惡滿園榆柳飛蒼黃主人未出童子睡斝乾甕澁何可當相逢況是淳于輩一石差可溫枯腸身外長物亦何有鸞刀昨夜磨秋霜且酤滿眼作軟飽誰暇齊鬲分低昂元忠兩褥何妨質孫濟緼袍須先償我今此刀空作佩豈是呂虔遺王祥欲耕不能買犍犢殺賊何能

六〇、《四松堂集》中之《佩刀質酒歌》

客愁斜照山禽送暮春前途渺何處野老指迷津
寄懷曹雪芹 霑
少陵昔贈曹將軍曾曰魏武之子孫君又無乃將軍後於今環堵蓬蒿屯揚州舊夢久已覺 雪芹曾隨其先祖寅織造之任 且著臨邛犢鼻褌愛君詩筆有奇氣直追昌谷披籬樊當時虎門數晨夕西窗剪燭風雨昏接䍦倒著容君傲高談雄辨虱手捫感時思君不相見薊門落日松亭樽 時余在喜峯口 勸君莫彈食客鋏勸君莫叩富兒門殘盃冷炙有德色不如著書黃葉村
憐元圃 玉寶宗叔 近況代東郤寄

六一、《四松堂集》中之《寄懷曹雪芹霑》

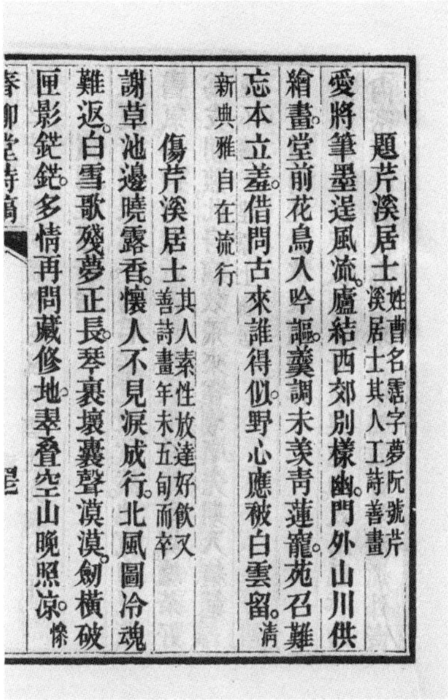

題芹溪居士 姓曹名霑字夢阮號芹溪居士其人工詩善畫
愛將筆墨逞風流。廬結西郊別樣幽。門外山川供
繪畫。堂前花鳥入吟謳。羹調未羡青蓮寵。苑召難
忘本立羞。借問古來誰得似。野心應被白雲留。清
新典雅自在流行
傷芹溪居士 其人素性放達好飲又善詩畫年未五旬而卒
謝草池邊曉露香。懷人不見淚成行。北風圖冷魂
難返。白雪歌殘夢正長。琴裹壞囊聲漠漠。劍橫破
匣影鋩鋩。多情再問藏修地。翠疊空山晚照涼。憐
春柳堂詩稿

六二、張宜泉《春柳堂詩稿》中有關曹雪芹的兩首詩

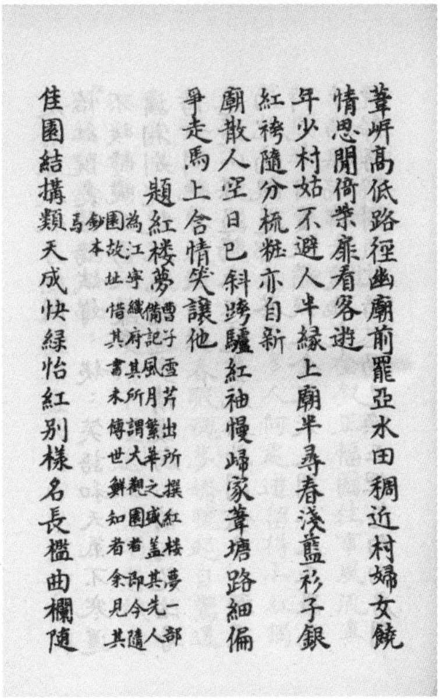

華岍高低路徑幽廟前罷亞水田稠近村婦女饒
情思閒倚柴扉看客遊
年少村姑不避人半緣上廟半尋春淺藍衫子銀
紅褲隨分梳粧亦自新
廟散人空日已斜蹇驢紅袖慢歸家葦塘路細偏
爭走馬上含情笑讓他
題紅樓夢 曹子雪芹出所撰紅樓夢一部備記風月繁華之盛蓋其先人為江寧織府其所謂大觀園者即今隨園故址惜其書未傳世鮮知者余見其鈔本焉
佳園結構類天成快綠怡紅別樣名長檻曲欄隨

六三、明義《綠煙瑣窗集》中《題紅樓夢》詩及其小叙

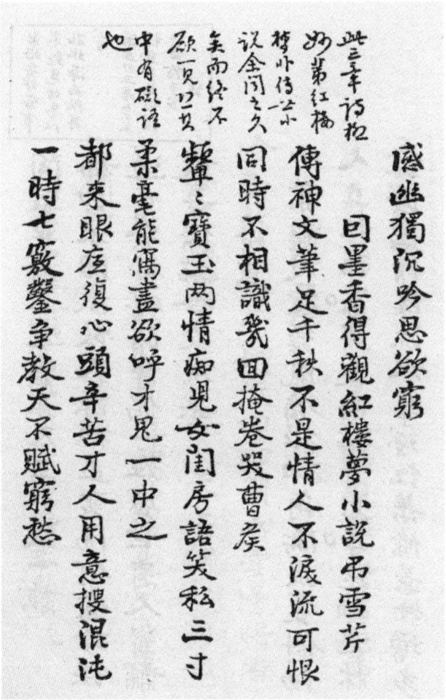

感幽獨沉吟思欲窮
因墨香得觀紅樓夢小說吊雪芹
傳神文筆足千秋不是情人不淚流可恨
同時不相識幾回掩卷哭曹侯
顰顰寶玉兩情痴兒女閨房語笑私三寸
柔毫能寫盡欲呼才鬼一中之
都來眼底復心頭辛苦才人用意搜混沌
一時七竅鑿爭教天不賦窮愁
此三章詩極妙第紅樓夢非傳世小說余聞之久矣而終不欲一見恐其中有礙語也

六四、永忠《延芬室集》中《因墨香得觀紅樓夢小說吊雪芹》詩

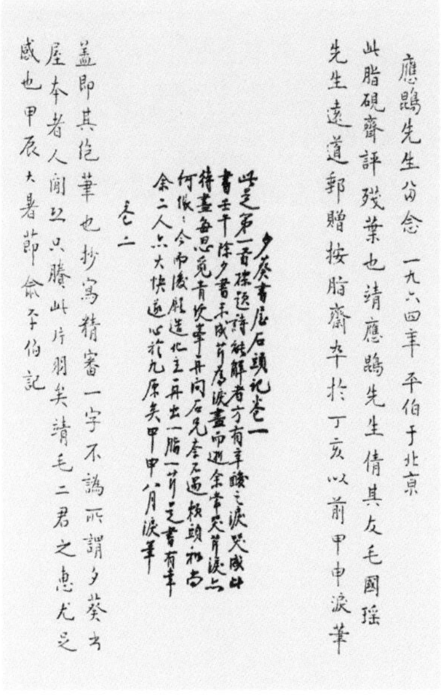

應鵰先生留念 一九六四年 平伯于北京
此脂硯齋評殘葉也靖應鵰先生偕其友毛國瑤
先生遠道郵贈按脂齋卒於丁亥以前甲申淚筆
夕葵書屋石頭記卷一
此是第一首標題詩能解者方有辛酸之淚哭成此書壬午除夕書未成芹為淚盡而逝余嘗哭芹淚亦待盡每思覓青埂峯再問石兄奈不遇獺頭和尚何悵悵今而後惟願造化主再出一脂一芹是書有幸余二人亦大快遂心於九原矣甲申八月淚筆
卷二
蓋即其絕筆也抄寫精審一字不訛所謂夕葵書
屋本者人間只賸此片羽矣靖毛二君之惠尤足
感也甲辰大暑節俞平伯記

六五、俞平伯先生題夕葵書屋《石頭記》脂評殘頁

六六、河北淶水縣張坊鎮沈家庵村之五慶堂曹氏墓地全景

六七、五慶堂曹墓界石之一

六八、五慶堂曹墓界石之二

六九、五慶堂守墓人言鳳林老太太（1979年攝此影
時六十九歲，現已去世）

七〇、《五慶堂曹氏宗譜》正本封面
（簽條上題“恭呈叩求賜序”六字）

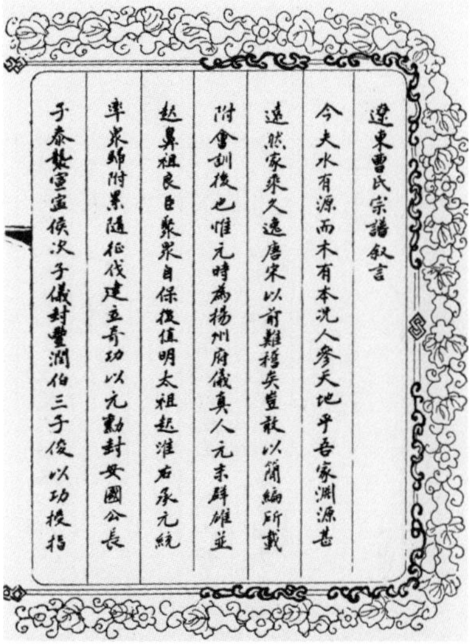

遼東曹氏宗譜叙言

今夫水有源而木有本況人參天地乎吾家淵源甚遠然家乘久遠唐宋以前難稽矣豈敢以簡編所載附會訓後也惟元時爲揚州府儀真人元末群雄並起鼻祖良臣聚衆自保後值明太祖起淮右承允統率衆歸附累隨征伐建立奇功以元勳封安國公長子泰襲寧宣侯次子儀封豐潤伯三子俊以功授指

七一、《五慶堂遼東曹氏宗譜》叙言

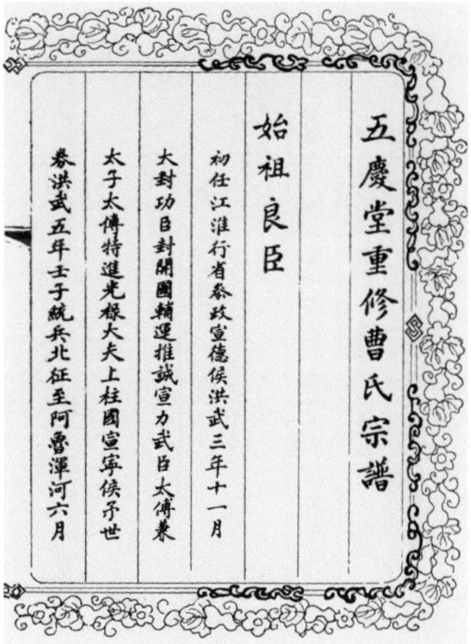

五慶堂重修曹氏宗譜

始祖良臣

初任江淮行省參政宣德侯洪武三年十一月大封功臣封開國輔運推誠宣力武臣太傅兼太子太傅特進光祿大夫上柱國宣寧侯予世券洪武五年壬子統兵北征至阿魯渾河六月

七二、《五慶堂重修曹氏宗譜》之開頭

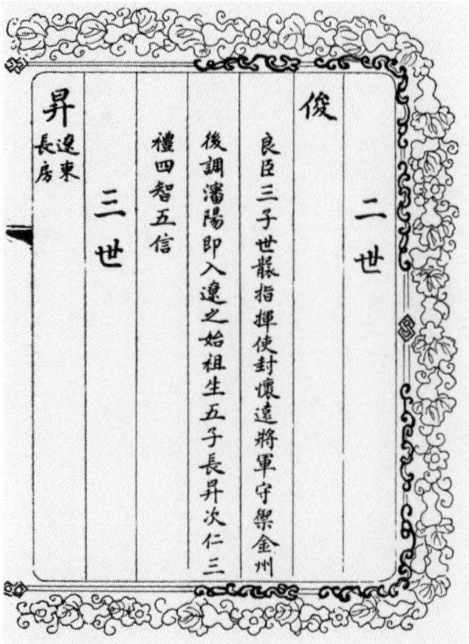

二世

俊

良臣三子世襲指揮使封懷遠將軍守禦金州後調瀋陽即入遼之始祖生五子長昇次仁三禮四智五信

三世

昇 遼東長房

七三、續一

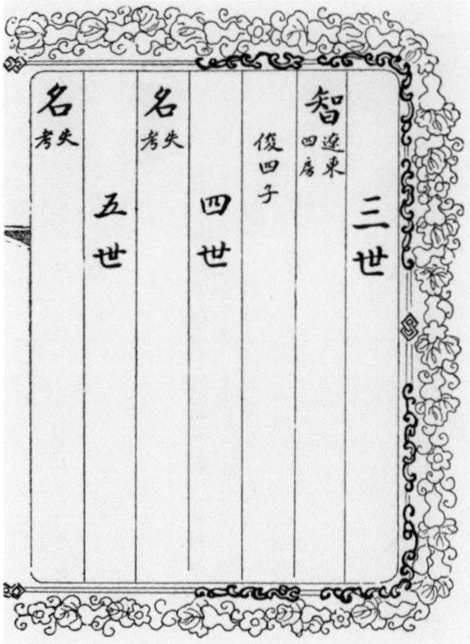

三世

智 遼東四房

俊四子

四世

名 考失

五世

名 考失

七四、續二

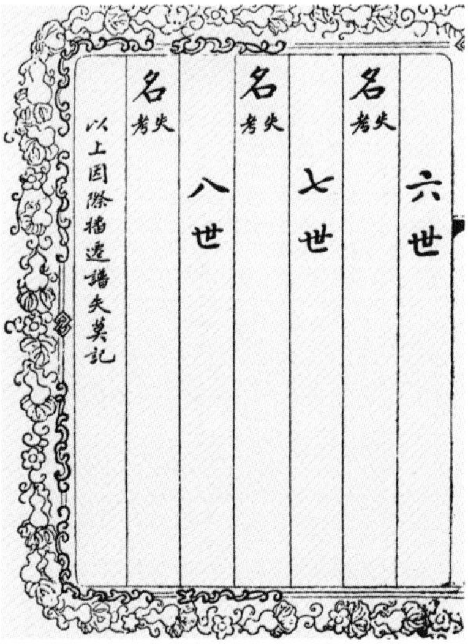
六世
名 失考
七世
名 失考
八世
名 失考
以上因際播遷譜失莫記

七五、續三

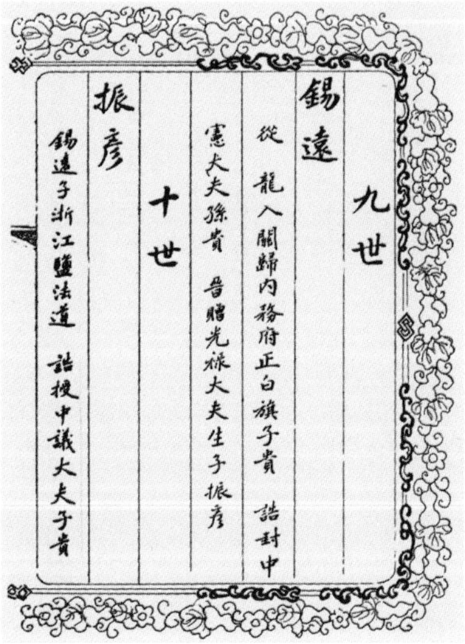
九世
錫遠 從龍入關歸內務府正白旗子貴 誥封中憲大夫孫貴 晉贈光祿大夫生子振彥
十世
振彥 錫遠子浙江鹽法道 誥授中議大夫子貴

七六、續四

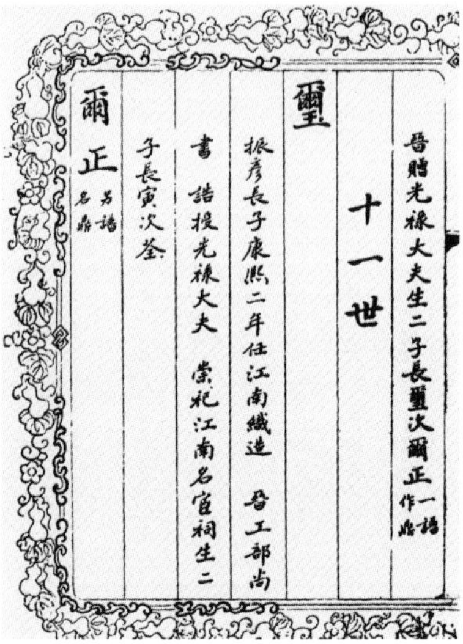
晉贈光祿大夫生二子長璽次爾正一譜作鼎
十一世
璽 振彥長子康熙二年任江南織造 晉工部尚書 誥授光祿大夫 崇祀江南名宦祠生二子長寅次荃
爾正 另譜名鼎

七七、續五

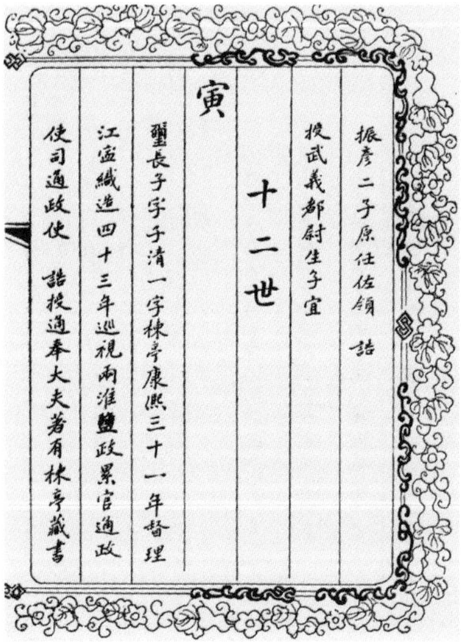
振彥二子原任佐領 誥授武義都尉生子宜
十二世
寅 璽長子字子清一字楝亭康熙三十一年督理江寍織造四十三年巡視兩淮鹽政累官通政使司通政使 誥授通奉大夫著有楝亭藏書

七八、續六

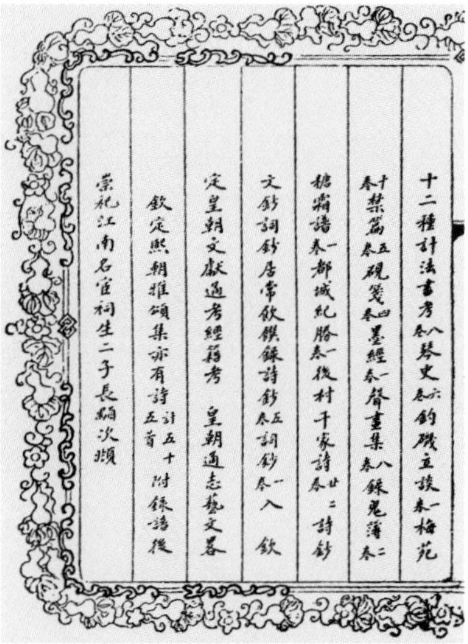

十二種詩法書考八卷琴史六卷釣磯立談一卷梅苑
十卷禁扁五卷硯箋四卷墨經一卷聲畫集八卷錄鬼簿二卷
糖霜譜一卷都城紀勝一卷後村千家詩廿二卷詩鈔
文鈔詞鈔居常飲饌錄詩鈔五卷詞鈔一卷入欽
定皇朝文獻通考經籍考　皇朝通志藝文畧
欽定熙朝雅頌集亦有詩計五十五首附錄詩後
崇祀江南名宦祠生二子長顒次頫

七九、續七

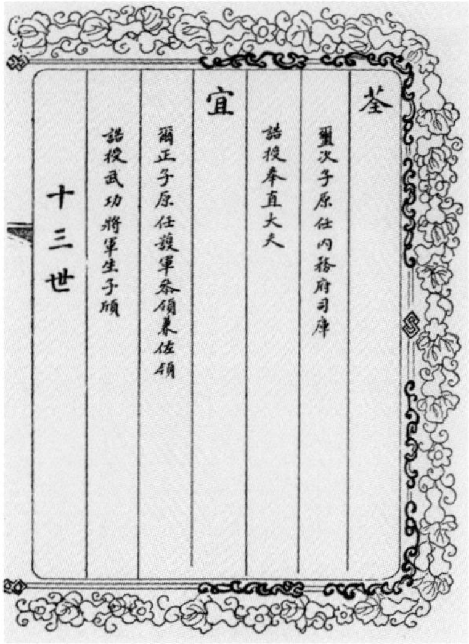

荃
璽次子原任內務府司庫
誥授奉直大夫
宜
爾正子原任護軍參領兼佐領
誥授武功將軍生子頎
十三世

八〇、續八

顒
寅長子內務府郎中督理江南織造
誥授中憲大夫生子天佑
頫
寅次子內務府員外郎督理江南織
造　誥授朝議大夫
頎

八一、續九

宜子原任二等侍衛兼佐領
誥授武義都尉
十四世
天佑顒子官州同

八二、續十

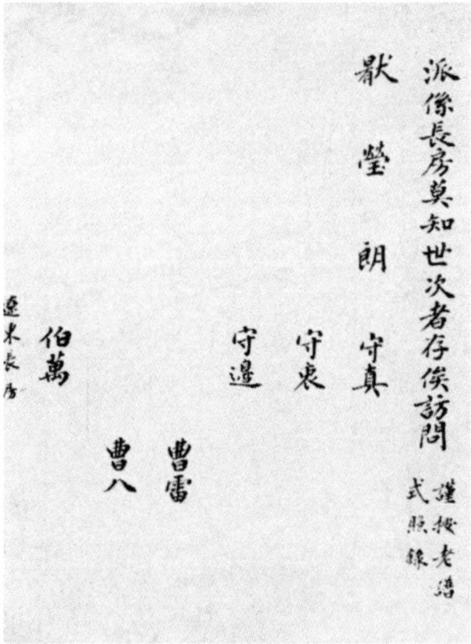

八三、續十一

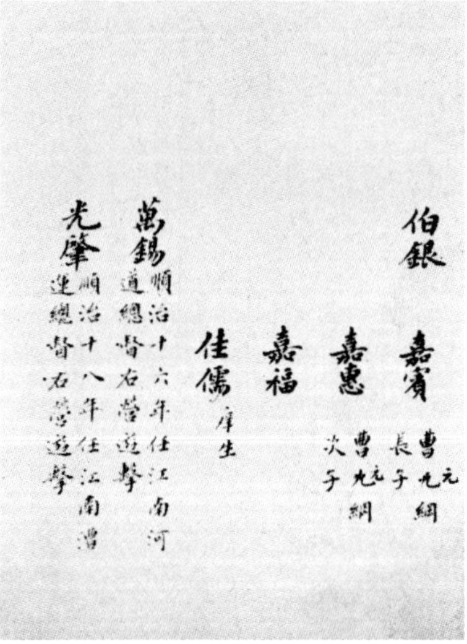

八四、續十二

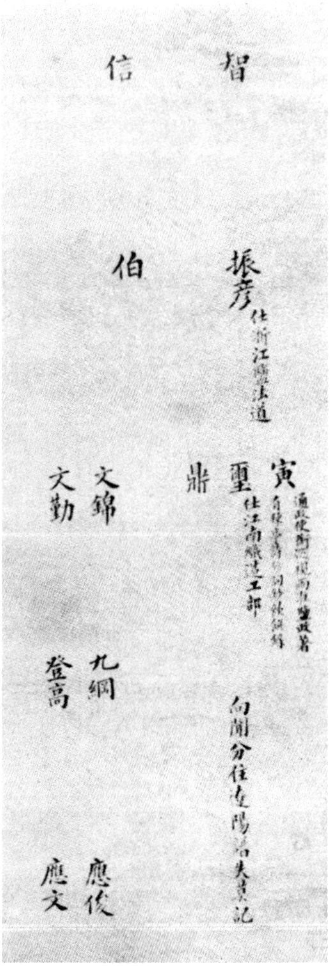

八五、《曹氏宗譜》另譜四房曹智、五房曹信部分

八六、《五慶堂曹氏宗譜》副本封面

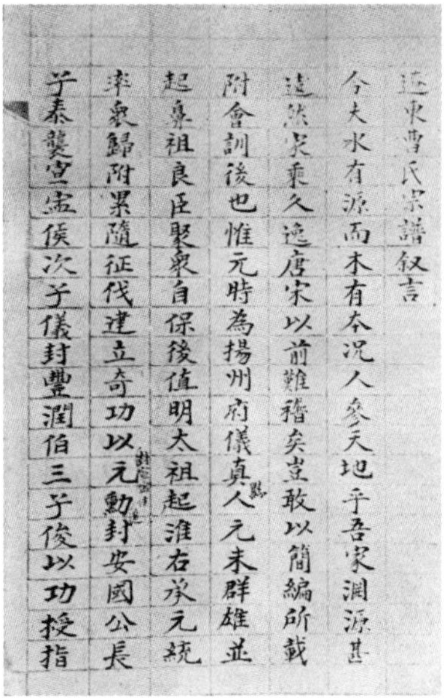

遼東曹氏宗譜敘言
今夫水有源而木有本況人參天地乎吾家淵源甚
遠然代秉久遠唐宋以前難稽矣豈敢以簡編所載
附會訓後也惟元時為揚州府儀真人元末群雄並
起鼻祖良臣聚衆自保後值明太祖起淮右以元統
率衆歸附累隨征伐建立奇功以元勳封安國公長
子泰襲宣寧侯次子儀封豐潤伯三子俊以功授指

八七、《五慶堂曹氏宗譜》副本叙言之第一頁

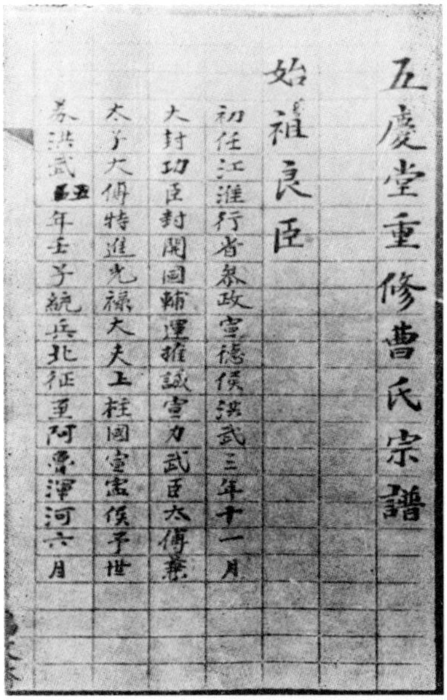

五慶堂重修曹氏宗譜
始祖良臣
初任江淮行省參政宣德侯洪武三年十一月
大封功臣封開國輔運推誠宣力武臣太傅兼
太子太傅特進光祿大夫上柱國宣寧侯予世
券洪武五年壬子統兵北征至阿魯渾河六月

八八、《五慶堂曹氏宗譜》副本譜文之第一頁

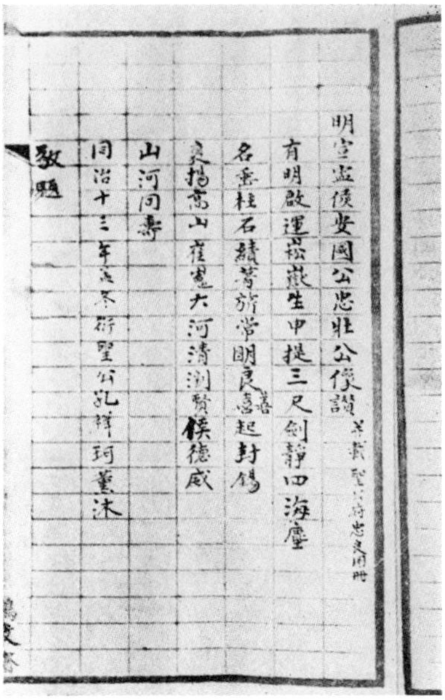

明宣寧侯安國公忠壯公像讚
有明啟運崧嶽生申提三尺劍靜四海塵
名垂柱石績著旂常朗良嘉起封鴻
表揚高山崔嵬大河清潤贊侯德威
山河同壽
同治十三年孟冬衍聖公孔祥珂薰沐
敬題

八九、《五慶堂曹氏宗譜》副本同治十三年孟冬衍聖公孔祥珂題詞

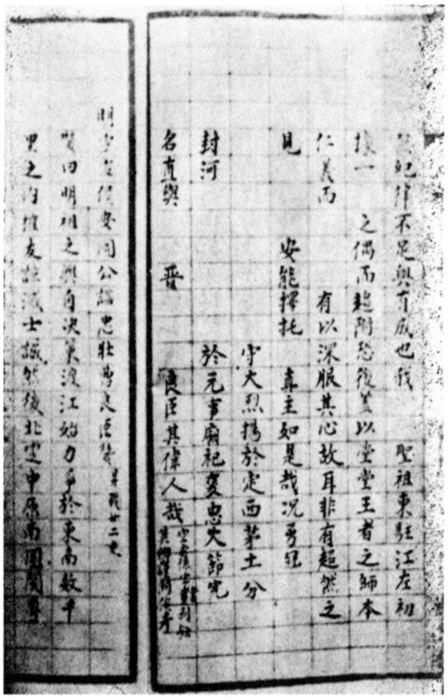

九〇、《五慶堂曹氏宗譜》副本
此頁末尾雙行小字注云："空處係字畫剥蝕莫辨，謹闕俟考"

九一、《五慶堂曹氏宗譜》副本之二世和三世

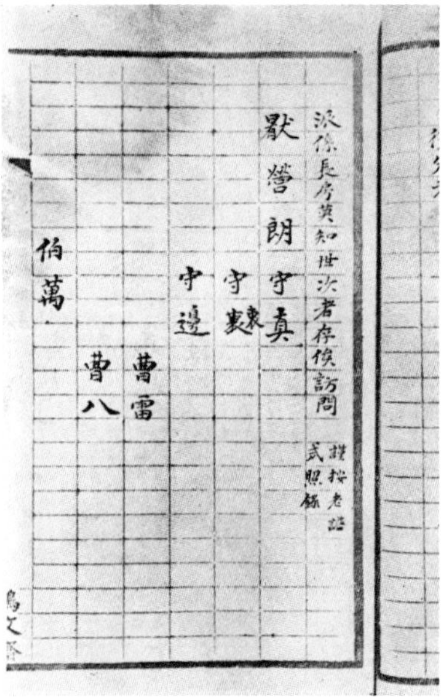

九二、《五慶堂曹氏宗譜》副本所保留之老譜式樣

九三、《五慶堂曹氏宗譜》副本三房之曹權中（一）

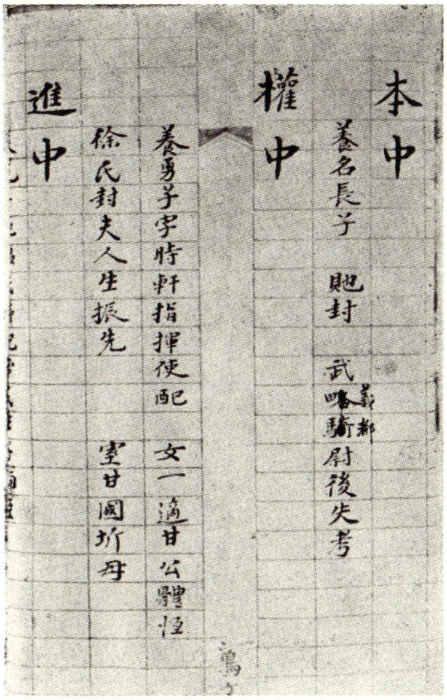

本中
養名長子　貤封　武略騎尉後先考
權中
養男子字時軒指揮使配　女一適甘公體恒
徐氏封夫人生振先　室甘國圻毋
進中

九四、《五慶堂曹氏宗譜》副本三房之曹權中（二）

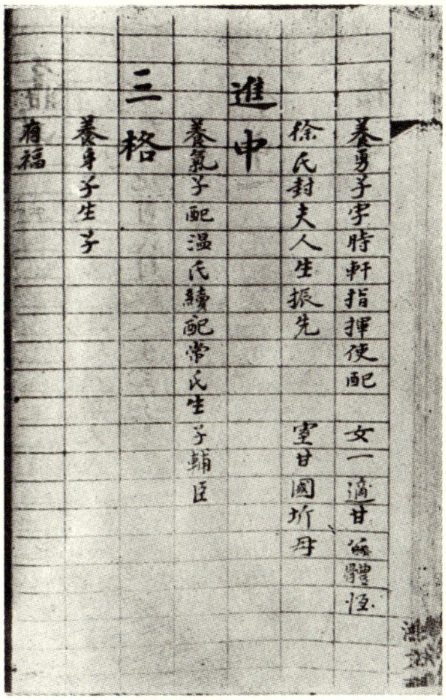

養男子字時軒指揮使配　女一適甘公體恒
徐氏封夫人生振先　室甘國圻毋
進中
三格
養氣子配溫氏續配常氏生子蛹臣
養身子生子
有福

九五、《五慶堂曹氏宗譜》副本三房之曹進中

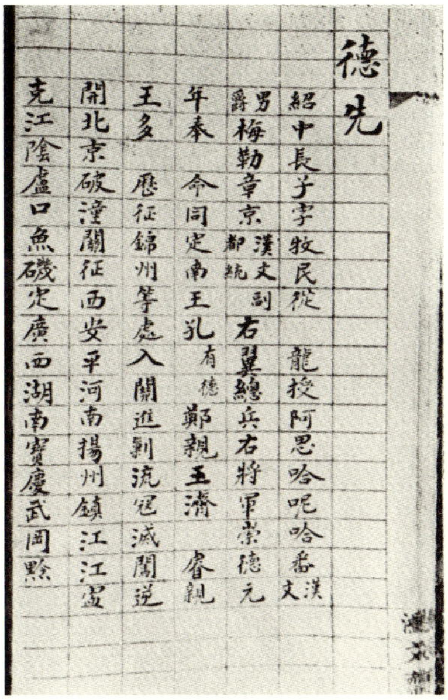

德先
紹中長子字牧民從　龍授阿思哈呢哈番 漢文
男爵梅勒章京 漢文副都統 右翼總兵右將軍崇德元
年奉　命同定南王孔有德　鄭親王濟　睿親
王多　歷征錦州等處入關進剿流寇滅闖逆
開北京破潼關征西安平河南揚州鎮江江寧
克江陰盧口魚磯定廣西湖南寶慶武岡黔

九六、《五慶堂曹氏宗譜》副本三房“從龍入關”之曹德先

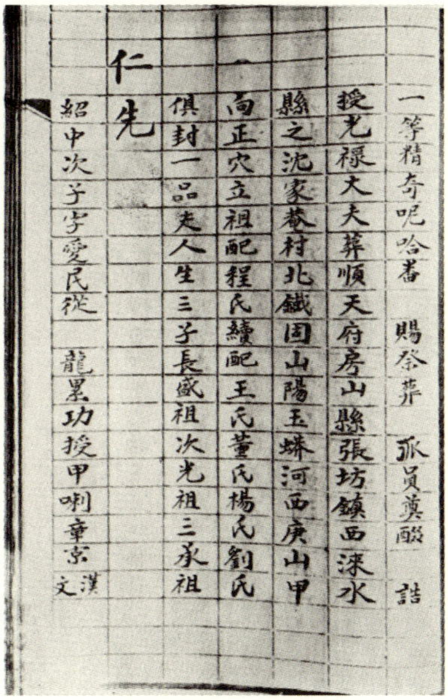

一等精奇呢哈番　賜祭葬　孤員[illegible]祭酸　誥
授光祿大夫葬順天府房山縣張坊鎮西淶水
縣之沈家莊村北鐵固山陽玉蛛河西庚山甲
向正穴立祖配程氏續配王氏董氏楊氏劉氏
俱封一品夫人生三子長盛祖次光祖三承祖
仁先
紹中次子字愛民從　龍累功授甲喇章京 漢文

九七、《五慶堂曹氏宗譜》副本三房“從龍入關”之曹仁先

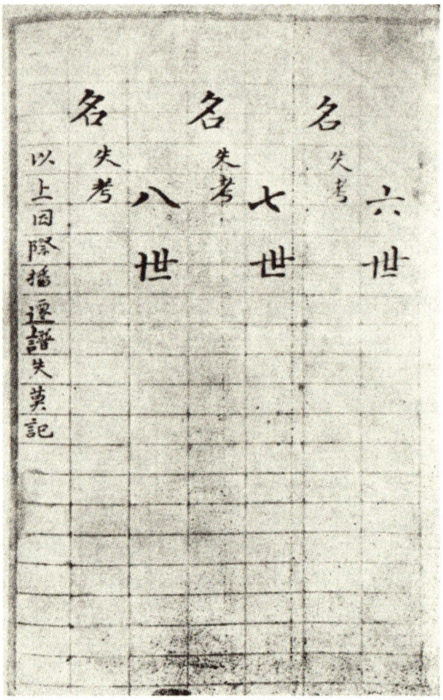

六世 名 失考
七世 名 失考
八世 名 失考
以上因際播遷譜失莫記

一〇〇、《五慶堂曹氏宗譜》副本四房曹智以下各世之二

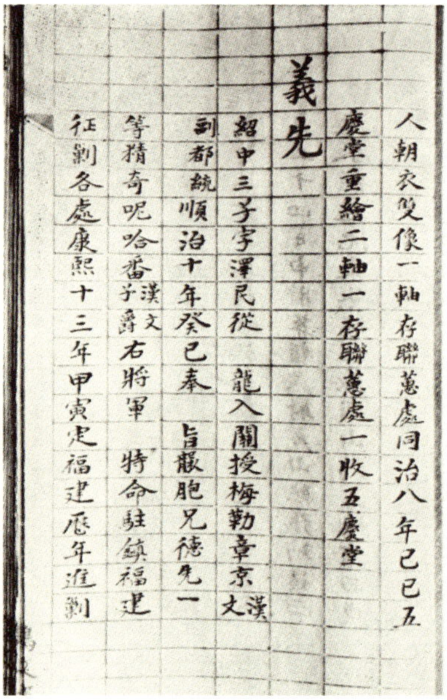

人朝衣叟像一軸存聯蕙處同治八年己巳五
慶堂重繪二軸一存聯蕙處一收五慶堂
義先
紹中三子字澤民從 龍入關授梅勒章京漢文
副都統順治十年癸巳奉 旨擬胞兄德先一
等精奇呢哈番漢文子爵右將軍 特命駐鎮福建
征剿各處康熙十三年甲寅走福建歷年進剿

九八、《五慶堂曹氏宗譜》副本三房“從龍入關”之曹義先

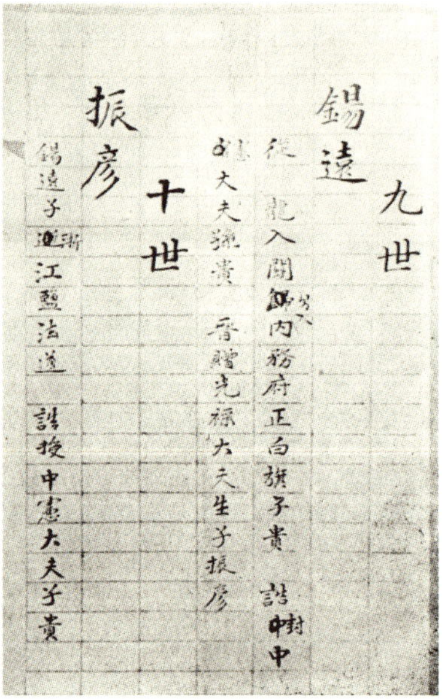

九世
錫遠
從 龍入關歷內務府正白旗子貴 誥封中
憲大夫孫貴 晉贈光祿大夫生子振彥
十世
振彥
錫遠子浙江鹽法道 誥授中憲大夫子貴

一〇一、《五慶堂曹氏宗譜》副本四房曹智以下九世曹錫遠和十世曹振彥

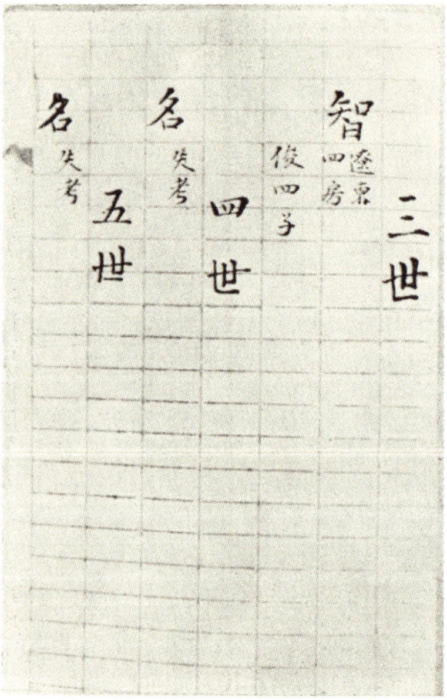

三世 智 遼東四房 俊四子
四世 名 失考
五世 名 失考

九九、《五慶堂曹氏宗譜》副本四房曹智以下各世之一

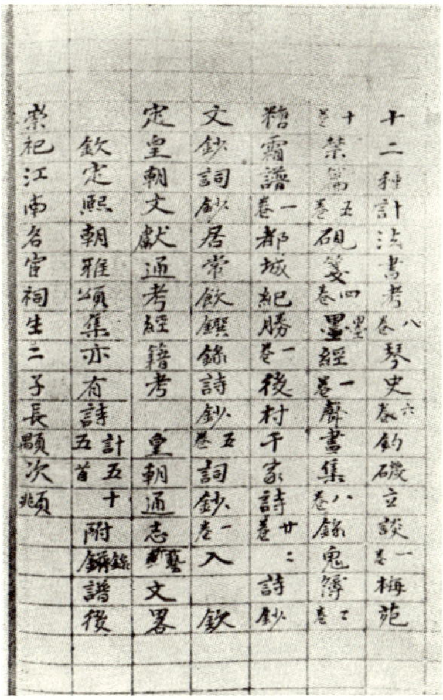

一〇四、續上

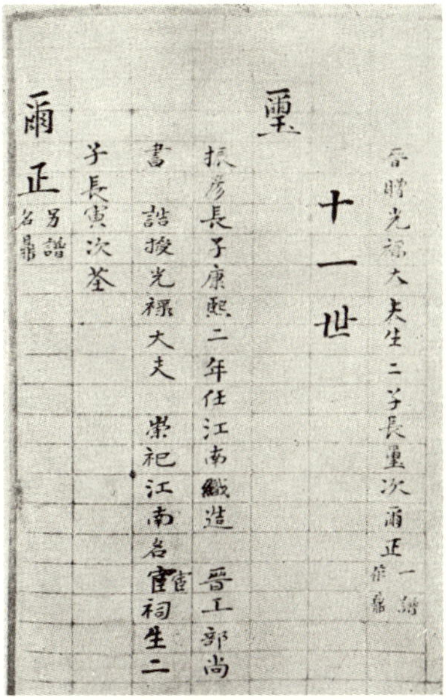

一〇二、《五慶堂曹氏宗譜》副本四房曹智以下十一世曹璽和曹爾正

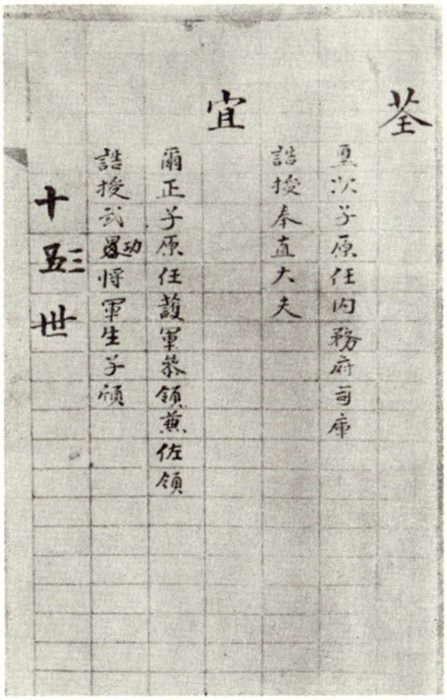

一〇五、《五慶堂曹氏宗譜》副本四房曹智以下十二世曹荃和曹宜

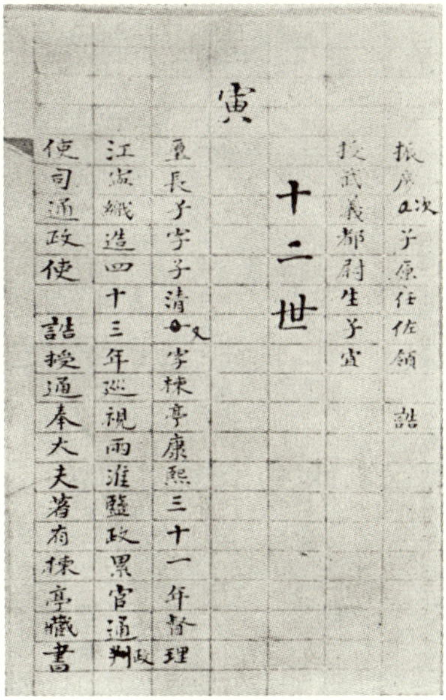

一〇三、《五慶堂曹氏宗譜》副本四房曹智以下十二世曹寅

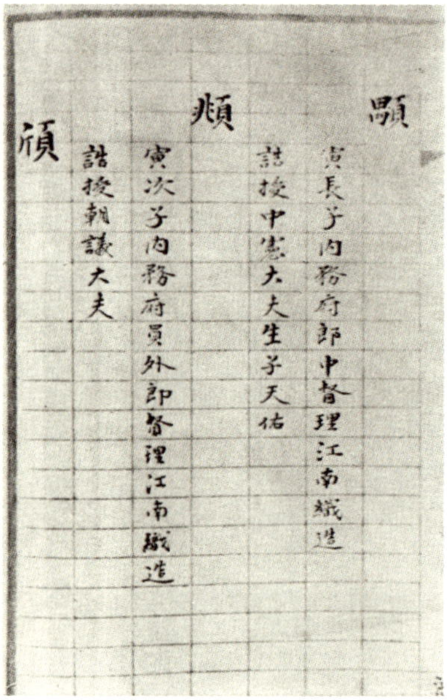

一〇六、《五慶堂曹氏宗譜》副本四房曹智以下十三世曹顒、曹頫和曹頎

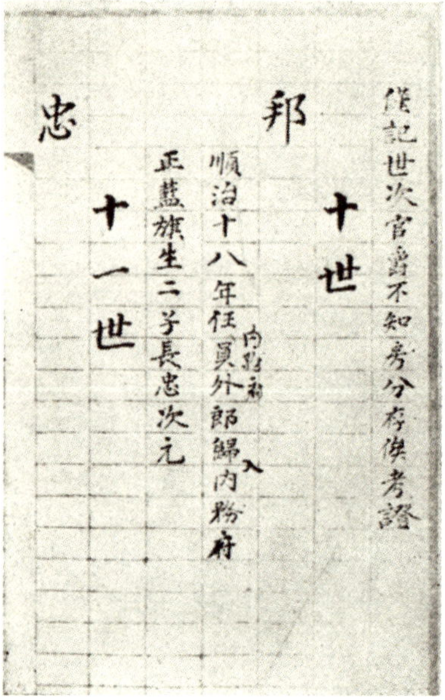

一〇八、《五慶堂曹氏宗譜》副本附録之曹邦和曹忠

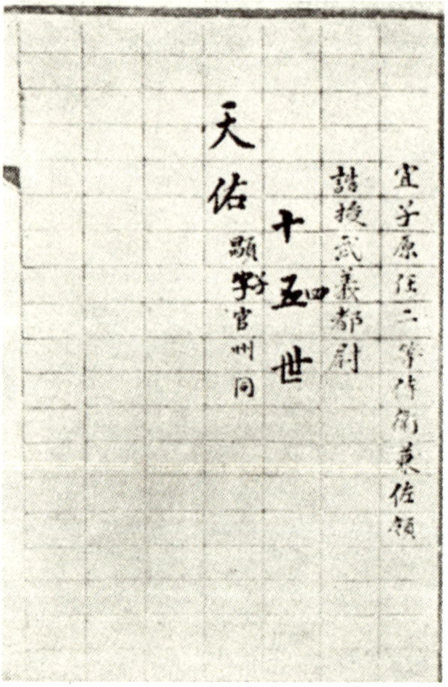

一〇七、《五慶堂曹氏宗譜》副本四房曹智以下十四世曹天佑

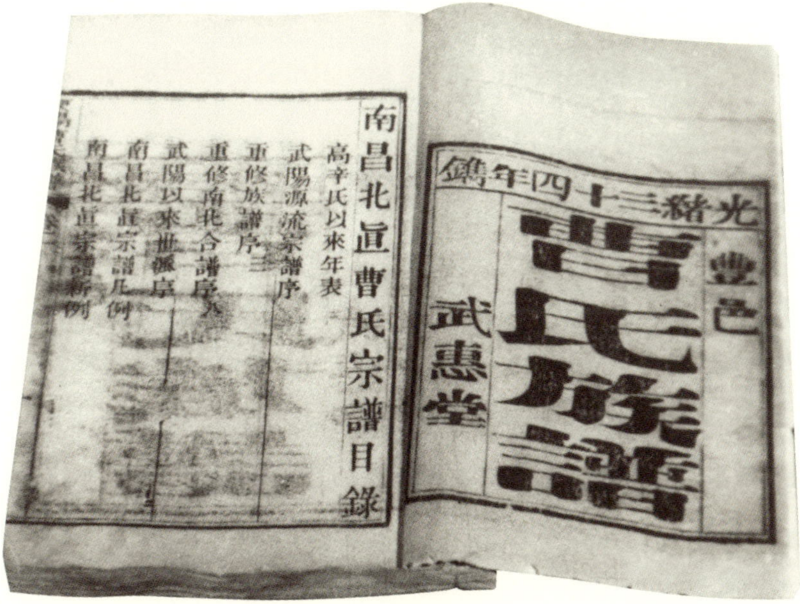

光緒三十四年鐫

豐邑

曹氏族譜

武惠堂

南昌北亘曹氏宗譜目錄

高辛氏以來年表

武陽源流宗譜序

重修族譜序

重修南北合譜序

武陽以來世系序

南昌北亘宗譜凡例

南昌北亘宗譜新例

一〇九、光緒《浭陽曹氏族譜》

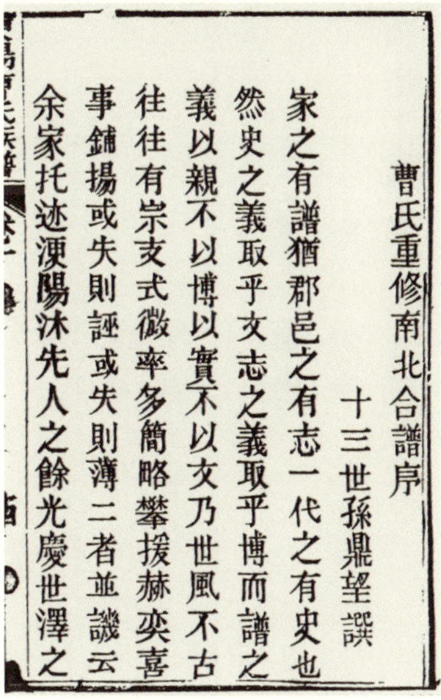

曹氏重修南北合譜序

十三世孫鼎望譔

家之有譜猶郡邑之有志一代之有史也然史之義取乎文志之義取乎博而譜之義以親不以博以實不以文乃世風不古往往有宗支式微率多簡略攀援赫奕喜事鋪揚或失則誣或失則薄二者並譏云余家托迹浭陽沐先人之餘光慶世澤之

一一〇、《浭陽曹氏族譜》曹鼎望序文

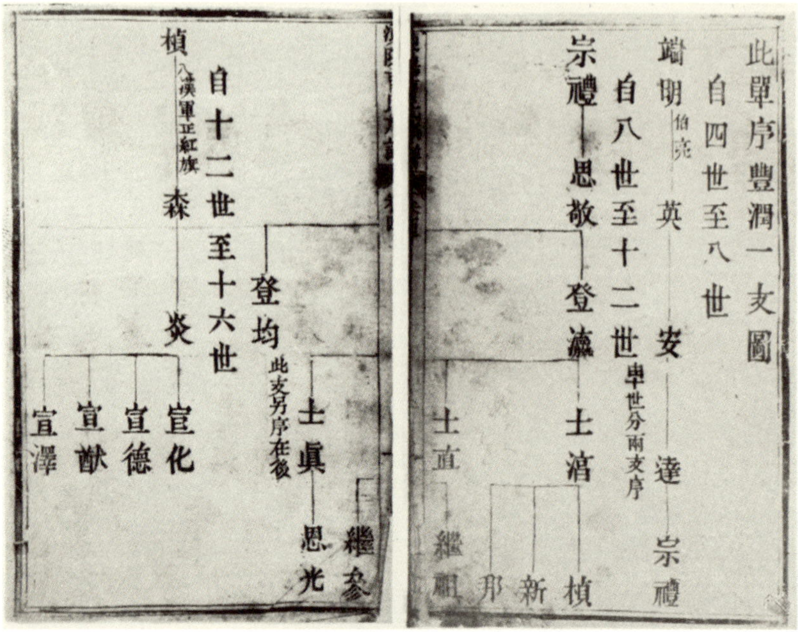

一一一、《湹陽曹氏族譜》豐潤一支世系圖之一

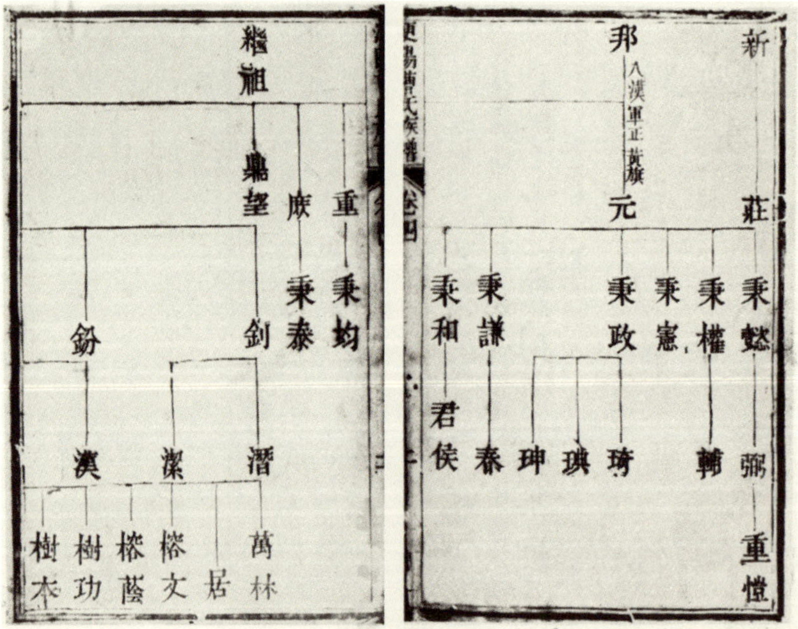

一一二、續上，世系圖之二

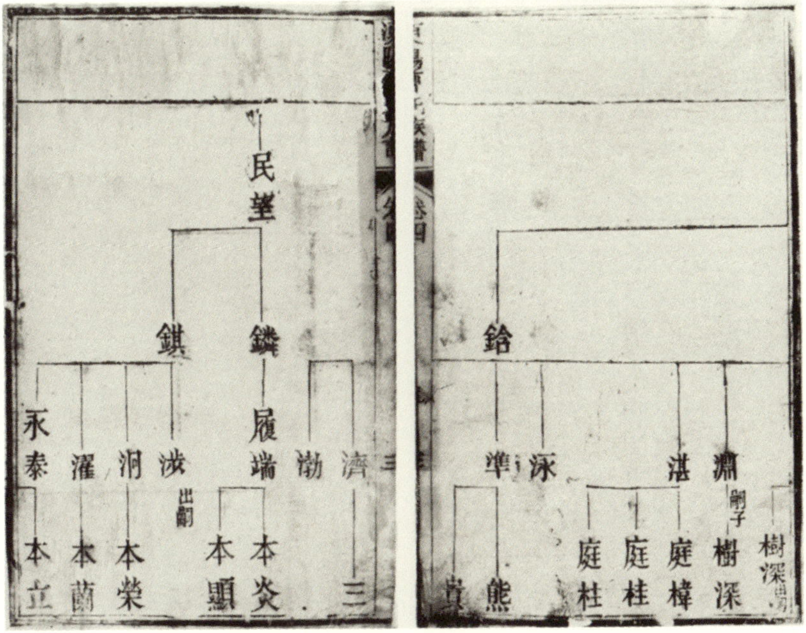

一一三、續上，世系圖之三

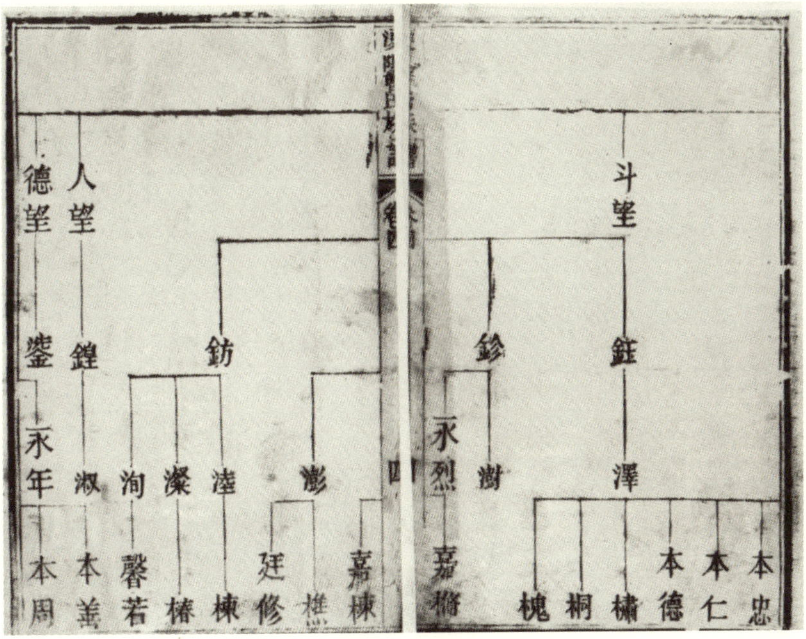

一一四、續上，世系圖之四

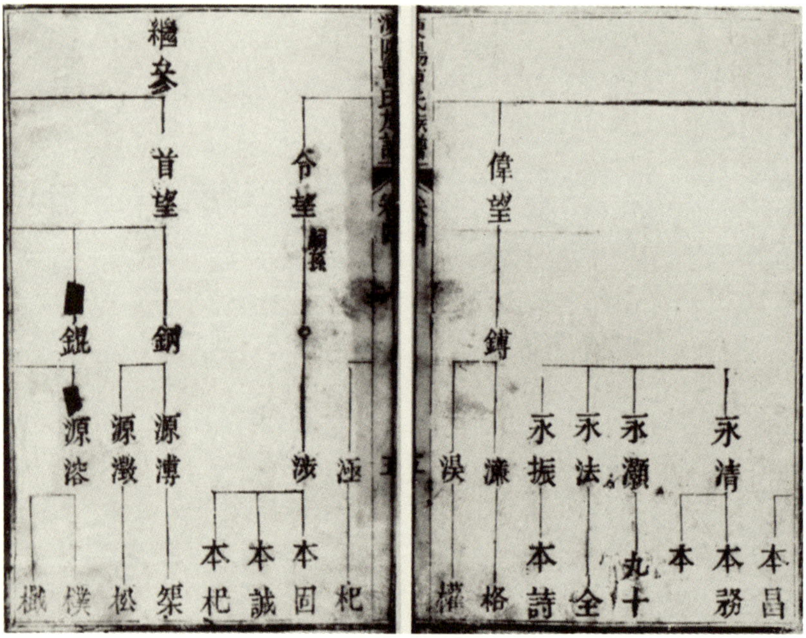

一一五、續上，世系圖之五

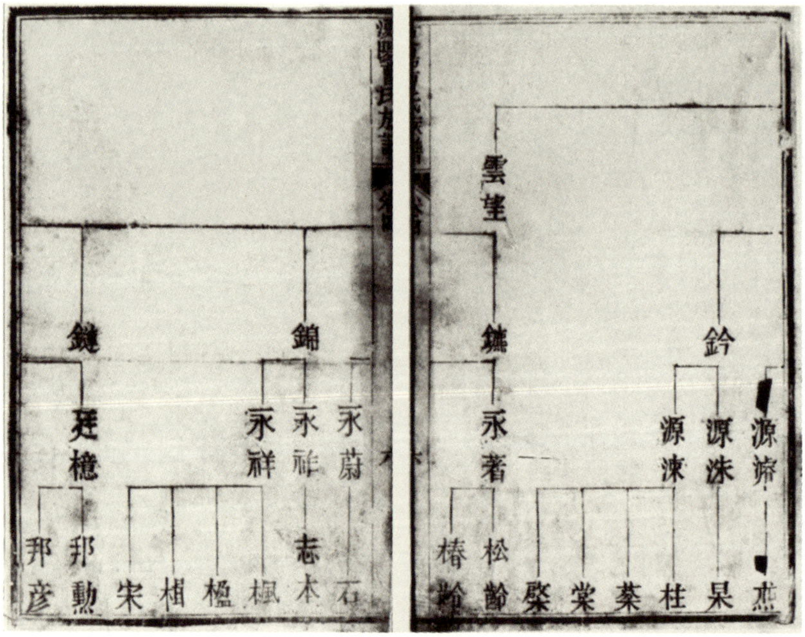

一一六、續上，世系圖之六

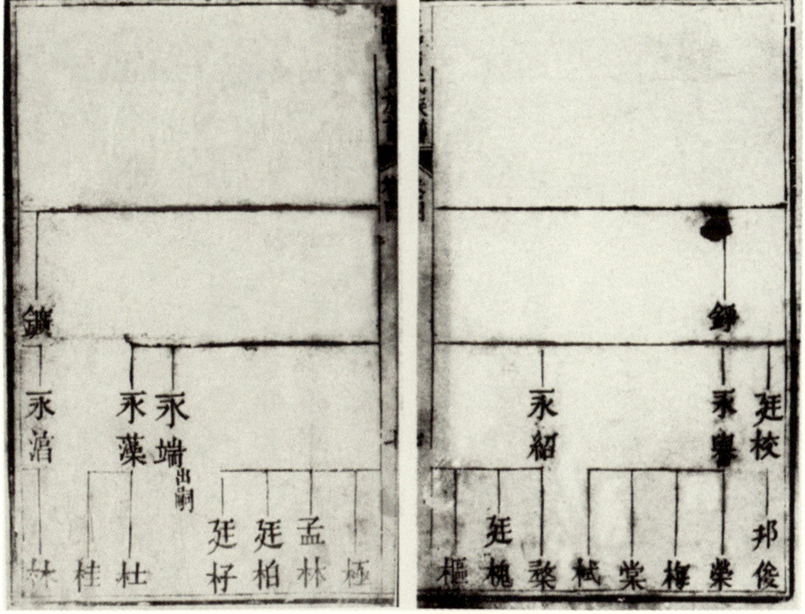

一一七、續上，世系圖之七

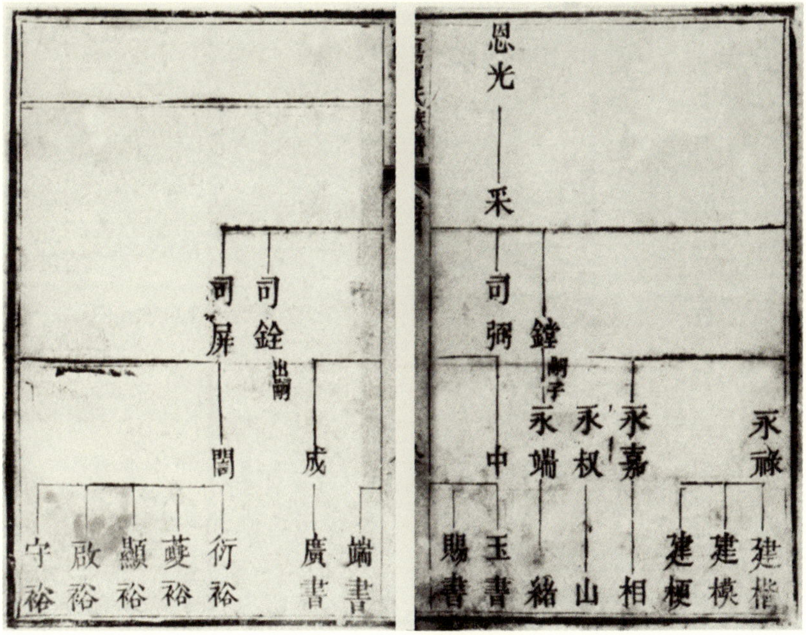

一一八、續上，世系圖之八

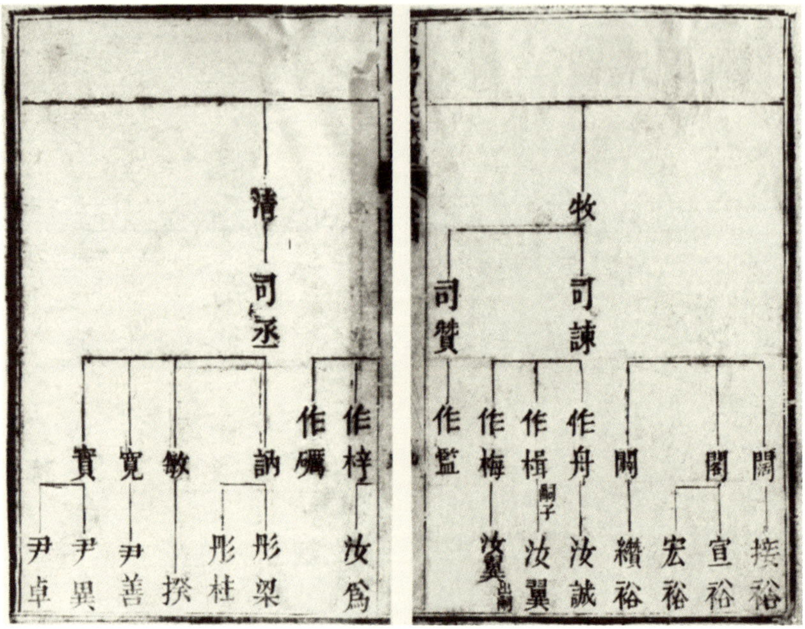

一一九、續上，世系圖之九

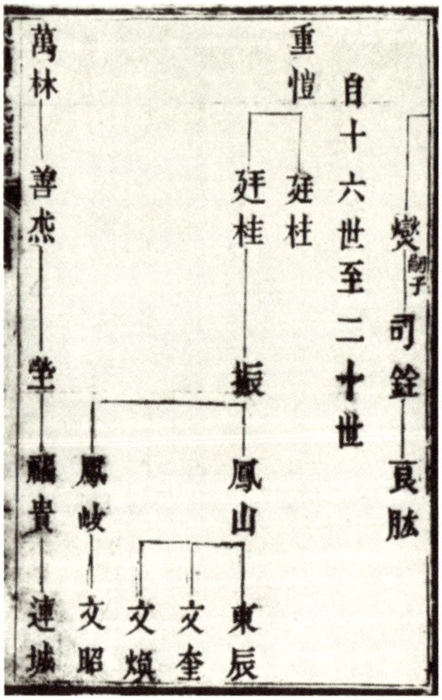

一二〇、續上，世系圖之十

一二一、雍正五年江南總督范時繹貢墨一錠

一二二、河北淶水縣怡親王允祥墓之牌樓墓道

一二三、怡親王允祥墓之神道碑

一二四、怡親王允祥墓之華表

一二五、曹雪芹墓石

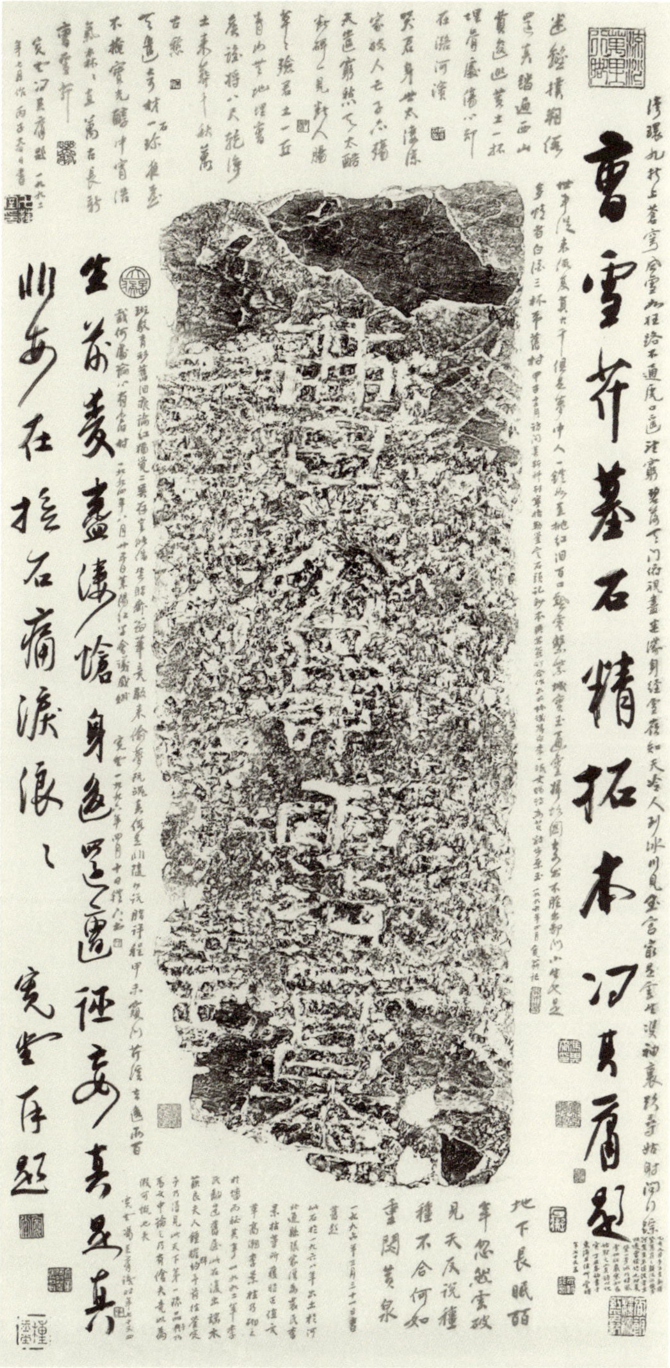

一二六、作者题曹雪芹墓石精拓本

目録

附　録

新版自序

本書收入《瓜飯樓叢稿·馮其庸文集》時承青島出版社領導的美意，改為繁體豎排，全書因而重排，增加了較大的工作量。此書前三版時，因為都是簡體横排，與本書附載的大量史料圖片左右翻各不一致，因為史料圖片文字都是自右到左，閲讀時要右翻，而簡體横排，都是左翻，横排文字也是自左到右，這樣横排本的圖與文字就不一致，閲讀時很不方便。這次改為繁體豎排後，圖文就完全一致了；不僅如此，原圖片上的文字，也是自右至左的，現在改為一律右翻後，就是單讀圖片也完全順暢了。例如《五慶堂曹氏宗譜》《曹璽傳》以及所引順治、康熙、雍正時的奏摺和其他有關資料，都是自右至左的文字，讀者在閲讀這些圖片時，自右至左，自然順暢了。所以這部書自出版至今，已歷三十年，經三次改版，直到本次第四次改排，終於得到了可以作為定本的圓滿結果，這是我要鄭重地謝謝青島社的孟、高、劉三位領導的。

本書引用的有關曹家的原始史料，最早從曹雪芹的六世祖曹錫遠、五世祖曹振彦起，一直到曹家敗落及其後，可說是有關曹家史料最為完備的一部書。當然有關曹家的史料還是可能有新發現的，前不久，山西吉州又發現一塊曹振彦的題名碑，拓本我已目見，並已收入本書。另外，還知道有相當一批檔案至今尚未公開，而有關李煦的信件、家譜等也時有所聞，所以我這部書，眼前暫時可以說是江甯織造曹家史料搜羅最豐富的，從長遠來說，這句話就未必妥當了。

我所以再次提到曹家的史料問題，這是因為我認為可靠的真實的史料，是研究曹雪芹家世（包括祖籍）、研究曹雪芹的時代、研究曹雪芹本人（包括研究他創作《紅樓夢》的起因）、研究《紅樓夢》文本所蘊含的豐富内涵（思想的和社會的）的堅實基礎，離開了真實史料的胡編亂猜，只不過是一陣泡沫，歷史是不會給它留出空間的。

此書三版時有『家世十二論』一章，都是我論證曹雪芹家世的專題論文，因字數過多，特為析出，另成《滄桑集》一書，亦編入《馮其庸文集》。我慶幸在我遲暮之年，此書能得到非常理想的重出，大大減輕了我以往對讀者的歉意，為此，我再次向青島出版社的領導和有關人員表示深切的謝忱！

今晚是二零一零年的最後一個晚上，我剛好第二遍核校完《曹雪芹家世新考》，但桌上還有不少稿待校，我懷着自省的心情，寫了今年最後一首詩，現在即以此詩作為文章的結尾。詩題《二零一零年十二月三十一日夜送歲》詩云：『一年歲月剩今宵。老去光陰似燭銷。忽忽山君成昨日，匆匆玉兔換今朝。掃清落葉何容緩，檢點是非豈可驕。千秋術業憑公斷，未應自聖自標搖。』

二零一零年十二月三十一日夜
十二時送歲作，寬堂時年八十又八

三版自序

本書初版於一九八〇年，至今已二十七年，再版於一九九七年，至今也已十年。再版時曾加增訂，篇幅比初版增加了一倍。此次三版，又增加了近十年來發現的曹、李兩家的新資料，並增加了幾幅珍貴的圖片，以供讀者參考。

我認為學術的根本是史料，没有可靠的史料，就構不成學術。我還認為真正的可以持久的學術論點，是建立在可靠的史料上的，没有可資證實的史料，完全憑空想，這種論點，不管它能糊弄多久，最後只是一堆泡沫。所以我希望能造成一種重視史料，認真讀書的求實求真的學術風氣。這種求實求真的學風，是學術健康的標誌，也是社會健康的標誌。

學術，當然可以有種種設想，但要説明這是尚待證實的問題，而不是已經證實的問題。學術，始終要保持誠實，做學問也就是做人，做人不能欺衆，做學問更不能欺衆。因為這是要流傳社會，流布世界，更是留給後人的。謊言不可能因為廣泛傳播而成真，更不能因為留傳後世而成真，謊言終究是謊言。

惟一可以澄清事實，破解謊言的辦法，就是公布事實真相。而史料就是事實真相。願意瞭解曹雪芹家世真相的，可以多用心於史料。從這一點來説，這部書也許可以供備查之用。

二〇〇七年二月九日

增訂本自序

本書始創於一九七五年，至一九七八年完成全稿，一九八〇年由上海古籍出版社出版。本書自始創至今，已歷二十年，自出版至今，也已經十六年。我在一九七八年九月二十一日為此書寫的《後記》裏說：

現在我呈送給讀者的，就是這三年來我對此譜（《五慶堂遼東曹氏宗譜》）所作的調查研究的結果。這個結果是否正確，結論是否符合客觀實際，不在於調查者自己對此具有多大的自信，而在於今後廣大讀者對這項結果的嚴格審查和檢驗，在於今後繼續發現的有關這方面的可靠的史料是否能與這個結論符合，如果以後繼續發現的可靠史料與我的調查結果是矛盾的，不一致的，那末，這個結論是否正確就要重新加以考查。總之，只有千百萬人民的實踐，纔是檢驗真理的唯一標準，除此以外，沒有第二個標準。

我現在仍然是這個態度。主張曹雪芹祖籍豐潤説者，説我『以《遼陽（原文如此）五慶堂曹氏宗譜》為據，排斥豐潤祖籍歷史事實』①。五慶堂曹有五慶堂曹的歷史，豐潤曹有豐潤曹的歷史，各自的譜上記得一清二楚，各不相關，五慶堂曹譜怎麽可以排斥豐潤曹祖籍的歷史？此話簡直不通。又説：『康熙時《江寧府志》、《上元縣志》皆明載曹寅父璽乃宋武惠王曹彬之後，正與豐潤曹氏同祖。該著者無以解此矛盾，避而不言。』② 曹彬是宋代的開國功臣，生於後唐明宗長興二年（九三一年），卒於宋真宗咸平二年（九九九年），河北靈壽（今河北省正定縣北）人。他的生年下距曹雪芹的生年（康熙五十四年，一七一五年）為七百八十四年。他的卒年下距曹雪芹的卒年乾隆二十七年壬午除夕（一七六三年二月十二日），為七百六十四年。為什麽遼陽曹與豐潤曹同出七個多世紀以前河北靈壽的遠祖，因而曹雪芹的祖籍就必須是豐潤籍呢？這其間有什麽必然的邏輯關係呢？同遠祖和同祖籍是兩個不同的概念，這兩個概念絶不能混淆。學術問題必須實事求是，老老實實，什麽障眼法，什麽花腔都是没有任何意義的，歸根

① 周汝昌《還紅學以學》，《北京大學學報》一九九五年第四期。
② 周汝昌《還紅學以學》，《北京大學學報》一九九五年第四期。

結底，歷史是不會承認的。

『還紅學以學』是一句好話，但只要拿這句話來檢驗作者的實際學術行為，就會看清楚是誰言行相背了。

幾十年來，我自己奉行的學術道路，一是重視文獻。凡與論題有關的文獻，我必定盡力搜求到。我在研究這部《五慶堂遼東曹氏宗譜》時，曾大力搜羅了有關文獻，例如：《清實録》裏有關曹振彦的記載，故宫所藏孔有德降金書，康熙二十三年稿本《曹璽傳》和康熙六十年刊本《曹璽傳》，康熙抄本《甘氏家譜》，《五慶堂曹氏宗譜》另本，《五慶堂曹氏宗譜》所附另譜《世系表》。特别是在考證曹良臣時，除《明史》外，還找到了江蘇國學圖書館傳抄本《太祖洪武實録》，這是有關曹良臣的最早的史料，距離曹良臣只有四五十年。還找到了明嘉靖二十三年原刻本吴樸撰《龍飛紀略》，明天啓原刻本定遠黄金撰《皇明開國功臣録》，萬斯同撰《明史》原稿本，王鴻緒撰《明史稿》，嘉靖原刻本粟永禄修《壽州志》，康熙二十三年原刻本耿繼志撰《鳳陽府志》等等。由於找到了這許多重要的原始資料，從這許多第一手的原始資料的對勘中，終於查明了曹良臣的全部歷史。不僅證明了曹良臣不是《五慶堂曹氏宗譜》的始祖，而且還查清了《五慶堂曹氏宗譜》上所載《曹良臣傳》的來歷及其改竄的情况。我在考證曹義時，也找到了明正德八年原刻本劉定之撰的《呆齋存稿》，萬曆刻本鄭汝璧撰的《皇明功臣封爵考》，康熙刻本馬玉章撰的《儀真縣志》等重要資料，從而對曹義的上三代和下六代都查得一清二楚，證明曹義與曹良臣無關，也與《五慶堂曹氏宗譜》無關。我在考證曹俊時，找到了《遼陽縣志》所載孫盤撰的《明故孺人曹氏壙記》，以及《奉天通志》所載《曹氏傳》，《遼陽縣志》所載《孫盤傳》等重要資料，從而考定了這個曹俊纔是五慶堂曹氏的始祖，而且也與《五慶堂曹氏宗譜》上《曹俊傳》裏所記曹俊是『入遼之始祖』相吻合。

經驗告訴我，認真搜羅並認真研讀文獻資料，這是最最重要的第一步，如果文獻資料不掌握，或者雖然掌握了而卻不去認真細讀，互相比勘，并加以深思，那末，往往有些史料也會當面錯過，不能盡發其覆。

二是將文獻資料與實物對證。我的一貫的做法，常常是運用實物來與文獻資料相對證。因為文獻資料固然重要，但有時不免有疏漏，有時不免有誤記甚至傳抄上的抄誤、妄改等等，所以在研讀和對勘文獻資料時，如能與實物相對證，那就可以使你所要考證的問題，得到具體的感性的認識，這時你對文獻的理解，就不是僅僅停留在書面上了，就有了進一步的深層理解了，甚至在你的記憶裏就將永不消失了。例如我在研究《五慶堂曹氏宗譜》時，看到譜上載曹家十一世曹德先、曹仁先、曹義先等七人，葬在『順天府房山縣張坊鎮西涞水縣之沈家庵村北，鐵固山陽，玉蟒河西』，當時我想驗證這個記録，看是否可靠，我是先查地圖，果然查到了張坊鎮，於是我決定去實地調查。這是一個山區，我們由原農林局長袁德印同志帶路，從張坊直到山區沈家庵村。其村後恰有曹家大墳，其位置恰在鐵固山陽（老百姓叫紗帽山）、玉蟒河畔（現在叫拒馬河）。經現場調查，墳基還是原樣，只是墳堆已平了，改成麥地。首先要證明這是五慶堂曹家的墳墓。村幹部找出了原墓地的界石，上刻『五慶堂曹氏塋地』、『東南界』、『西北界』，共四塊，已殘損三塊，完整的有一塊，其上文字尚可辨認。在調查中發現墓側附近有茅屋一間，我問這是什麼人住的，村幹部回答是原曹家守墳人住的。我立即到茅屋，一位叫言鳳林的老太太坐在炕上。我問她是否是守墓的，她說是世代為五慶堂守墓的。我問五慶堂是哪裏的，她說是北京五慶堂，她說『文革』前五慶堂年年來上祭，『文革』後就不來了。她自己叫言鳳林，當年六十八歲。是民國發大水的一年來守墓的。我問她曹家塋地共幾個墳堆，她毫不思考地說七個。恰好完全符合五慶堂譜所載曹德先、曹仁先、曹義先、曹耀祖、曹封祖、曹應祖、曹興祖七人的墓葬。我又問村幹部，平墳時是否發掘了墳墓，回答説發掘了，但一無所有，只有一個木匣子，內裝幾塊骨頭。這一點是關鍵性的細節，如果這一點不對，那就又當別論。但恰好是這一關鍵性的細節，完全符合歷史實際。原來順治九年，南明李定國合兵攻打桂林城，定南王孔有德奮死抵抗，救兵不至，未能解圍，遂闔家自焚殉難。曹德先、曹興祖、曹承祖、曹盛祖等三百餘口，盡皆死難。事後，清皇朝表彰忠烈，着曹德先等賜歸葬，因以骨殖歸葬鐵固山陽。所以後來平墳挖墓時，不見棺木，只有木匣藏骨殖，這就完全符合歷史事實。

至此曹家大墳的真實性，《五慶堂曹氏宗譜》的真實性，再也無可懷疑了。這是以實物來證文獻的最突出的一個例子。

再如《曹氏宗譜》第十世『曹紹中』,《清太宗實録》卷十四説:『天聰七年癸酉,孔有德、耿仲明等,自鎮江遣副將曹紹宗、劉承祖等,奏保起程日期。上命督修岫岩、攬盤、通遠堡三城。濟爾哈朗、阿濟格、杜度三貝勒率兵迎之。』這一細節,我又從故宫得到滿文本《孔有德、耿仲明降金書》作為佐證,其中行文説:『特差副將劉承祖、曹紹中為先容,汗速乘此機會,成其大事。』兩相對證,實物與文獻一致,更加堅實了這項文獻記載與《降金書》的可信性。①

再如一九九二年七月北京東郊通縣張家灣重新出土的曹雪芹墓石,墓石正面刻『曹公諱霑墓』五字,左下端刻『壬午』兩字。我經仔細鑒别並與有關資料相對證,我認為這塊墓石是完全可靠的,是曹雪芹死後留給我們的一件珍貴遺物,用當時國畫大師唐雲先生的話説,『是所有碑石中最珍貴的一件,是無價之寶』,他還風趣地説:『有人説它是假的,那是因為他不懂,不必與他争論。』當時唐雲先生住在釣魚臺國賓館,他與周懷民先生一起到我家來看我,看到了拓本和墓石正面、側面的照片後説了以上那番話。我重提這件事,是因為這塊墓石不僅决定了曹雪芹確是死於乾隆二十七年壬午除夕(一七六二年—壬午除夕,已入一七六三年),而且幫助我讀懂了敦敏《懋齋詩鈔》卷末《河干集飲題壁兼吊雪芹》這首詩。題中的『河干』是指北京東郊到通縣張家灣的潞河。原先我們一直以為曹雪芹葬在西郊,根本

① 曹紹中的『中』字,《清實録》作『宗』。這是滿文漢譯只注意音同,故有差異。

没有考慮東郊的問題，所以讀這首詩，多少有點奇怪，但以為雪芹的友人敦敏等在東郊潞河邊飲酒，想念死後的曹雪芹，因而題詩，這樣解釋無疑是很泛泛的。但張家灣曹雪芹墓石出來後，再讀這首詩就恍然大悟了。原來雪芹的墳即在曹家祖墳墳地，緊靠潞河。不僅雪芹的墓在潞河，他們的友人貽謀的墓也在潞河，因而敦誠有《潞河舟中遇書鈞園李仲青、郭澄泉，纔不能維，一語别去，因寄是詩，并感懷貽謀弟墓近南岸》。由此可證《河干集飲題壁兼吊雪芹》也是因為雪芹墓在潞河，因而對景傷情。特别是詩中『逝水不留詩客杳，登樓空憶酒徒非』，『憑吊無端頻悵望』等句，完全是實寫。至此，這首詩經與出土在潞河邊上的曹雪芹墓石相印證，纔算真正通體靈透了。

這種實物與文獻互證的方法，是我幾十年來一貫奉行而有效、可信的方法，我亦藉此種方法，得以使所論問題不致有誤，或不致有大誤。

另外，新出的實物，只要是真正可靠的，即使没有文獻可以對證，也可補史傳之不足。近幾十年來大量出土的珍貴文物，有不少是既無記載，事先也一無所知的。正是這些珍貴的文物，充實了我們對古史和古代社會的認識。所以在學術的道路上，充分重視出土文物，或者是用它來對照文獻，或者是以此來補史傳之缺載，這都是對學術研究十分有益的，絲毫也不能忽視的。

第三是實地考察，周歷全國的名山大川和歷史文化遺迹。我認為這是治學非常重要的一環，古人提倡『讀萬卷書，行萬里路』。我於前者，不敢説已讀萬卷書，於後者，則所行已遠遠不止萬里。全國除西藏外，其餘各省我都做過考察，有的地方還反復去調查過多次。我認為旅行亦即讀書，書必須反復讀，多次讀，以體會其深意，遊歷亦是如此。故凡我所遊歷過的地方，往往不止去一次。如新疆絲綢之路和玄奘取經之路，我已連續去過五次。去年，一九九五年八月至九月，我以七十三歲之病軀，直上四千九百米之紅其拉甫，公格爾峰、公格爾九別峰、慕士塔格峰與我迎面而過。我考察了塔什庫爾干玄奘當年停留過的石頭城，即《大唐西域記》裏記到的『朅盤陀』，至今古城尚存，墻垣林立，廢石縱横。之先，我還去調查過玄奘當年出國的別迭里山口，位於阿克蘇烏什城西的山區，其最高處也在四千米以上，至今山口還遺有唐代的烽火臺。特别是我考察了絲路南道，到了葉城的棋盤鄉，即《大唐西域記》裏記到的『斫句迦國』。《後漢書》和《法顯傳》均作『子合國』，《洛陽伽藍記》説此處：『山阜連屬，礫石彌漫，臨帶兩河，頗以耕植。蒲陶（按即「葡萄」）、梨、奈，其果實繁。』《大唐西域記》所描寫的此處的自然環境，至今仍然如此，尤其是此處至今尚以産梨有名。《西域記》裏還記道：『崖龕石室，棋布岩林，印度果人（修得「果位」的僧人），多運神通，輕舉遠遊，棲止於此。』我們確是在此處西邊的斷崖上發現了十多處石窟，證明就是玄奘所記當年僧人修果之處，應該説這也是絲路南道的一處重要佛迹。

至於莎車、和田、民豐、婼羌以及塔克拉瑪干大沙漠、塔里木盆地，我都去過兩次到三次。積十年之力，我已把玄奘取經之路的國內行程的大部，都走過不止一次了。玄奘當年走過的有些地區，如樓蘭、羅布泊、白龍堆等等，目前已很難進去，但據説有很好的裝備和體力，也是可以進去的，原新疆考古所所長王炳華同志就進入樓蘭兩次。總之親身經歷過，親眼看過，與光從書本上得到的還是不一樣的，首先是感受不一樣，親歷其境，就有可能觸發你的靈感，引起你的新的思考。所以實踐永遠是第一性的。

至於中原地區，我跑的地方就更多了，為了調查漢文化以及原始文化的遺存，我就跑過河南、山東、山西、江蘇、浙江、安徽、陝西、甘肅、青海、遼寧等各省。十幾年前我讀《史記·項羽本紀》，為了弄清楚項羽的死地，我從河南鄭州附近的鴻溝調查起，一直到安徽蚌埠固鎮附近的垓下，又從垓下到項羽受田父給迷失道的陰陵，又從陰陵到『東城決戰』的東城（今定遠縣境），從東城又調查到烏江。最後確知項羽不死於烏江，而是死於東城。《史記·項羽本紀》最後説『身死東城，尚不覺寤，而不自責』，這記載是明確的。事實上烏江離東城尚有二百餘華里，項羽只有二十八騎，而漢兵圍者數重，故項羽『自度不得脱』。所謂『烏江自刎』，我查出來原來是元劇《蕭何月下追韓信》裏編造出來的情節。

總而言之，實地調查、遊歷，從地理的角度考覈文獻所記，或者進一步發明之，或者以實地的詳確的調查以正史傳之誤，都是非常重要的。在遊歷過程中，我還常常為祖國的錦綉山川所激動，深深覺得祖國的可愛與偉大。遊歷，擴大了我的視野，開拓了我的胸襟，使我真正俯仰古今，感覺宇宙之無窮，先賢之可敬。特別是我到了四千九百米的紅其拉甫，想到玄奘當年徒步經此冰川雪山，油然産生崇敬之情，感到任何事業，都要全身心地去做，做學問也完全用得着玄奘精神。

讀書、實證、遊歷，這就是我幾十年來讀書研究的基本原則，我認為這是行之有效的。眼前的這部《曹雪芹家世新考》，就是在這樣的原則指導下寫出來的，所以也可以説，這部書也就是我讀書、實證、遊歷調查的結果。但本書涉及的面還不够廣，時代只限於明末清初，地域只限於遼寧、河北、江蘇、浙江數省，我後來出版的《瀚海劫塵》，涉及面，無論是上下時空，都有所擴展。但私心仍深感我讀書少且不精，無論是歷史學、地理學、宗教、藝術、文學都深深感到不足，真正是心有餘而力不足，只好留待今後繼續奮勉了！

本書此次增訂，主要增補了第六章：『四房諸人』。因為這十六年來有關曹雪芹及其上世的史料續有發現，為了讓人們看到曹雪芹及其上世的歷史面貌，我盡量增補了這些珍貴的歷史資料。同時我又修訂了第九章『關於《浭陽曹氏族譜》』。近幾年來，重新研讀了《浭陽曹氏族譜》，發現了曹端廣其人從永樂二年的第一代豐潤曹——曹端廣的『哥哥』曹端明起，經過第二代、第三代、第四代，一直到第九代，都没有提到有『曹端廣』其人，更未提到他到過豐潤。直到第十代的曹明試，纔在《叙》裏提了一句『由武陽而遷豐潤、遷遼東』。但究竟是誰『遷遼東』，卻隻字未提。這時已是距永樂二年二百一十二年了，也就是明朝覆亡的前夕了。是誰首先提出『始祖伯亮公從豫章武陽渡協弟溯江而北，一卜居於豐盛之咸寧里，一卜居於遼東之鐵嶺衛』的呢？是十三世孫曹鼎望，時間是康熙九年。但就是在這裏，也未説曹端廣是先到豐潤定居，過了若干年後再遷遼東的。所以從整個《浭陽曹氏族譜》來説，壓根兒没有一處提到曹端廣是到過豐潤并定居過一段時間的。這個鬧了幾十年，鬧得滿城風雨的曹雪芹祖籍豐潤説，卻原來是上不着天，下不着地的，完全是一場空對空的鬧劇。由於發現了這樣一個大『秘密』，所以這一章我只能徹底重新寫過了。為什麼到了明朝滅亡以後，卻在豐潤曹修譜的時候大書特書曹端明自武陽渡江而北的時候，有弟弟卜居於遼東的鐵嶺衛呢？為什麼從永樂二年直到明朝滅亡前夕，都還没有人提出曹端廣的問題，直到康熙九年纔提出這個問題呢？這期間的歷史脉搏，難道不能診測到一點嗎？

這次增訂，我又增辟了『關於李煦』一章。這是因為鑒於曹、李兩家確是『視同一體』的緣故。特别是在研讀了一九八五年第四期《歷史檔案》上發表的雍正二年查弼納審訊李煦的家人並報告抄查李煦家産的情况的案卷時，我感到這個案件及其案卷，對我們理解曹家的虧空和敗落，極有啓發性，因此我把初步研究這一問題的結果寫成專章，並附載了有關此案的重要檔案史料。

最後，我還增加了第十三章：附論『畫像辨僞』，我以前曾在鄭州博物館三次仔細驗看了這個所謂的『曹雪芹畫像』，寫出了我的意見。我認為這是一件舊畫改作的『贋品』，是假的曹雪芹畫像。後來我又參加了在歷史博物館召開的『畫像』的鑒定會，會上一致否定了這個所謂的『曹雪芹畫像』。特别是鄭州博物館寫出了極有説服力的調查及辨僞報告，我認為這個『畫像案』到此應該結案了。為了使這一重要的辨僞成果讓更多人瞭解，我徵得鄭州博物館的同意，將有關材料編成『畫像辨僞』的專章，以便紅學愛好者和關心此事的讀者閱讀。

這次增訂，時間仍很匆促，錯誤和不妥之處，自必難免，敬請讀者們隨時指教，我準備着隨時修正錯誤。

凡是成績，是不必斤斤於懷的！

凡是錯誤，是不可不斤斤於懷的！

一九九六年七月八日夜十二時半於京華瓜飯樓

自序

關於曹雪芹的家世、祖籍問題，幾十年來學術界一直在進行研究，其中周汝昌先生用力最勤，多年來彙集了不少有關資料進行考訂，並得出了曹雪芹上祖的籍貫是河北豐潤的結論。周汝昌先生的這一主張，在學術界影響很大，雖然也有一些不同意豐潤説的文章發表，但終未能根本動搖此説。到目前為止，對曹雪芹上祖的籍貫，一般仍取此説。如南京師院中文系編的《曹雪芹年表》説：『雪芹遠祖曹世選（又作「錫遠」）祖籍河北省豐潤縣咸寧里，後遷居東北。』西北大學中文系的《論曹雪芹》一書説：『曹家原籍河北豐潤縣，後遷居到東北鐵嶺衛（今遼寧鐵嶺縣）至遼陽這一帶地方。』可見這個説法確實代表了目前關於曹雪芹祖籍的較為普遍的看法。

我在研究《紅樓夢》的過程中，首先接觸到的是曹雪芹的家世問題，其中也涉及祖籍問題。因為知人論世，要對一個作家及其作品有較為確切的瞭解，首先要瞭解作家的歷史（包括他的家庭的歷史）和他的世界觀、他的社會關係等等，可以説這是研究一個作家所不可逾越的第一步。因此在我的研究中，也就必然要碰到曹雪芹上祖的籍貫問題。

大家知道，『文化大革命』前，在北京展出了一部《五慶堂曹氏宗譜》。這部《曹氏宗譜》在展出時，我曾隔着玻璃櫃子看見過，後來此譜又到香港和日本展出，之後就『迷失』了。對於這部宗譜，當時有的同志也曾作過研究，但没有作出確切的判斷。一九七五年，我因偶然的機緣借到了這部宗譜的另一舊抄本，進行了幾個月的研究。我認為這是一部關於曹家的十分重要的歷史文獻，因此我就決定對它進行深入的考察。經過大約兩年的努力，收獲的豐富，超過了我的預期。但是當時有一個問題不好解決，即究竟『文化大革命』前的展出本是原抄本，還是我現在借閲到的是原抄本？據過去的報道，顯而易見，兩本大體相同但也略有差異，如果不能看到那個展出本，不能用它來與此本對比，我所作出的判斷，首先就不會使我自己十分放心。於是當我在完成了這項研究的主要部分之後，我決心放下手來，去調查搜尋已經『迷失』的那部宗譜，終於在經過了相當的曲折之後，在有關單位的大力協助和個人的努力之下，這部宗譜又重新找出來了。通過認真的對比和重新研究，復核了大量的資料，最後我得出了確切無疑的結論：原先展出的一部是五慶堂的正式清抄本，我後來借到的一部是當時的録副本。但録副本用的倒是乾隆時的舊紙，比正式清抄本的紙要舊得多；正式清抄本很明顯是同治時專為抄此宗譜而印的。從内容來看，可以説兩本完全一樣，没有多少出入。

有一點我要説明的是，為了辨明《五慶堂曹氏宗譜》本身的複雜性，為了證實《五慶堂曹氏宗譜》的歷史真實性和它的重大價值，我大量地運用了極為珍貴的史料，初一看，簡直可以説是一部資料書，但我卻認為這是認真的研究工作的第一步，這是科學結論的奠基石，没有這個奠基石，那末，一切結論都是懸空的。

我的這項研究的主要結果是：

（一）證實了五慶堂的始祖曹良臣和第二代曹泰、曹義都不是真正的五慶堂的始祖，而是撰譜人強拉入譜或訛傳竄入的。

（二）證實了五慶堂的真正的始祖是曹俊。

（三）證實了曹雪芹的上祖與五慶堂的上祖是同一始祖即曹俊，曹雪芹的上祖是曹俊的第四房，五慶堂的上祖是曹俊的第三房。

（四）證實了三房以下大批譜上的人物都是有史可查的，連五慶堂所載從龍入關的人員的墓葬地點都是真實可靠的。

（五）證實了曹家在天命六年之前，原是明朝的軍官，他們是在當時的明與後金的戰爭中歸附後金的。

（六）證實了曹家在天命、天聰時期原是漢軍旗，後來纔歸入滿洲正白旗的。

（七）證實了曹家的籍貫確是遼陽，後遷瀋陽，而不是河北豐潤。

以上各點的分析和結論，都散見在本書的有關章節。

本書所載的大量資料，涉及當時的明與後金戰爭的問題。當時居住在東北地區的滿族，是我國的一支兄弟民族。在東北這塊遼闊的土地上，不僅有滿族，還有漢族及其他兄弟民族，他們自古以來，在這裏共同勞動生息。我國先秦古籍中記載的肅慎人，就是後來滿族的先世，他們早在公元前十一世紀就向周王朝貢獻『楛矢石砮』（《國語・魯語下》），《左傳・昭公九年》則明確記載：『肅慎、燕、亳，吾北土也。』漢、唐以來，我國的封建王朝早就在這裏設立了行政管轄機構，後來的遼和金，則是我國兄弟民族契丹族和女真族建立的地方性的政權，女真族也就是滿族的另一名稱。元、明以來我國當時的中央政權更在這裏建立了強有力的行政統轄機構。明代末年長期居住在遼東地區的滿族興起，滿族的領袖努爾哈赤和他的祖先都是明朝的建州衛長官，努爾哈赤世襲指揮使，後陞建州衛都督僉事，明朝封他為『龍虎將軍』。由此可見，滿族自古以來就是我國的兄弟民族，是我國多民族大家庭中不可分離的一部分。滿族的首領在明朝就是當地的地方官，明朝在這一地區設有衛和所。《五慶堂曹氏宗譜》始祖曹俊，從明初起就世襲瀋陽指揮使，後來曹家的後代，也仍舊不斷地承襲這一職務，這就是最好的最現實的例證。所以當時明與後金之間的戰爭，是地方政權與中央政權的矛盾，從民族關係來說，是我國國內兄弟民族之間的矛盾。一六四四年滿族統治者進入關內，并且統一了全國，建立了全國性的政權，代替了明王朝，稱為清朝。這個政權對外來的侵略，特別是對來自北方沙俄帝國的侵略，進行了正義的堅決的鬥争，捍衛了我們祖國的神聖疆土，這纔是國與國之間的侵略與反侵略的戰争。因此對於本書所引録的當時明與後金之間的戰争的資料，必須用歷史唯物主義的觀點來看待，不容許把它歪曲為現代意義上的國與國之間的戰争。本書通過對大量的歷史資料的考證分析，證明我國偉大作家曹雪芹的上祖，從明初以來，是世世代代就生活在我國長城以外的遼東地區的。曹雪芹的祖父曹寅，還自署『千山曹寅』。『千山』歷史上屬襄平，就在遼陽東南六十里。而且無獨有偶，連同《紅樓夢》後四十回修訂者和刊布者之一的高鶚，恰好也是遼東鐵嶺人。

本書的寫作雖然前後已經歷了四年，但由於工作繁忙，時斷時續，有些資料還未能詳盡地搜求，已有的材料也還缺乏較深入的研究和分析，錯誤是一定很多的，希望能得到讀者和專家們的指正。

在本書寫作過程中，李華同志熱情地幫我借閱了不少資料並商討有關的問題；北京市文化局為我重新找到了《五慶堂重修遼東曹氏宗譜》正本，使我得以與曹家家藏本對照研究。我要謝謝魯寶元同志，當傳説此譜的正本已於『文化大革命』中丢失的時候，是他第一個告訴我還存有此譜另一抄本的消息。我還要謝謝我的老友楊廷福同志給我審讀了全稿，改正了錯誤；林冠夫、顧平旦兩位同志也給我校讀了一遍原稿；最近遼寧省博物館的曹汛同志和遼陽一師的馬國權同志還陪同我調查了瀋陽、遼陽地區現存有關曹家上世的碑刻，並一起到了興城（明與後金戰爭時的寧遠，努爾哈赤就在這裏被袁崇煥的大炮擊傷，不久即因傷致死），查看了尚存在該地的祖氏（祖大壽、祖大樂）牌坊和當時的戰爭遺迹。遼陽市文管所的鄒寶庫同志熱情地陪同我驗看了有關的碑刻並寄贈我這些碑刻的拓本，使我得以目睹這些有關曹家上世的重要歷史文物。對於以上這些同志的熱情幫助，我謹表示衷心的感謝。

一九七八年三月五日、七月三十一日、八月十八日序於京華瓜飯樓

凡例

一、本書主旨在考證《五慶堂重修遼東曹氏宗譜》的歷史真實性，從而確定其史料之重大價值。本書考證以《五慶堂重修遼東曹氏宗譜》正本為依據，以副本作參考。

二、本書之考證，即以此譜上所列之人名為對象，凡譜上人名有史可查者，一一查證，并列舉史料。

三、本書於所考各人名下所繫之史料，盡可能録其全文，以使讀者得見其全貌，而免斷截之弊。

四、本書所考之人物，情況各有不同，有的是歷史上著名或較為著名之人物，史料特多（如曹良臣、曹義），不及備載，故擇要刊載外，並於所載史料之末，附以『參考目録』。讀者如欲進一步探究，可據目録查閱有關史料。有的人則史料不多，故除刊載有限之史料外，未附『參考目録』，此種差異，並非體例不一，是從實際出發而分別處理。

五、凡譜上之人，雖經搜索，未能查出有關史料以資考證者，本書概不空列其名。

六、本書於所考各人名下除附列其有關資料外，亦就此項資料略作考析，以明此項資料所説明之問題。此類考證、分析文字有長有短，視需要而定，不作一定之程式，有的則僅列史料，不再考證分析。

七、本書所引史料，凡有圖片可供直觀者，則盡量附刊圖片，以助讀者之感性認識並資鑒别。

八、本書所考『四房諸人』，即曹雪芹之上世。有關曹雪芹的家世資料，凡屬信史，本書均詳加引録，以資讀者參閲而免搜求之勞。

九、凡近年來新發現『四房諸人』之資料，皆一一備録，繫於各人名下，並附以考證分析文字。

十、《五慶堂重修遼東曹氏宗譜》於四房名下，有曹天佑而無曹雪芹。本書詳考曹雪芹上世諸人之史迹，其目的是為了曹雪芹。故本書於所考譜上諸人之外，另辟一章，專論曹雪芹，並明確其與本譜之血統關係。有關曹雪芹之史料亦於本章内詳加引録，並附以考語。

十一、為了便於讀者研究和查核，本書將正本《五慶堂重修遼東曹氏宗譜》校以副本，附於書末。

十二、對於此譜及譜上諸人的研究工作，本書只是剛剛開頭，考證未確和資料未備這兩方面的問題，必然是存在的，希望讀者和專家們加以指正。

一九七八年七月二十二日雨晨於寬堂

一九九六年十一月三日重訂於沂南

二〇〇八年四月三十日清晨於

京東連理纏枝梅花草堂

第一章　概論

——關於《五慶堂重修遼東曹氏宗譜》的真偽問題

引言

關於《紅樓夢》作者曹雪芹上世的籍貫和歷史情況，幾十年來一直為《紅樓夢》研究者們所關心和討論，但由於史料的缺乏，至今還沒有得到令人滿意的結果。

一九六三年曾展出過一部當時曹家後人提供的《五慶堂遼東曹氏宗譜》，在這部譜內記載着自曹錫遠至曹天佑的六世人，近年得知曹家尚藏有此譜的另一抄本。一九七五年冬天，我由友人的介紹，認識了曹家後人曹儀策先生，承曹先生惠借，我得讀了此譜的另一抄本（後來經過相當的努力和有關單位的大力協助，我終於找到了那部已經『迷失』的正本，得以用它作為研究的主要依據）。經過幾個月的閲讀和研究，我確認這部《五慶堂重修曹氏宗譜》是可靠的五慶堂原物；譜中曹錫遠、曹振彦一支，確是此譜的第四房，與其他各房是同宗，決不是別譜竄入此譜。因此，這部《五慶堂重修曹氏宗譜》具有重要的史料價值，它對於研究曹雪芹遠祖的歷史情況，研究曹寅等人的思想，是一份很重要的歷史文獻。

本文就是想初步研究這部歷史文獻的價值和它們説明的問題。

一九六三年此譜問世以後，就曾發生過真僞問題的討論。所謂真僞問題，是指：（一）這個譜整個的真僞問題，即此譜是否是後人僞造。（二）這個譜部分的真僞問題，即四房曹錫遠以下的一支，因為它與《八旗滿洲氏族通譜》的記載大體相同，是否可能這一支是從《氏族通譜》抄入，或從別譜竄入。這也就是説儘管這個譜總的來説是可靠的，但其第四房是否可靠，還是問題。

上面兩點，是評價此譜的根本性的問題，不解決這兩個問題，此譜的價值就無從談起。但是這兩個問題牽涉到很多方面，我們不能採取簡單回答問題的方式，我們只能先針對與這兩個問題有關的方面，一一加以介紹分析論證，然後再回到這兩個問題上來。這樣，也許反倒容易説清楚一些。這些有關的方面是：

一、抄本用紙的情況

這個譜的副本封面和底面是用的乾隆庫瓷青紙，據專家鑒定，這種紙只有乾隆宮裏用，外間絶少流傳，現在故宫還存有這種庫瓷青紙。譜的正文是用的『鴻文齋』紅格紙，這種紅格紙，據鑒定，也是乾隆時代的紙。據記載，『鴻文齋』在清代琉璃廠共有兩處，一處是書店，於光緒二十年開設，這當然不是這個乾隆紅格本的印製者；另一處是南紙店，在琉璃廠橋東路南，這家南紙店『鴻文齋』，見載於道光刻本《都門雜記》，則此店開設時間當更早，我認為這就是乾隆『鴻文齋』這個紅格本的印製者。

二、封面題簽的情況

此譜封面題簽已殘損，尚存『賜□遼東曹□□□』①字樣。卷首有順治十八年曹家十一世孫曹士琦撰寫的《遼東曹氏宗譜叙言》，同治十三年衍聖公孔祥珂題的《明宣寧侯安國公忠壯公像贊》，譜文開始前的標題為《五慶堂重修曹氏宗譜》，譜内多處提到『一譜作××』，『謹按老譜式照録』，『按老譜名××』，『另一書輝祖』，『另譜名××』等等。根據以上這些不同的譜名和提法來分析，大致可以看出，此譜最早的名稱是叫《遼東曹氏宗譜》，這個譜文裏多次提到的『老譜』、『另譜』就是指這個譜。此譜在順治十八年曾重修過一次，重修時曾搜集到兵火之餘剩下來的《遼東曹氏宗譜》殘卷，所以譜文裏一再提到『老譜』或『另譜』。同時，在重修

---

① 按：應是『賜序遼東曹氏宗譜』。此譜正本封面書簽上即寫『恭請叩求賜序』，當時大概他們是想請同治賜序的，故在正本開頭還留着三十多頁的空白紙。

以後，仍名《遼東曹氏宗譜》，這從曹士琦的敘文裏可以看出。這個譜在順治十八年重修以後到同治十三年以前，中間在乾隆時期還有可能再次重修過，因為在譜中第十世曹純中下，提到『入《八旗世族通譜》、《通志》』，按《八旗滿洲氏族通譜》成於乾隆九年，《八旗通志》初集成於乾隆四年，今《通志》卷一六《世職表》確實記載了曹純忠一家，其履歷與譜文基本上相同。不過我們現在看到的這個譜，肯定是同治十三年或稍前一些時候重修的，所謂《五慶堂重修曹氏宗譜》這個譜名就是這次重修時改定的。封面上的『恭請叩求賜序』的題簽，我認為也是這次重修時加的。這次重修完全保留了順治十八年重修後的譜文，增修了順治以後或乾隆以後（如果說乾隆時期確曾重修的話）的譜文，一直到十六世。這次重修後譜名去掉了『遼東』兩字，是一個重要的變化。因為在順治以前，曹家還未入關，當然屬於『遼東』，在順治十八年重修的時候，當時入關未久，大部分曹家人還都是從『遼東』來的，所以還沒有必要改稱；但到同治時期，卻完全不同了。一方面，從遼東來的九至十一世的曹家老輩，一個也不存了；另一方面，曹家的人已經分佈在關內各地，有的已到江南或南方，再叫『遼東』就完全不合適了。所以，現在我們看到的這個譜，它包含有下面幾種成分：（一）順治以前的老譜殘文；（二）順治十八年重修的譜文；（三）可能有的乾隆中期續修的譜文（從順治十八年到同治十三年，一六六一—一八七四年，首尾共二百一十三年，中間曾有過一次續修是極為可能的，現存《五慶堂曹氏宗譜》的那張乾隆宫用庫瓷青紙的老封面，我認為就極有可能是乾隆時續修曹譜的遺物）；（四）同治十三年或稍前最後一次續修的譜文。

三、關於『五慶堂』

這個譜名叫《五慶堂重修曹氏宗譜》，許多人不瞭解『五慶堂』是怎麽一回事，有的説『五慶堂大概是長房或三房的子孫』；有的説這個譜『是嘉慶年所補』。總之，對『五慶堂』的來歷不甚了了。弄清『五慶堂』的來歷，就能弄清這譜最後一次重修的時間。我們細查此譜，終於弄清了『五慶堂』的來歷。原來曹俊的第三個兒子叫曹禮，曹禮的第十二代孫（如以曹良臣算起，則為十四代）叫曹繼祥，繼祥的兒子叫清保。此人曾做過九江鎮總兵等官，他一生與太平天國農民起義軍為敵，最後於咸豐三年被農民起義軍打傷死在江西南昌。他有五個兒子，長曰惠慶，次曰溥慶，三曰榮慶，四曰積慶，五曰裕慶。所以取名為『五慶堂』。我們細查此譜的正文，發現譜文中所記最晚的年代是同治八年，譜文於十一世曹仁先下説：『愛民（按：曹仁先字）公及黄氏夫人朝衣雙像一軸存聯蕙處，同治八年己巳五慶堂重繪二軸，一存聯蕙處，一收五慶堂。』於曹義先下説：『澤民（按：曹義先字）公及李氏夫人朝衣大像二軸并暮年杖履攜琴小照一軸（蔡育寫），存聯印處；又朝服小雙像一軸存嵩鎮處，同治三年甲子，五慶堂重繪朝服小雙像一軸，八年己巳，重繪杖履攜琴小照一軸。』根據以上情况來分析，可知『五慶堂』的取名，大概是在咸豐時期。又據譜文提到同治八年的事實，聯繫此譜卷首轉録的同治十三年衍聖公孔祥珂的題詞，可見五慶堂重修此譜（也就是最後一次重修），大概是在同治八年以後到十三年之間。

四、關於世系斷缺的情況

在評價此譜可靠與否的問題時，有的同志提出四房曹智以下到錫遠以前四世至八世共五世斷缺，因此對曹錫遠一支的可靠性産生了疑問。這是一個很重要的問題，這個問題關係到此譜的全局，並不僅僅是曹錫遠一支的可靠與否的問題，因為有此類斷缺的不止曹錫遠一支，斷缺的情況也不止這一種，另外還有重複、錯亂等等。為了弄清情況後好作判斷，有必要把這類情況全面介紹一下。

（一）第一種是一般世系斷缺。此譜的始祖是曹良臣，據譜載曹良臣有三個兒子：泰、義、俊。第三子曹俊有五個兒子：昇、仁、禮、智、信。這就是遼東五房。長房曹昇以下四、五、六世均斷缺，原譜於第七世下寫明『以上因際播遷，譜失莫考』。二房曹仁以下全缺，原譜於曹仁名下寫明『俊次子以後失考』。三房自曹禮以下至十五世曹清保（即五慶堂主）各世均全。四房曹智（即曹雪芹遠祖）以下四世至八世全缺，原譜於八世下寫明『以上因際播遷，譜失莫記』。五房曹信自四世至九世全缺，原譜於八世下寫明『並九世因播遷，譜失，名俱莫記』。

（二）第二種斷缺是只剩幾個人名字，前後世系全部斷缺，如在長房的末尾記載了守真、守衷、守邊、曹雷、曹八、伯萬、伯銀、嘉賓、嘉惠、嘉福、佳儒、萬錫、光肇等各不相連的幾個人的名字，在首行寫明：『派系長房莫知世次者，存俟訪問。』在這行字的下面並用雙行小字注明：『謹按老譜式照録。』這説明這幾個人的名字和在譜上的位置，完全是依『老譜』『照録』的，因此這一頁還保存了老譜的面貌。

（三）第三種斷缺是譜首附載的《明太師安國公忠壯公贊》，贊文後段斷缺甚多，此譜在抄録此文時，保留了斷缺文字的位置，有的缺一字，有的缺二字，有的缺三字至六字或十字不等。並在文章的末句下雙行注云：『空處係字劃剥蝕莫辨，謹闕俟考。』

（四）第四種是抄重和譜文有錯誤，圈去後改寫的。抄重的如遼東長房曹昇下第十世懋訓、邦彦、邦啓、邦禄等四個人都抄重了，原譜在抄重的人名上都畫了圈，標了一個『重』字。至於譜文圈去改寫的地方則前後極多，可以説是不勝枚舉。

關於曹氏世系以及這種世系斷缺的情況，順治十八年重修遼東曹氏宗譜時，曹士琦在宗譜的叙言裏曾有所説明，他説：

> 元時為揚州府儀真縣人，元末群雄并起，鼻祖良臣，聚衆自保，後值明太祖起淮右，承元統，率衆歸附，累隨征伐，建立奇功，以元勳封宣寧侯，追封安國公。長子泰，襲宣寧侯；次子義，封豐潤伯；三子俊，以功授指揮使，封懷遠將軍，克復遼東，調金州守御，繼又調瀋陽中衛，遂世家焉。歷代承襲，以邊功進爵為指揮使世職者，又三四人。子孫蕃盛，在瀋陽者千有餘家，號為巨族，而金州、海州、蓋州、遼陽、廣寧、寧遠俱有分住者，其以文武功名，顯耀元宗，不可勝紀。後因遼瀋失陷，闔族播遷，家譜因而失遺兵火中，從前世系宗支，茫然莫記焉。猶幸豐潤伯處全譜尚存，不意未

及繕録，又罹『闖逆』之變，叔豐潤伯匡治及兄勳衛、鼎盛，盡忠殉難，而家乘益無徵焉。

看看曹士琦的這段簡明扼要的叙述，特别是他對世系斷缺情况的説明，再聯繫上面列舉的此譜斷缺的情况，我們不難得出結論：這種斷缺，不僅不是我們懷疑此譜的理由，相反卻是此譜歷史真面貌的反映，是此譜真實可信的證據之一。

五、關於避諱問題

我們細讀此譜，發現此譜避諱有四十餘處，如避康熙的諱，把『舷』字半邊的『玄』字一律缺末筆寫成『玄』字，共三處；避乾隆的諱，把『弘』字缺末筆寫成『弘』字一處，把『弘』字改寫成『宏』字一處，改寫成『洪』字的又一處，共三處；避道光的諱，把『寧』字缺末筆寫成『寍』字三十五處，把『寧』字改寫成『甯』字四處，兩種共三十九處；避咸豐的諱『詝』，把『詝』字的半邊『寧』字改寫成『宁』字的一處。其中也有該避而未避的字，如嘉慶的諱『顒』字，譜中曹顒的『顒』字兩見，副本未避（正本避），『寧』字也有兩處未避。我認為這種避諱的情况，是真實的歷史産物，是此譜可靠性的又一個有力證據。至於有幾處未避，則明顯是抄寫者的疏忽，這在抄本中是常有的現象，毫不足怪。現在的這些諱字是同治間五慶堂重修時寫下來的，其中有一部分當屬於同治以前老譜上原有的避諱，有的則是同治重修時新增上去的。

六、關於此譜收藏的情況

我曾就這個問題請問過曹儀策先生，據曹先生説，此譜是他家祖上傳下來的，當時共傳兩部，一部就是在一九六三年提供出去、後來展覽過的。封面題簽為『恭請叩求賜序』，正文前題為『五慶堂重修曹氏宗譜』，中縫亦題『曹氏族譜，五慶堂』。另一部就是現在的這部，字迹没有那部工整，還有不少改動的地方，但曹家一向知道這是與那一部同時流傳下來的。曹儀策先生是『五慶堂』二房即溥慶的後人，溥慶是他的曾祖父，溥慶的兒子文夔是他的祖父，文夔之子曹麟就是他的父親。曹儀策先生弟兄三人，長儀範，已故，次即曹儀策先生，三儀簡。因為五慶堂的長房惠慶無後，由曹儀策先生出繼長房為惠慶的曾孫。五慶堂的三房四房已遷居山東，十多年前還為了遷移祖墳的事曾與山東三房四房取得聯繫，他們還曾來過北京。五慶堂的五房裕慶有三個兒子，長禹九，次堯和，三壽錢。一九七五年秋天我曾為調查曹家的情況，在鼓樓方磚廠胡同見到壽錢的繼室，但當時還不知道他們是五慶堂之後。又據曹儀策先生説，十多年前，他家還藏有曹家始祖曹良臣及曹家十一世祖曹德先、曹仁先、曹義先的畫像，并曾由幾位專家鑒定過，拍過照片，現在這些像已丢失，照片還有可能找到。據曹先生説，曹良臣死後墓葬在揚州鷄鳴山下。① 曹德先、仁先、義先三人，則是清初『從龍入關』

① 按：此説不確，詳見本書關於曹良臣的考證。

的。關於此譜載曹天佑而不載曹雪芹的問題，據曹先生説，祖輩相傳，是因為曹雪芹寫了《紅樓夢》，封建時代認為這是壞書，因此把曹雪芹當作忤逆不孝一樣來對待，所以不收入宗譜，也就是不再承認他是曹家的子孫。這一則傳聞，也證實了曹雪芹其人和《紅樓夢》其書，在封建社會、在封建統治階級眼裏確實是『叛逆』。

上面介紹分析了與評價此譜真偽問題有關的一些情況。現在我們可以回到關於此譜真偽問題的討論上來了。我們認為上面所説的六個方面的情況，集中起來，説明了一點，即此譜的確可靠。試想如果偽造同治五慶堂的曹氏宗譜，又何必一定要找乾隆紙呢？又何必一定要為這部譜安上幾個不同的名稱呢？特別是譜内附了一頁譜文斷缺的老譜的式樣，從作偽的角度來講，這種式樣既無從想象，也無此必要，尤其是長房、二房和四房、五房的世系都斷缺好多世（二房『仁』字以下全缺），這應該是作偽者所忌諱的，作偽者應該力求完整而不是力求斷缺，最後譜中那末多避諱，更不是作偽者能想得到的。除了上面這些點外，我們再想一想，在同治年間，偽造一部五慶堂譜有什麽用處呢？如果説是為了《紅樓夢》吧，在當時《紅樓夢》根本是禁書，譜主對曹雪芹和他的《紅樓夢》是根本諱避的，所以譜中獨不載曹雪芹，至於還有什麽其他用處，實在無從想象。由此可見，以上各點，非但不是此譜可疑之點，相反，恰恰正是此譜真實可靠的有力證明（當然更有力的證據還有我在《清實録》及其他一些方志裏，查出了此譜所録的曹家上世的人不下四五十人，其史實大體與譜上一致，詳見下文）。只有真實的歷史産物，纔有可能把這許多重要的帶有歷史印記的特徵統一起來，任何偽造的東西，終歸是不能持久的。這部曹譜惟其是十分真實可靠的歷史産物，因此它就具有鮮明的歷史真實性，它不怕反復的檢驗。當然這部譜裏也有一些錯誤和問題，例如始祖曹良臣，在譜首的《明宣寧侯贈太師安國公忠壯公功臣録》裏説是『安豐衛』人，文末的注則説『考安豐城在今鳳陽府壽州南八十里，按今霍邱縣西南……』這説明曹良臣是安徽安豐人。但是關於曹良臣的籍貫，在譜首好幾處都有明確的記載：

賜葬安豐衛儀真五壩隅焉。

——《御祭太師安國公忠壯公文》

曹良臣，儀真安豐衛人。

——《宣寧侯安國公忠壯公列傳》

柩南旋，賜葬儀真縣西南五壩頭焉。

——譜文『始祖良臣』下的簡歷

顯然這裏記載的曹良臣又不是安徽人，而是江蘇儀真人。這個『安豐』不是安徽的『安豐』，而是揚州的『安豐』。那末，五慶堂的始祖曹良臣究竟是安徽安豐人，還是揚州安豐人，就成了問題。① 又如在譜末五房以下，

① 據考證的結果，曹良臣根本不是五慶堂曹氏的始祖，也不是江蘇儀真安豐人，而是安徽安豐人。曹良臣只有一個兒子曹泰，譜上的曹義和曹俊，都與曹良臣無關，曹義與曹俊也是各不相關的。五慶堂的真正的始祖實際是曹俊。以上這些情況，均見本書以下各有關部分的考證。

附載了十世曹邦以下一家五個人，并在開頭題明：『僅記世次官爵，不知房分，存俟考證。』按曹邦一家，《八旗滿洲氏族通譜》、《豐潤縣志》、《浭陽曹氏族譜》等均有記載，《豐潤縣志》說他：『明崇禎二年隨清兵出口，及定鼎後，占籍正紅旗。』《浭陽曹氏族譜》則詳細記載了他的一家。可見他是於明末由豐潤遷居遼東的，與五慶堂的遠祖去遼東曹不是一回事，儘管修譜者已經把他列在遼東五房之外的譜末，並且標明『不知房分，存俟考證』，實際上已把他放到了『備考』欄內；但修譜者根本不瞭解他們原是豐潤曹而不是遼東曹，與遼東曹毫無關係，因此仍舊把他們附在譜末。

儘管這部譜裏還存在着這樣那樣的一些問題，但是這譜的歷史真實面貌，它的重大的史料價值是不容否認的。

第二章 《五慶堂重修曹氏宗譜》世系表

一、對《五慶堂重修曹氏宗譜》世系表的説明

這部《五慶堂重修曹氏宗譜》没有世系表。據曹儀策先生講，原有另紙録存的一個世系表，很簡略。一九六三年與另一部抄本《五慶堂重修曹氏宗譜》一起提供出去，後來丢失了。現在我根據譜文，補做了這個世系表，由於這個譜的正文斷缺很多，情況又較複雜，所以整理時頗費斟酌。經過六次易稿，纔逐步弄清了譜中上下左右的關係，把所能連的全部連了起來，能補的也作了增補。

譜文的情況，可分為以下五類：（一）前失考。即不瞭解譜中某人的父親是誰，但從此人起，他以下各代

都清楚了，接上綫了；（二）後失考。即不瞭解譜中某人的兒子是誰，從上面幾代到這個人，以下就斷綫了；（三）前後俱失考，僅明房分。即只瞭解這些人是哪一房的，但不瞭解這些人的世次和上下關係，例如在遼東長房譜文的末了，就附載了『派系長房，莫知世次者，存俟訪問』的『守真』、『守衷』、『守邊』等十三人。（四）譜中失載，但在敘文裏卻記載了的。如豐潤伯曹義的第十世孫匡治，譜文中匡治下只載一個兒子叫『鼎盛』。在『鼎盛』下說：『一譜作「鼎勳」。匡治子應襲豐潤伯，勳衛，崇禎十七年殉難。』這後一句就很難讀，因為看譜文，看不出這個勳衛是人名。但讀曹士琦的敘文，卻說：『罹「闖逆」之變，叔豐潤伯匡治及兄勳衛、鼎盛俱盡忠死難。』這纔明瞭『勳衛』是匡治的兒子，還可能是長子，因為在曹士琦的敘文裏排在『鼎盛』的前面。（五）譜文裏雖提到，但世次裏並未列出的。如遼東三房第十五世孫清保，有五個兒子：惠慶、溥慶、榮慶、積慶、裕慶。這就是五慶堂得名的由來，在譜中清保下，是記載了這五個『慶』的，但譜內的十六世卻未載這五個人，因三房只到十五世為止（五房卻到十六世）。

除以上幾種情況外，三房十六世以下譜文未載，是這次根據調查補録的。現在將整理後的世系表附列在下面，全部共三百七十五人，其中原譜曹良臣以下各房共三百六十一人，新增五慶堂以下八人，原譜末附録豐潤曹邦一家共六人。

二、《五慶堂重修曹氏宗譜》世系表

第三章　《曹氏譜系全圖》（『另譜』世系表）

一、《曹氏譜系全圖》（『另譜』世系表）

二、『另譜』世系表所附文字

按：此《曹氏譜系全圖》係據原圖縮小複製，原圖在有些人的名下附有簡歷，因縮製後原名下寫不下，故按世次移録於此：

一　世

良臣　宣寧侯，贈安國公，謚忠壯。崇祀功臣廟。國史列傳。

二　世

泰　襲宣寧侯

興　封懷遠侯

三　世

義　原名儀，字敬方。襲燕山左衛僉事歷都督僉事，遼東總兵。封豐潤伯。贈侯，謚莊武，夫人氏李。

俊　以功授指揮使，封懷遠將軍。守禦金州，後調瀋陽，即入遼之始祖也。

鼐　字萬鍾，一甲一名進士，吏部尚書，文淵閣大學士，謚文襄。加贈太傅，改謚文忠。

四　世

允誠　柱國光禄大夫，兼太子太傅，襲豐潤伯。

昇　襲指揮使

恩　官大理寺評事

五　世

匡振　襲豐潤伯

匡治　管理紅盔將軍禁兵圍子手少師，兼太子太傅。

振彦　仕浙江鹽法道

榮　官錦衣百户

六　世

愷　襲豐潤伯，官貴州總兵。

璉　廪膳生，夫人劉氏。

寅　通政使銜巡視兩淮鹽政，著有《楝亭詩鈔》、《飲饌録》。

璽　仕江南織造工部

七　世

楝　襲豐潤伯

松　襲豐潤伯，守南京，鎮廣西。

杲　貢監不仕，夫人氏郭。

八　世

九　世

爵　襲指揮使

效周　誥贈光禄大夫

十　世

珮　襲指揮使

國用　武舉
養直　歲貢守選，夫人宋氏。
養性　驃騎將軍，貴贈光禄大夫，夫人甯氏。

十一世

邦輔　官左都御史，提督五軍。
懋勳　降千户
得功　官遊擊
得位　入正藍旗
純忠　順治五年，授三等阿達哈哈番。
進功　官副總兵都督同知
進中　官守備
懷仁　歲貢
致中　贛州府通判，夫人氏高。
履中　廩膳生，夫人氏王。
化中　河南密縣知縣，夫人氏佟、氏潘。

惟中　功陞京營遊擊參戎，無嗣。
紹中　生員，歷官錦州中軍都司，驃騎將軍。貴贈光禄大夫，夫人氏王、氏何。
恭誠　授三等阿思哈尼哈番，加封精奇尼哈番，今漢文改為三等子爵，入正白旗。

十二世

好古　襲千户
興隆　康熙癸卯科舉人
士琪　襲阿達哈哈番四川中營副將，入鑲藍旗。
士班　入鑲藍旗
奉先　浙江撫院守備，住揚州。
士琦　歷官雲南安普道，雲曲潯安寧提舉，漢羌兵備道分守貴寧道，陝西按察使副使貴州布政使左參議。夫人氏戴。
士珣　貢生，夫人氏趙。
士璘　貢生
士珍　廣西岑溪縣知縣，夫人氏李。
士璧　履中公子，承繼。夫人氏耳、氏齊。

德先　由遼東瀋陽衛以將才從龍入關，隨定南王孔有德，右翼總兵授一等阿思哈尼哈番。今漢文改為一等男爵。隨王剿滅李自成，歷征直隸、山東、山西、河南、江寧、江蘇、湖南等省，收府州縣二十三，破白水各洞，四奪天柱等關，七平鄭芝龍、黄朝選等凡十有八，招安王允誠、平撫靖苗，順治六年五月内特旨加封一等精奇尼哈番。今漢文改為一等子爵，世襲。簡授鎮守武昌都督同知，右將軍，賞戴花翎。誥授光禄大夫，國史（有）傳。夫人氏程、氏楊。

仁先　累功封世襲一等阿思哈尼哈番，漢文改為男爵。官梅勒章京，漢文改為副都統。前鋒將軍，賞戴花翎，誥授榮禄大夫，國史有傳，夫人氏劉。

義先　世襲一等精奇尼哈番，今漢文改為一等子爵。昂邦章京，今漢文改為都統，贈右將軍，賞戴花翎，誥授光禄大夫。妣夫人氏李、氏陳，葬張坊鳳凰山祖塋。

熙麟　襲三等子爵

振先　官指揮，無嗣。

十三世

宏樞　字機仲，行二。

宏業　字啓南，行一，襲千户，無嗣。

雲龍　乾隆癸卯科武舉

元芳　襲阿達哈哈番

秉順　乾隆丙辰恩科舉人

盛祖　世襲一等子爵，鎮守廣西總兵都督，陣歿。誥授振威將軍。

光祖　同殉難

承祖　同殉難

燕祖　世襲阿思哈尼哈番，今漢文改為男爵。官副將，誥授武功將軍，夫人氏易。

耀祖　貤贈奉政大夫

封祖　正一品蔭生，仕直隸涿州知州。

應祖　夫人劉氏

英祖　貤封武德騎尉

興祖　原任驍騎校，誥授武德騎尉，晉贈武顯將軍，妣夫人氏董、氏張，葬鳳凰山祖塋。張太夫人葬芒牛橋正穴。

秉桓　襲子爵，歷官正白旗、正藍旗副都統，鑲白旗都統。

十四世

㷍　襲阿達哈哈番兼佐領，無嗣，停襲。

肇源　誥封武功將軍，晉贈武顯將軍，生於雍正丁酉年二月二十一日巳時，歿於乾隆五十年六月二十五日，享壽六十有九。妣夫人氏陳，誥封正二品夫人，乾隆四十四年五月初一日歿。合塋德勝門外芒牛橋土城內曹氏先塋。

焕　降襲阿達哈哈番，今改輕車都尉，管公中佐領。

焜　康熙丁酉科武舉，襲輕車都尉。

炳　雍正乙卯科舉人

十五世

繼德　原任京師西便門城門吏，敕授承德郎。

繼禄　原任武備院宜都達，敕授徵仕郎，夫人氏周。

繼福　原任刑部司獄筆帖式，委署主事，敕授文林郎。

繼祥　誥封武功將軍，晉贈武顯將軍，生於乾隆甲子年十二月十六日辰時，歿於嘉慶壬戌年二月初七日寅時。妣氏陳，道光丙午科舉人，名莊福。姑祖母氏蔣，五月十二日歿，氏紀，生於乾隆戊寅年三月初五日亥時，歿於道光丁酉年十月十四日巳時，享壽八十歲。合葬德勝門外芒牛橋土城內曹氏先塋。

繼泰　夫人氏李，女一，字本旗領催諱陳鋭公。

繼安　早世

繼聖　夫人氏董

國培　襲輕車都尉，管公中佐領。

十六世

惟　領催，無嗣。

景隆　官驍騎校

容保　貤贈徵仕郎，夫人氏邢。

玉保　內閣中書，原任舊太倉監督，夫人王氏。

勝保　夫人李氏旌表

長保　繼德公子，承嗣，夫人馮氏。

富保　貤贈武功將軍。生於乾隆戊子年正月初十日寅時，歿於道光戊戌年七月初八日酉時，享年七十有一。夫人氏褚，生於乾隆三十四年八月十二日寅時，歿於道光甲申年三月二十二日酉時。合葬芒牛橋曹氏先塋。

清保　號一泉，由考中印務筆帖式，歷官驍騎校、印務章京兼公中佐領；湖北興國營參將，出師崇陽，軍功欽加副將銜，賞戴花翎；直隸河屯協副將，江西九江鎮總兵。道光己酉、咸豐辛亥兩科本省武鄉試監射大臣，歷巡封禁山閱兵大臣。咸豐二年總統江西官兵出師湖南，克復郴州、永興、茶陵，各封城池，軍功隨帶加一級。三年癸丑，守江西省垣，搶護危城，受傷，於九月十三日申時傷歿，距生於嘉慶庚申年四月十一日未時，享壽五十有四，奉旨照傷亡例賜恤賜蔭襲祭葬。咸豐乙卯年十一月初一日，安葬於西便門外角樓西首守備署西墻外清宅塋地，正穴子山午向兼壬丙，立祖崇祀京師昭宗祠，國史列傳，誥授武顯將軍。母氏袁，原任驍騎校正黄漢官學教習、誥授奉直大夫，諱世齡，静亭公次女，乾隆辛丑科武進士、原任涿州守備諱永興公堂妹，武舉諱坤武、舉署昌平守備名岐之姑母，誥封一品夫人，誕生於嘉慶乙丑年六月二十三日子時，殁於同治壬戌年十二月初四日子時，享壽五十有八。癸亥十二月初一日午時合塋立祖正月。

富興　領催，夫人白氏、郭氏，無嗣。

五保　一名關保

廷爚　襲輕車都尉管公中佐領

十七世

興福　領催

華福　領催

英福　娶邵氏，無嗣。

青福　原任步軍校

全福　娶李氏

生福　娶辛氏
常福　娶陳氏
裕福　娶胡氏
惠慶　字愛軒，二品廕生，湖南岳州府通判，歷署巴陵縣知縣、平江縣知縣。賞加同知銜，以直隸州知州盡先補用，題陞武岡州知州。遵旨奏調山東幫辦營務，以歷次克復城寨打仗，奉旨免補直隸州，以知府留東補用，賞戴花翎。
溥慶　字小泉，襲廕生，候選批驗所大使。
榮慶　字木卿，號藕舫，廪生，咸豐辛酉科拔貢，候選教諭，軍功賞戴藍翎。
積慶　字子餘，號善卿，國子監優學生，貢生，刑部筆帖式，委署主事，定陵監修奏獎以知縣選用。
裕慶　字子垂，號蓉堂，國學生，考取漢謄録官。
文蛟　襲輕車都尉

十八世

嵩荃　公中佐領
福山　庠生
嵩嵐　七品軍功

十九世

聯蕙 六品軍功

二十世

按：此『另譜』於四房『智』下有振彥、寅、璽、鼎的記録，以下還有一行『向聞分住遼陽，譜失莫記』的文字。

三、關於《曹氏譜系全圖》（『另譜』世系表）的幾點看法

我在一九七六年獲得《五慶堂曹氏宗譜》正本的同時，還得到了一張《曹氏譜系全圖》和一部光緒三十四年武惠堂刻的《浭陽曹氏族譜》。關於《浭陽曹氏族譜》留待下面再談。當我得到這張《曹氏譜系全圖》時，我滿以為就是《五慶堂譜》的世系圖，當時我十分高興，但在高興之餘，也覺得自己花了幾個月的工夫，五易其稿纔把一部零亂的《五慶堂曹氏宗譜》整理出了一個頭緒，畫出了一張《五慶堂曹氏宗譜世系表》，現在這個工夫算是白花了。但當我用我繪製好的《五慶堂曹氏宗譜世系表》來對照這份《曹氏譜系全圖》時，卻發現根本不是那末一回事。這張《曹氏譜系全圖》，就是在《五慶堂曹氏宗譜》裏屢屢提到的另一部五慶堂

系統的曹氏宗譜的世系圖，在《五慶堂譜》裏稱它為『另譜』或『一譜』。為什麽我得出了這個結論呢？因為在《五慶堂譜》的譜文裏多處提到『一譜』作什麽，或『另譜』名什麽。我用這些地方來與這張《曹氏譜系全圖》核實，在這張《曹氏譜系全圖》上，正好就是《五慶堂譜》所稱的『一譜』或『另譜』的文字。例如：《五慶堂譜》曹義一支下第十一世『鼎盛』的名下，記着『一譜作鼎勳』，現在，這張《譜系全圖》上正是作『鼎勳』；又如《五慶堂譜》三房十一世在『文先』的名字下記着『一名智先』，再查《譜系全圖》正是作『智先』；再如《五慶堂譜》三房十五世『盛保』的名下記着『又名勝保』，查《譜系全圖》正是作『勝保』；再如《五慶堂譜》四房第十世『振彦』的名下，寫着『生二子，長璽，次爾正』，在『爾正』的下面又有雙行小字『一譜作鼎』，在十一世『爾正』的名下，也記着『另譜名鼎』，再查這份《譜系全圖》，曹爾正正好不作『爾正』而作『鼎』。以上這些鐵一般的事實，有力地説明了這個《譜系全圖》不是現存這部《五慶堂曹氏宗譜》的世系圖，而是早已失去了的另一部與五慶堂同一祖系的、而且也是三房修的『曹氏宗譜』的世系圖。這對於我的研究工作來説，無異是又得到了一部與曹雪芹的上祖有關的因而也是與曹雪芹有關的《曹氏宗譜》。經過初步研究，我認為這張《世系全圖》證明了下面這些問題：

（一）它證明原《五慶堂曹氏宗譜》確實不偽，它確是可靠的有關曹雪芹上世的重要歷史文獻。原《五慶堂曹氏宗譜》只有正副兩本，雖然足以證明它的真實性了，但嚴格來説，副本是據正本抄的，基本上仍只能算是一個本子，也算是孤證罷。現在有了這份《曹氏譜系全圖》，可以算是得到了有力的旁證。在這個《全圖》上，三房曹禮以下一百五十五人的名字、世系、世次與《五慶堂譜》完全相同。這張《譜系全圖》有關這部分的表與我按《五慶堂譜》摸索製成的世系表對照，兩表完全一樣，只有兩處人名排行上的差別和個別人名此有彼無或彼有此無（這些都在一百五十五人之外）；另外，原《五慶堂譜》譜文裏清保下有他的五個兒子五慶的名字，但在世次的正文裏卻没有排列這五個慶字輩的名字，而這份《譜系全圖》卻於清保下排列了五慶，即：惠慶、溥慶、榮慶、積慶、裕慶的名字。

但是原《五慶堂譜》三房在這一百五十五人之外，還有上下左右不能相接的，如：第八世的效曾、效孟、友三、德三，第九世的耕、讀、訓、國用、國忠等，以及以下各世共八十五人，在這份《譜系全圖》裏卻完全没有。這説明，這三房諸人的主要部分兩譜都是人名、世系、世次完全一致的，清清楚楚的，另有一部分人卻是原譜有，《譜系全圖》無。其相同部分，正好説明了兩譜都真實地反映了客觀現實，因而相同；其不同部分，則説明原《五慶堂譜》的編撰者，又旁搜遠紹，把本房不明世系、世次，前後斷綫的人搜集了起來。這種基本相同部分不同的情況，正證明它們不是互相抄襲，而是各自獨立的另譜。

（二）它證明了曹良臣、曹泰、曹義確實不是《五慶堂譜》的上祖，但又説明了這個錯誤是由來已久的，甚至可以證明并不是有意識地僞造而是以訛傳訛地編入的。

這個《譜系全圖》與《五慶堂譜》有所不同，《全圖》是曹良臣下，列曹泰、曹興兩個兒子。事實上曹良臣只有一個兒子曹泰，後因坐藍玉黨案身死爵除，斷了後。曹興其人是根本不存在的。《全圖》在曹泰下又列曹義、曹俊兩個兒子。曹泰根本無後，曹義是揚州儀真人，與曹泰和曹良臣風馬牛不相及，無後的曹泰，當然更不可能有次子曹俊，儘管這個曹義和曹俊各自都是真實的歷史人物，但與曹良臣等都攀扯不上。曹義這個人，如前面所論，他的上三代和下六代我們都考證清楚了，連《五慶堂譜》所不清楚的我們都給他弄清楚了，但在這張《全圖》上，卻繪製了一張前後顛倒、世次零亂的世系表，其序次是三世：義；四世：允誠；五世：匡振、匡治；六世：愷、鼎勳；七世：楝、松。這個世系表，與本書前面所附鄭汝璧的《皇明功臣封爵考》所列曹義的世系表對照，就可以看到《全圖》的表是不可靠的。

上面這種涉及所謂曹氏的始祖曹良臣以及曹良臣以下的曹泰、曹義就混亂不堪，這恰好說明了這一部分確是訛傳入譜的。

（三）原《五慶堂曹氏宗譜》的譜文末尾，附録了曹邦一支，並注明：『謹記世次官爵，不知房分，存俟考證。』由於這一支的附録，在一定程度上造成了該譜世系源流的混亂，有的同志就因為考證出了曹邦是豐潤人，因而認為《五慶堂譜》的上祖與豐潤曹是同宗，這我們在前面已經分析辯證過了。但是儘管如此，這種附録，畢竟帶來了混亂。現在這張《曹氏譜系全圖》，於第三房的人名、世系、世次與《五慶堂譜》完全相同，但於曹邦這一支，卻隻字未留，整個《全圖》上，找不到曹邦這一支的一個人名。這就是說在當時的這一份『另譜』上根本不存在曹邦一支的。前面已經論證過，從曹俊開始的曹氏這一支人，他們的籍貫，從曹俊的下一代起可算作是遼陽，後來則又遷到瀋陽等地；前面也已經充分論證過，曹邦確是豐潤人。因此曹邦的籍貫與曹俊一系的籍貫是扯不到一塊去的，但是當時之所以終於扯了起來，是因為《五慶堂譜》附録了曹邦一支，以致有的同志以誤傳誤，反而把誤入遼東曹的豐潤曹的籍貫當作依據，來證明遼東曹是源出於豐潤曹。現在這份《曹氏譜系全圖》乾脆就没有曹邦這一支，這一事實，正進一步地說明了《五慶堂譜》的上世，確是遼東曹而不是豐潤曹。

（四）在《五慶堂譜》上，兩次注明曹爾正的名字：『一譜作鼎』，『另譜名鼎』。我認為這個問題值得重視，很可能本來就是曹璽，字爾玉；曹鼎，字爾正。這個『鼎』字，極有可能確是曹爾正的名字。

（五）在《五慶堂譜》上，曹俊五個兒子，昇、仁、禮、智、信。在《譜系全圖》上，完全相同，這點證明，從曹俊以下，其世系宗支，是比較清楚，比較可信的。例如原《五慶堂譜》上『遼東長房』曹昇以下的人，在《全圖》就有二十五人相同，又如原《五慶堂譜》『遼東二房』曹仁以下全缺，《全圖》同樣全缺，原《五慶堂譜》遼東三房人名、世系、世次最為清楚，《全圖》亦同樣如此；原《五慶堂譜》『遼東四房』曹智以下缺四、五、六、七、八五世，《譜系全圖》上曹智為四世，下接五世振彥，六世寅、璽、鼎。就這支的世次來講，與《五慶堂譜》出入較大，《五慶堂譜》是確切的，但就曹俊以下的第四房確是曹智，而曹雪芹的上祖曹振彥、曹璽、曹寅等又確在曹智這一支下，就這一點來說，《全圖》又進一步有力地證實了這『遼東四房』并不是別譜竄入，而確是曹俊之後，五慶堂的同宗。特別值得注意的是在並列的『寅、璽、鼎』（這一點又是《全圖》的錯亂，曹寅是曹璽的兒子，而不是曹璽的哥哥）之下，有一行字：『向聞分住遼陽，譜失莫記。』這一行字具有極大的重要性：第一，它說明了本支世次的錯亂的原因是因為『譜失莫記』；第二，它注明了這一支『向聞分住遼陽』，這就進一步明確了曹雪芹上祖的最早的居住地點是在遼陽，結合《曹璽傳》裏的『著籍襄平』，結合曹寅自署『千山』，結合孫磐母親的『壙記』說明了是遼陽，結合近年發現的遼陽《大金喇嘛法師寶記碑》等碑碑陰曹振彥的題名，這種種關涉到曹家上世祖籍的資料都落實到遼陽，由此得出曹雪芹上世的籍貫確是遼陽難道還有什麽疑義嗎？我認為在這份《曹氏譜系全圖》的曹振彥、曹璽、曹鼎、曹寅的名下特意注明『向聞分住遼陽』的一筆，具有十分重要的意義，聯繫到上述這些資料，我認為這就是曹雪芹上世籍貫的結論。

（六）《曹氏譜系全圖》在有些人的名下附有簡要的小傳，這些小傳與《五慶堂譜》上這些人物的小傳大體上相同，有的更簡略些，有的也略有出入，但主要方面是相同的。例如曹義先《全圖》說『葬張坊鳳凰山祖塋』，《五慶堂譜》說：『葬順天府房山縣張坊鎮西淶水縣之沈家庵村北，鐵固山陽，玉蟒河西。』我們根據這一地點，已經調查到了這一處曹家的墓地，那末可知《全圖》所説『張坊鳳凰山祖塋』是一個簡略的説法，鐵固山也許正名就叫鳳凰山，查《房山縣志》確有『鳳凰山』。

又這份《全圖》在十七世五慶以下，有四十五人是用朱筆寫的，朱筆名字的最晚一世是二十世。這些朱筆的名字，表明當時繪製這個《全圖》時，這些人還在，所以用朱筆加以區别。這就又告訴我們，這份《全圖》繪製的時代，大約是在咸豐、同治的時代，或許要略早於《五慶堂譜》，因《五慶堂譜》一再提到『一譜』或『另譜』。

以上幾點，就是我們對這份《曹氏譜系全圖》的初步認識。

又一九九〇年北京燕山出版社影印《五慶堂重修曹氏宗譜》時，竟將此『另譜世系表』棄而不印，致使現在讀此影印本的人不知有此『另譜世系表』。更不知表上所附文字資料。既然是影印，為何又將有關部分棄而不印？這説明他們對這個『另譜世系表』的重要性没有認識到。希望重印此譜時，務必能把這份世系表及文字附上，以供研究。

第四章　人物考一

——曹氏宗譜之上兩世

一、曹良臣

曹良臣是《五慶堂曹氏宗譜》中的始祖，在譜前載有曹良臣的兩篇傳記。據考查，曹良臣確是明初開國功臣，在不少記載明初史事的書裏，都有關於他的詳細記載，甚至像摹寫朱元璋起義的小説《雲合奇踪》（即《大明英烈全傳》）裏，也有關於曹良臣的事迹。在我們見到的十四五種史書裏（其中絶大部分是明刻本或抄本），除了曹良臣的籍貫問題、歸葬的地點問題，以及他的兒子問題這三個問題以外，其餘的叙述都比較一致，並且與譜前的列傳和譜文所記史事也基本上一致。

據史書記載，曹良臣是安徽安豐人，元至正二十二年（壬寅）投朱元璋於應天（南京），為江淮行省參政。參加過擊敗陳友諒的鄱陽湖大戰，先後收復湖南、湖北、江西、江蘇等省，為江淮行省左丞。洪武元年克洛陽，又從大將軍徐達攻取元都大都，陞榮禄大夫、山西等處行中書省平章政事。洪武三年入陝，是年十一月師還，大封功臣，授開國輔運推誠宣力武臣榮禄大夫上柱國，封宣寧侯，食禄九百石，令子孫世襲，賜鐵券，文曰：『茲與爾誓，若謀逆不宥，其餘若犯死罪，爾免二死，子免一死，以報爾功。』洪武四年征蜀，克歸州，趨夔州，達重慶，蜀平。洪武五年同李文忠進軍和林（今內蒙古呼和浩特附近），以孤軍深入陣亡。事聞，贈光禄大夫追封安國公，謚忠壯，歸葬安豐，塑像祭於功臣廟，子泰襲宣寧侯。

關於曹良臣的籍貫問題，宗譜本身就有兩種説法，存在着明顯的矛盾，一種説法是揚州儀真人，如：

（一）譜前順治十八年曹士琦的叙文裏説：『吾家淵源甚遠……元時為揚州府儀真縣人，元末群雄併起，鼻祖良臣聚衆自保，後值明太祖起淮右承元統，率衆歸附。』

（二）譜前載《御祭太師安國公忠壯公文》説：『賜葬安豐衛儀真五壩隅焉。』

（三）譜前載《宣寧侯安國公忠壯公列傳》説：『曹良臣，儀真安豐衛人。』

（四）譜文『始祖良臣』下面的簡歷裏説：『賜葬儀真縣西南隅五壩頭焉。』

這都説曹良臣是揚州儀真安豐人。

另一種説法是安徽壽州安豐人。在譜前載的《明宣寧侯贈太師安國公忠壯公功臣録》裏開頭説：『曹良臣，安豐衛人。』而在下面的雙行夾注裏則説：『自（至正）十九年己亥五月至二十三年癸卯三月，劉福通奉其偽宋王攻安豐，前後凡七年，良臣持兵負固（按：一本作『適當』）其時。』按劉福通所進攻的安豐，是安徽壽州的安豐而不是揚州的安豐，特別是在這篇傳記的末尾，有一大段雙行小字的注文，説：

考安豐城在鳳陽府壽州南八十里。按今霍邱縣西南界，有魏時安豐邑故址，即漢安風縣也，此則晉時僑置者。沈約著《志》云：『南豫州安豐邑，江左僑立，今為安豐鄉，元為安豐路軍，明則置安豐衛云。』

這裏説得清清楚楚，曹良臣的出生地安豐是在安徽壽州，而不是譜文所説的揚州儀真。

那末，同一譜裏的這兩種説法究竟哪一種正確呢？據我們查考，關於揚州一説，除譜文及譜中附載的上述幾種材料外，所有現在已經看到的另十多種史料，没有一種説他是揚州儀真人的；相反，都是一致説他是壽州安豐人。特别是《明實録》洪武五年六月丙子詳載曹良臣戰死情節並附《曹良臣傳》説：『良臣，壽州安豐人』，『良臣葬安豐』（全文另附後）。《明史·曹良臣傳》則説：『曹良臣，安豐人，潁寇起，聚鄉里築堡自固。』這裏提到的所謂『潁寇』，即與朱元璋同時的由韓林兒、劉福通所率領的另一支農民起義軍，則這個安豐，顯然也是指壽州的安豐。此外，我們還查了多種地方志，在《揚州府志》和《儀真志》裏，都查不到有關曹良臣的片言隻語，雖然在楊洵編的萬曆《揚州府志》卷六『堰壩』欄下查到了儀真縣下有：

五壩：縣南門一里曰一壩，稍南曰二壩，又南曰三壩，迤東頭曰四壩、五壩。

在金鎮編的康熙十四年《揚州府志》裏儀真縣下也有與上面同樣的記載。這個『五壩』雖然正與譜文裏所記曹良臣的葬地相同，但在這兩種志裏，都絲毫沒有涉及曹良臣。相反，在粟永禄修的嘉靖《壽州志》卷二『丘墓』欄下，卻明白載有：

曹良臣墓，城南井亭輔前。

在同書卷七『武功』欄下，有：

曹良臣，國初累征有功，追贈光禄大夫，加封安國公，謚忠壯，塑像祭於功臣廟。

後來，順治十三年李大升修的《壽州志》裏，也有上面兩項同樣的記載；再往後，在康熙二十三年耿繼志修的《鳳陽府志》裏，在『陵墓』欄下，保存了上面所引曹良臣墓地的文字，而在『人物』欄下，又增加了《曹良臣傳》（傳文見後『附録』），在『學校』欄下，又增加了：

壽州鄉賢祠，在戟門西，祀先賢……明曹良臣……

從上面所引正反兩方面的材料來看，曹良臣的籍貫係安徽壽州安豐，是不容置疑的了。

這裏，特別還要指出的是，在《五慶堂譜》卷首所載的《宣寧侯安國公忠壯公列傳》，這篇傳記的開頭就說：

> 曹良臣，儀真安豐衛人，潁寇旁掠，聚鄉里築堡自固。……

按：此傳實際上是轉抄的萬斯同《明史》（原稿本）卷三十七《曹良臣傳》及王鴻緒《明史稿》卷一二一列傳十六《曹良臣傳》（兩書的《曹良臣傳》文字基本相同，只差三十來個字）。但上述兩篇《曹良臣傳》的開頭，都是：『曹良臣，安豐人。潁寇……』在『安豐』之前都沒有『儀真』兩個字，顯然這兩個字是後添的，說不定就是抄入此譜時添上去的。

為什麼壽州的安豐，會被誤認為是揚州儀真呢？這有下面幾種可能：一是在揚州府治內，確有地名叫安豐。按康熙乙丑《揚州府志》：『泰州四境圖』卷一就有『安豐場』，卷四『都里』下也載有『安豐場』，這是當時有名的一個鹽場，直到現在還叫『安豐』。同時安徽壽州在古代，一度轄於揚州，嘉靖《壽州志》卷一『沿革』說：

壽（州）故隸揚州，其江淮之紀乎。（中略）禹貢為揚州之城，商湯如制，（中略）東漢為揚州刺史治，稍後又置□（揚？）州府治於壽春，（中略）晉平吳，（中略）復為淮南郡兼置揚州，（中略）後魏置揚州，（中略）東魏北齊，并為揚州，（中略）後周拔壽陽復為揚州。（中略）（宋）高宗以安豐軍復府治於壽春，（中略）元置安豐路總管，（中略）元末為劉福通所據。（下略）

看上面這段沿革，可知壽州在歷史上有很長一段時間是隸於揚州的，而後來又改為安豐軍或安豐路。這樣，壽州、揚州、安豐這三個地名就常常容易糾纏不清。《五慶堂譜》把壽州的安豐誤為揚州的安豐，上述這種歷史的複雜性，也可能是造成錯誤的原因。因為順治十八年重修曹家的宗譜時，離開明初，已經三百多年了，南北的地域又隔得很遠，在古代交通很不方便的情況下，傳聞有誤，把壽州的安豐誤為揚州的安豐，或許也有這種可能的。

除了上述這種傳聞之誤以外，還有一種可能，那就是順治十八年重修時故意把它改為揚州儀真的。但我認為這種可能性並不大，因為如果是有意識地作偽，它就決不能在第一篇重要傳記裏，保留一大段安豐是屬於安徽壽州的考證。所以我還是相信它是在時代久遠、史料缺乏的情況下搞錯的，不是有意識地作偽。

關於曹良臣歸葬的地點，譜上説的是揚州儀真五壩隅，但據《明實録》上記載，是賜葬壽州安豐，與前引壽州地方志核對，《明實録》的記載是確鑿的，這一點，也應該糾正譜文的錯誤。

關於曹良臣的兒子，譜文説：

生三子，長泰，襲爵；次儀，封豐潤伯；三俊，授世襲指揮使，封懷遠將軍。

在此譜開頭《明宣寧侯贈太師安國公忠壯公功臣録》的末尾説：

長子泰，襲宣寧侯；次子儀，字敬方，……元順元年封豐潤伯……三子俊，封懷遠將軍，授指揮使，世襲焉。

在另一篇《宣寧侯安國公忠壯公列傳》的末尾也説：

長子泰，襲宣寧侯；次子儀，封豐潤伯；三子俊，授指揮使懷遠將軍。

以上三種材料，都説曹良臣有三個兒子。但是我們查此譜以外的有關曹良臣的傳記材料，都只提到曹泰。如《明史·曹良臣傳》説：

子泰，襲侯。坐藍玉黨死，爵除。

在同書《功臣世表》裏，在記載了曹良臣於洪武『五年六月甲辰歿於陣』以後，在第二代欄就只載有曹泰：『洪武六年五月乙巳襲，七年八月加禄至二千五百石，二十六年坐藍玉黨死，爵除。』其他如萬斯同的《明史》（抄本），王鴻緒的《明史稿》，焦竑的《皇明人物考》，鄭汝璧的《皇明功臣封爵考》，傅維麟的《明書・公侯伯表・曹良臣傳》，朱國禎的《皇明開國臣傳》，明天啓刻本定遠黄金所編的《皇明開國功臣録》等書的記載，也與上面所引一致，在《洪武實録》有關曹良臣的材料裏，雖然没有提到『子泰』，但在洪武十七年五月，就提到『賜……宣寧侯曹泰……文綺鈔有差』。根據以上這些重要的史料來看，曹良臣有一個兒子曹泰，襲爵為宣寧侯，這是可靠的。至於曹義、曹俊與曹良臣是否有關係，還很成問題。特別是上面提到的譜首所載《明宣寧侯贈太師安國公忠壯公功臣録》這篇文章，原載明天啓刻本定遠黄金所編的《皇明開國功臣録》卷六，原文説：『塑像祭於功臣廟，子泰，襲封宣寧侯。』《五慶堂譜》轉録此文時，卻作『長子泰，襲宣寧侯，次子義，字敬方，……三子俊，封懷遠將軍授指揮使，世襲焉』。這裏，『長』字和『次子義』以下一直到『世襲焉』這大段文字都明顯是後添的。再如上面提到的也是譜首所載的另一篇傳記《宣寧侯安國公忠壯公列傳》，原載萬斯同的《明史》（原稿本）卷三十七及王鴻緒《明史稿》卷一二一《列傳》十六。這兩部書裏的《曹良臣傳》，文字基本相同，萬斯同的抄本比王鴻緒的文字多出三十來字，但在史實上卻並無增加。這兩部書裏的《曹良臣傳》的結尾，都是：

子泰，襲侯。坐藍玉黨死，爵除。

但在《五慶堂譜》裏，結尾卻成了：

長子泰，襲侯（另一抄本作『襲宣寧侯』）；次子義（另一抄本作『儀』），封豐潤伯；三子俊，授指揮使，懷遠將軍（另一抄本無『授指揮使』四字）。

很明顯，這些多出來的文字，是《五慶堂譜》的修撰者增加上去的。當然，説它是撰譜人增加上去的，也不一定就是説它是錯的，也可能撰譜人確知曹義和曹俊是曹良臣的兒子，故而增補的，史書則往往求其簡括，没有全部著録，這種情況也可能是存在的。那末，這個曹義和曹俊，究竟是否是曹良臣的兒子呢？這個問題，當分别於下面有關曹義和曹俊的部分，加以考訂。

附　録

（一）《太祖洪武實録》，江蘇國學圖書館傳抄本。

按：《洪武實録》修於永樂朝，距曹良臣的時代不過四五十年。這是目前見到的關於曹良臣的最早的可靠的材料。

洪武元年冬十月

大將軍徐達，遣平章曹良臣率兵及馬指揮等守通州。（卷三十一）

洪武二年六月癸亥

丙寅，功臣廟成，命論次諸功臣之功，以徐達為首，次常遇春，次李文忠，次鄧愈，次湯和，次沐英，次胡大海，次馮國用，（中略八人）次曹良臣，次康茂才，（略三人）凡二十有一人。於是命死者塑其像於廟祀之，仍虚生者之位。（卷四十二）

洪武二年十一月

己丑，上御奉天門大賞平定中原及征南將士之功，以大將軍右丞相信國公徐達，攻取山東、河南、燕冀、秦、晉等處州郡，克敵致勝，振揚國威，撫綏軍民，得大將體，賞白金五百兩，文幣五十表裏。（中略）平章曹良臣等，從大將軍克平山東、河南、燕冀、秦、晉等處州郡，皆屢有戰功，良臣賞白金二百五十兩，文幣二十表裏。（下略）（卷四十七）

洪武三年十一月

丙申，大封功臣。上御奉天殿，皇太子諸王侍，左丞相李善長，右丞相徐達，率文武百官列於丹陛左右，上召諸將諭之曰：（中略）凡今爵賞，次第皆朕所自定，至公而無私，如御史大夫湯和，與朕同里，結髮相從，屢建功勞，然嗜酒妄殺，不由法度（中略），曹良臣、梅思祖、陸聚、汪興祖各二十四。（下略）（卷五十八）

洪武四年十二月庚辰

辛卯，賞平蜀將士。（中略）宣寧侯曹良臣，從克茅岡，□□寨，復重下重慶，賞彩緞十一表裏，（中略）然中山侯調遣率兵取桑植美（芙）蓉洞，會江夏侯合攻覃垕寨，至中道而還。向非曹良臣老於行陣，功何由成，今不爾罪，恩亦至矣。（卷七十）

洪武五年六月丙子

左副將軍李文忠，率都督何文輝等，兵至□温之地，虜聞之，夜棄營而遁。獲其牛馬輜重無算，遂進至哈剌莽來，虜部落驚潰，復進兵至臚朐河，文忠諭將士曰：兵貴神速，宜乘勝追之，千里襲人，難以重負，於是留都將韓政等守輜重，命士卒人持二十日糧，兼程而進，至土剌河。虜將蠻子哈剌章覘知之，悉騎渡河，結陣以待，文忠督兵與戰，戰數合，虜稍卻，復進至阿魯渾河，虜兵益衆，搏戰不已，文忠馬中流矢，急下馬持短兵接戰。從者劉義，直前奮擊，以身蔽文忠，指揮李榮見事急，以所乘馬授文忠，自奪虜騎乘之。文忠策馬橫槊，麾衆更進，於是士卒鼓勇，皆殊死戰，虜遂敗走，獲人馬以萬計。追之稱海，虜兵又集。文忠勒兵據險，椎牛饗士，縱所獲馬畜於野，示以閑暇。居三日，虜疑有伏，不敢逼，乃遁去。文忠亦引還，夜行失故道，至桑哥兒麻。士卒無水，渴甚。文忠默禱於天，忽所乘馬跪地長鳴，泉水涌出，人皆以為天助云。是役也，宣寧侯曹良臣，驍騎左衛指揮使周顯，振武衛指揮同知常榮，神策指揮使張耀，俱戰歿。良臣，壽州安豐人。幼有大志，及長，英毅勇敢，人多憚之。元季群雄競起，良臣聚鄉里子弟訓練為兵，立堡以御外侮，約束嚴明，無敢違其令者。歲壬寅，率所部來附，上以其誠，命為江淮等處行中書省平章政事。吳元年，從大將軍徐達克姑蘇有功。洪武元年，進階榮祿大夫，大軍取河北，入元都，攻永平，良臣功居多。二年奉詔守山西行省，率兵出大同，擊元將孔興等，降之。三年，又從大將軍徐達擊元將王保保於定西三不剌川，皆敗之。還京授開國輔運推誠宣力武臣階，仍榮祿大夫勳柱國，爵宣寧侯。四年，從平蜀。至是戰歿，贈光祿大夫，追封安國公，謚忠壯。（中略）至是與（常）榮等俱戰死，事聞，上命户部各以米四十石，布二十匹給其家，遣官迎柩於清河口。復命禮部各遣官祭之。曰曩因元季大亂，朕與爾等固守江東之地，以觀群雄何如。二十年間，未有能一統天下，為生命主者。乃命爾諸將臣四征群雄，不三四年，中原統一。以目前觀之，爾等久勞於征戰，吾民久困於供億，但宜修邊備，實中國，以休息爾等與吾民也。然自古以來，胡虜為中國患，今天既絶胡運，故命爾等既行，志在滅敵，奮不顧身，一旦殞於鋒鏑，為之奈何！夫死生乃人道之常，今爾等捐軀為國，身雖云亡，名垂不朽矣。仍命工部造墳塋、石人馬、明器如式。良臣葬安豐，榮葬懷遠縣山西鄉，顯葬應天府江寧縣方山，耀葬江寧縣獅子壙，各樹碑於墓道。（卷七十四）

（二）《龍飛紀略》，吳樸撰，嘉靖二十三年原刻本。

（洪武二年）

匕也速侵通州，守將曹良臣擊之敗走。

元年十一月徐達至真定，會遇春於柳亭，調諸將分守要害地，以曹良臣、潘敬、趙興貴守通州。元丞相也速將萬餘來寇，營於白河，通州城中僅千人，良臣曰：『吾兵少，不可與戰，彼衆雖多，然亡國之後，屢挫之兵，可以計破。』乃遣許勇、趙興貴、陳指揮、潘敬、陳慕等，沿河舟中各樹赤幟，亘三十里，鉦鼓之聲相聞，也速軍大駭，遂引去，城中出精騎渡白河擊之，追之蘇（薊）州，不及而還。（卷四）

（洪武三年十一月）

大封功臣，賜爵禄誥券有差，以中丞劉基入開國例，封誠意伯。

是月丙申，詔定功臣，命大都督府兵部録上諸將功績，吏部定勳爵，户部備賞物，禮部定禮儀，翰林撰制誥。丁酉，帝御奉天殿，皇太子親王侍，丞相李善長率文武百官列丹墀左右，帝召諸將諭之。略曰：汝等宜聽朕言，今日定封行賞，非出己私，皆仿古先王之典，籌之二年，以征討未暇，故至今日，思昔創業之初，天下擾亂，群雄并起，當時有心於建功立業者，往往無法以馭下，故皆無成。朕本無意天下，今日成此大業，有非人力之所致，是皆天地神明之眷祐。然自起兵以來，諸將從朕披堅執鋭以征討四方，戰勝攻取，其功何可忘哉！是宜報以爵，賞其新附，將帥有功者，亦如之。其次第皆朕所自定，至公無私，如……陸聚河南侯，曹良臣宣寧侯，俱食禄九百石……

辛亥三月（洪武四年）

湯和、廖永忠取歸州，楊璟、王簡進攻南城瞿壙，敗績，還守歸州。和與永忠率曹良臣等師取龍伏隘。

五年壬子

二月，李文忠取和林，追虜至阿魯渾河，大獲而還。

文忠引兵出居庸，搗應昌，是月戊申，取和林，師進至可温哈剌莽，來虜拔營速遁去。文忠曰：虜褫魄矣，可襲而擒，我當輜兵兼程而進，乃留韓政駐輜重於驢駒河，令軍士各持二十日糧，進至土剌河，元將哈剌張蠻子悉起營渡河，列騎以待，戰數十合，文忠自將一軍，從下流以分其勢，有健將出，忽豕突而前，文忠發箭殪之，舌吐不能收。文忠復戰，兩軍犄角，且戰且前，虜少卻至阿虜渾河，虜騎滋多，文忠據險為營，示以單弱，仍椎牛具食，謾為犒大軍者，虜疑有伏，相率引去。是役也，文忠馬中流矢，下馬持短兵接戰，部將李榮以己所乘馬授文忠，文忠得馬氣益厲，遂一戰破之，俘獲萬計，遂略地至驢駒、朵彥等處。左副將軍顧時，率兵深入，迷失道，糧且盡，猝遇胡兵，士卒疲不能戰，時獨引麾下數百人躍馬大呼衝擊，胡兵敗走，遂掠其輜重糧馬，我兵復振。曹良臣以孤軍深入，後軍不繼，戰死。……良臣戰死事聞，追封為安國公，謚忠壯。（卷五）

（三）《皇明開國功臣録》，定遠黄金撰，明天啓原刻本。

按：此傳抄載於《五慶堂譜》卷首曹士琦叙文之後，題為《明宣寧侯贈太師安國公忠壯公功臣録》，《五慶堂譜》抄録之文，與原刻本頗多出入，今擇其重要者校訂於原文之下。又《五慶堂譜》所抄，於文末『襲封宣寧侯』下，『古之人臣』以前，增入『次子義，字敬方』等一大段文字，共八十二字。於此段增文之末又有雙行小字注，考證安豐地點，共七十七字。今均列於原文之下，借見《五慶堂譜》抄本面目。《五慶堂譜》抄載之《曹良臣傳》即止於此。下面『古之人臣』以下的文字，被另加上《明太師安國公忠壯公贊（并載明開國功臣録）》的標題，作為另一篇《贊》文，抄列於此傳之後。文字已多殘缺，今一併據原刻本作了校補。《五慶堂譜》所抄此《贊》文之末，又有雙行小字注云：『空處係字畫剥蝕莫辨，謹闕俟考。』此可證同治或同治以前續修此譜時，此文係據老譜轉録，當時已經剥蝕之字，他們並未找到《皇明開國功臣録》校補，因為這是一個天啓刻本，流傳甚少，後來又被列為禁書，當時不易見到。

曹良臣傳

曹良臣，安豐人（《五慶堂譜》抄作『安豐衛人』），英毅剛果，為衆所推。元季群雄并起，良臣亦聚衆練兵，立堡以禦外侮，約束嚴明，無敢違其令者。至正壬寅，上駐金陵，良臣以所部附。上謂其持兵負固於兩淮間（謂兩主之間，自至正十五年乙未六月至十八年戊戌正月，又自十九年己亥五月至二十三年癸卯三月，劉福通奉其偽宋主據（上兩字譜抄作『王攻』）安豐，前後凡七年，良臣持兵適當（上兩字譜抄作『負固』）其時），可觀望而不觀望，乃來歸（國初榜列勳臣，姓名各有標目，以上十七字，是論良臣等七人，上所親定。七人：曹良臣、韓政、楊璟、陸聚、梅思、黄彬、胡美皆封侯），大嘉其誠，命為江淮等處行中書省參政，握兵從征。時南昌既復，旁近郡縣，次第皆下。癸卯，攻廬州，三閱月，忽告陳友諒攻南昌急。七月，上率良臣等往征，大戰於鄱陽湖，友諒敗死。甲辰二月，征陳理於武昌，降之。乙巳五月，從下襄陽，是時，湖之南北，江之東西，所在咸附。上念淮東為張士誠北門，圖之宜先。十月，命良臣率兵從徐達等進取，克海安泰州，丙午三月，克高郵，四月克淮安、濠泗，八月，從伐張士誠，先湖州以分其勢，十月，破昇山水寨，拔舊館，十一月攻湖州，以吕珍徇城下。李伯昇出降，湖州平。圍蘇州，軍胥門，以弓弩火器巨炮百道攻擊守兵，屢戰不勝。丁未九月，士誠被縛。論功賜彩緞表裏八疋，陞江淮行省左丞。諭之曰：『朕自起兵以來，賴將士之力，拓地開疆，削平敵國，如陳友諒兵衆地大，已先摧滅，張士誠兵強積富，今亦就擒。非爾將士用命，何以致此，今論功行賞，以報勞績。自古帝王以征伐得天下，必皆有名世之將以佐之，爾等今日之功，亦何忝於古之名將乎。』是年冬，征取中原，克山東沂州，降王宣父子，破益都，下濟寧等處，明年建元洪武。二月，克棣州，三月克汴梁，四月取河南府，至塔兒灣，戰敗元將詹同，獲衆五萬，進營於河南城北門，李克彝出走。於是，河南行省平章梁王阿魯溫請降，乘勝克洛陽、陝州、潼關。七月旋師渡河，閏七月克衛輝，元守將平章龍二棄城走彰德，龍二復走，同知某等皆降，克廣平。遂大會師於臨清，從大將北上，取德州、長蘆、滄州、直沽，獲其海舟，至河西務擊敗元平章俺普達朵兒只進巴，擒知院哈剌孫及省院將校三百餘人，獲馬匹船糧數多，克通州，元主及其后妃太子皆北走。八月克元都，復與傅友德等將兵偵邏古北諸隘口，追元潰散遺卒，獲馬一千六百匹，牛羊八千餘頭，車一百五十輛。以功陞榮禄大夫，山西等處行中書省平章政事。克保定、河間、澤州、潞州，十月以大將命率兵守通州。二年二月，故元丞相也速來侵，時大軍征山西，北平守兵單寡，通州城中亦僅千人，也速將萬餘騎營於白河。良臣諭其部下曰：『吾兵少不可與戰，彼衆雖多，然亡國之後，屢挫之兵，可以計破。』乃密遣指揮許勇等於沿河舟中各樹赤幟，亘三十餘里，鉦鼓之聲相聞，也速望之驚駭，遂引遁去。城中出精騎渡白河追之，至薊州不及而還。是年從征陝西，復守通州。十二月，上大賞定中原諸將，謂良臣從大將（譜抄『大將』下多『徐達等』三字）克平山東、河南、燕、冀、秦、晉等處州郡，屢有戰功，賜白金二百五十兩，文□幣二十表裏。三年正月上以王保保為西北邊患，復命良臣從征。二月領兵至潼關，三月軍西安。四月聞王保保與擴廓鐵木兒營於定西，即趨擊之，大敗其衆，斬獲無算，生擒嚴奉先、韓札兒、李景曰（譜抄作『白』）、察罕不花等，擴廓與保保遁去。復領兵征哨沙漠，十一月師還。大封功臣，授開國輔運推誠宣力武臣榮禄大夫上柱國，封宣寧侯，食禄九百石，令子孫世襲。賜鐵券，其文曰：朕觀自古帝王，以武定天下，必有英杰之士，知時達變，翕然來從，建立功勳，輔成帝業，如漢之竇融、馬援；唐之尉遲恭、李勣皆是也。朕效前王之所為，非智者不謀，非勇者不任，自居江左以來，日夜思得猛將而用之，而爾良臣知彼無成（四字譜抄作『度勢見幾』），率衆來附，於今有年，其間東征西伐，功績昭著，可謂漢唐諸將比矣。今天下已定，論功行賞，朕無以報爾，是用加爾爵禄，使爾子孫世世承襲。朕本疏愚，皆遵前代哲王之典禮，兹與爾誓，若（譜抄作『除』）謀逆不宥，其餘若犯死罪，爾免二死，子免一死，以報爾功。於戲！風雲聚會，千載一時，崇德報功，國家之制，爾尚（當？）益加恭慎，以保禄位，訓爾子孫，近於永久，豈不美歟！誥文同（『同』字譜抄作『見後』），仍賜文綺及帛二十匹。四年征蜀，克歸州，李逢春烽火山寨，取桑植容美洞，攻茅岡、覃垕寨，平之，由歸州進兵，自白鹽山伐木開道，臨紙房溪以趨夔州，至瞿塘關，廖永忠已先克之，乃與永忠自夔分水陸進，會於重慶，降偽夏主明昇，送京師，蜀平。五（譜抄作『四』）年春，同（譜抄作『從』）李文忠征迤北領東道兵，五月取和林（譜抄此下多『六月甲辰日』五字），至阿魯渾河，孤軍深入，與虜戰歿（譜抄無此四字，作『敵騎大集，力戰死焉』），事聞，上痛悼之（此下譜抄多『輟朝三日』四字）。贈光禄大夫，追封安國公，謚忠壯，歸葬安豐（譜抄『豐』下增『衛』字），塑像祭於功臣廟。子泰（譜抄作『長子泰』），襲封（譜抄無『封』字）宣寧侯（譜抄於此句下增以下一大段文字：『次子義，字敬方。宣德初，平江西梅花洞賊，正統間，擢左都督僉事，充總兵官，鎮守遼東，廉介有守，遼人安之。與兀良哈大小數百戰，天順元年封豐潤伯，世襲。加禄一千三百石。三子俊，封懷遠將軍，授指揮使，世襲焉。』〔『世襲焉』下，又有雙行小字注云：『考安豐城在今鳳陽府壽州南八十里，按今霍邱縣西南界有魏時安豐郡故址，即漢安風縣也。此則晉時僑置者。沈約著《志》云：「南豫州安豐郡，江左喬立，今為安豐鄉，元為安豐路軍，明則置安豐衛」云。』〕譜抄傳文即於此結束。下文『古人之臣』以下，被加上『明太師安國公忠壯公贊』〔並載明開國功臣録）之標題，作為另一篇『贊』文，抄於傳文之後）。古之人臣，託身以就功名，必慎擇其主而後可，若張良擇高帝，鄧禹擇光武，孔明擇先主，皆善託焉者也，而功名卒顯於後世，若范增謀非不深，志非不潔，然不擇劉而擇項，所託誤矣。故功隳而名亦弗完。良臣持兵於亂世，值為宋竊據安豐，兵非不多，談笑而取汴，勢非不盛，然無少意託焉，以其兵無紀律，不足與有成也。我聖祖東駐江左，初無一檄（譜抄缺『檄』字，以下凡加着重點之字，均為譜抄殘缺之字）之招，而趨附恐後，蓋以堂堂皇者之師，本行義而行吊伐，有以厭服其心故耳，非有超然之見，安能審於去就，得託真主如是哉！況勇冠六師，戰收百勝，奇功著乎通守，大烈揚於定西，茅土分封，河山錫誓，及乎和林死事，廟祀褒忠，大節完□，名直與天地長存矣。嗚呼，良臣其偉人哉！（譜抄此下多雙行注云：『空處係字畫剥蝕莫辨，謹闕俟考。』）

（四）《明史》（原稿本），萬斯同撰，卷三十七《曹良臣傳》；《明史稿》，王鴻緒撰，卷一二一，《列傳》十六《曹良臣傳》：

按：《五慶堂譜》卷首另有《宣寧侯安國公忠壯公列傳》，此傳即出萬斯同《明史》及王鴻緒《明史稿》。兩書之《曹良臣傳》基本一樣，因王書是用萬書修訂而成，只删去三十來字。今録萬書曹傳全文，王書所删之處，用框〔 〕加以區別。兩傳皆無曹義、曹俊，《五慶堂譜》則於傳末復添曹義、曹俊之事，今一併校録於傳後，以見五譜原貌。

曹良臣傳

曹良臣，安豐人。潁寇旁掠，〔良臣〕聚鄉里築堡自固，〔寇不敢犯〕。歸太祖於應天，為江淮行省參政。從戰鄱陽，克武昌、襄陽，取淮東，收浙西，進行省左丞。以大軍收中原，定河南北，取元都，略地至澤潞，進山西行省平章，還守通州。時大兵出山西，通州守備單弱，〔良臣〕所部不滿千人，元丞相也速將萬騎營白河，良臣曰：『吾兵少，不可與戰，彼衆雖多，亡國之餘，敗氣不振，當以計破之。』乃密遣指揮仵（許）勇等於瀕河舟中多立赤幟，亘三十餘里，鉦鼓聲相聞，也速〔望之〕大駭，遁去。〔出〕精騎〔躡之〕，逐北百餘里，元兵自是不敢窺北平。復從大將軍達擊擴廓帖木兒於定西三不剌川，敗之。洪武三年封宣寧侯，歲禄九百石，予世券。明年，從伐蜀，克歸州山寨，取桑植容美諸土司。會周德興拔茅岡、覃垕寨，自白鹽山伐木開道，出紙坊溪以趨夔州，進克重慶。明年，從副將軍文忠北征，至臚朐河，收其部落。文忠率良臣持二十日糧兼程進至土剌河，哈剌章〔悉（率）衆〕渡河，〔結陣以待，力〕拒戰，〔敵〕少卻，〔復深入〕追至阿魯渾河，敵騎大集，將士皆殊死戰，敵大敗走，〔收其士馬萬計，而〕良臣與指揮周顯、常榮、張耀，千户萬斌，遂歿於軍，事聞贈安國公（譜抄作：『事聞上震悼，輟朝贈太師，追封安國公』）謚忠壯，列祀功臣廟。子泰襲侯（譜抄作『長子泰，襲宣寧侯』），坐藍玉黨死，爵除（譜抄無此句，下接『次子義，封豐潤伯，三子俊，授指揮使懷遠將軍』）。

（五）《壽州志》，粟永禄修，嘉靖原刻本。

曹良臣墓，城南井亭輔前。（卷二《丘墓》）

曹良臣，國初累征有功，追贈光禄大夫，加封安國公，謚忠壯，塑像祭於功臣廟。（卷七《武功》）

按： 李大升順治十三年修，《壽州志》卷一《丘墓》，卷四，均同。

（六）《鳳陽府志》，耿繼志撰，康熙二十三年原刻本。

曹良臣墓，在州南井亭鋪。（卷二十二《陵墓》）

壽州鄉賢祠，在戟門西，祀先賢，（中略）明曹良臣。（下略）（卷十八《學校》）

曹良臣，英毅剛果，為衆所推。元季群雄并起，良臣亦聚衆練兵。明太祖駐金陵，率所部來歸，命為江淮等處行中書省平章事。後從大將軍平吳，征山東、北平等處有功，封宣寧侯。北征和林，孤軍深入，死焉。追封安國公，謚忠壯，塑像功臣廟。（卷二十七《人物》）

附目

（一）王世貞《國朝紀要》卷一，『六月功臣廟成』條，卷三『庚午，二十三年，正月肅清逆黨，榜列勳臣凡五十七人』條，均及曹良臣。

（二）王世貞《皇明人物考》卷一，《曹良臣》。

（三）王世貞《皇明開國臣傳》卷四，《安國曹忠壯公（附周顯、張耀）》。

（四）鄭汝璧《皇明功臣封爵考》萬曆原刻本，卷六，《宣寧侯曹良臣》。

（五）焦竑《皇明人物考》卷一，《宣寧侯曹良臣》。

（六）過庭訓《本朝分省人物考》卷十一，《曹良臣傳》。

（七）朱國禎《皇明開國臣傳》卷四，《安國曹忠壯公》（《皇明史概》叢書本第十一、十二頁）。

（八）傅維鱗《明書》（畿輔叢書本），《表三・公侯伯表》卷二十六，《表六・贈王公侯伯子男表》卷二十九，《曹良臣傳》，卷九十四。

按： 此傳與朱國禎《皇明開國臣傳》中之《安國曹忠壯公》文字基本相同。

（九）《明史》卷一三三《曹良臣傳》。卷一百五，《功臣世表一》。

二、曹　泰

曹泰是曹良臣的兒子，《五慶堂譜》說：

良臣長子，洪武六年乙巳，襲宣寧侯。

七年八月，加禄至二千五百石，二十六年歿，因與藍玉有隙，玉譖之，爵除。

按：《五慶堂譜》認為曹良臣有三個兒子，所以説曹泰是長子，這是不確實的。根據現有的史料來看，曹良臣只有這一個兒子，因此無所謂『長』『次』。

《五慶堂譜》卷首載《敕宣寧侯曹泰》，文曰：

諭之曰：凡人臣子孫，得世其爵禄者，皆以其祖、父有功於國家，故厚其報以示不忘。然自古以來，世禄之家，鮮克有禮，遂至傾覆，朕每用慨惜。爾父宣寧侯曹良臣，勳著國家，兹特命爾嗣爵為侯，爾尚（當）毋驕其志，毋怠其事，益篤忠貞，永延國寵。

洪武六年　月　日。

《洪武實録》卷一六二『洪武十七年五月戊戌朔』條説：

賜潁國公傅友德、鄭國公常茂、永昌侯藍玉、滎陽侯鄭遇春、宣寧侯曹泰、鳳翔侯張龍、安慶侯仇成、普定侯陳桓、東川侯胡海文綺鈔有差。

《明史》卷一百五《功臣世表》一説：

宣寧侯曹良臣，洪武三年十一月封，第三十二，勳禄同王志。五年六月甲辰歿於陣。二十三年十月甲申，追封安國公，謚忠壯。

在第二代曹泰下説：

洪武六年五月乙巳襲，七年八月加禄至二千五百石，二十六年坐藍玉黨死，爵除。

還有，在傅維鱗的《明書》卷二十六《公侯伯表》裏説：

曹良臣，安豐人。功係開國血戰，封爵宣寧侯。北征戰歿，世子泰，無子，除。

其他一些曹良臣的傳記材料裏，凡是提到曹良臣的後代的，都只提曹泰襲爵，時間是在洪武六年。因曹泰無嗣，所以曹泰死後，就斷絶了。

以上這些材料，説明曹良臣確是只有這一個兒子，譜上所記其餘兩人，都是不可靠的。

關於曹泰的死，絶大部分材料都説他『坐藍玉黨死，爵除』。《五慶堂譜》也是這樣説法，看來是可信的。

三、曹義

曹義，《五慶堂譜》把他作為曹良臣的次子，在《譜》前有傳，此傳經校核，發現是據萬斯同撰《明史》（原稿本）卷七十三《曹義、施聚傳》刪削而成的，刪削的痕迹歷歷可見。在《五慶堂譜》正文曹義下有一段曹義的簡歷：

> 良臣次子，字敬方。襲燕山左衛指揮僉事，累功都督僉事，充遼東總兵官，晉都督同知，左都督。天順元年二月甲辰，封豐潤伯。加禄一千三百石，世襲。四年正月歿。追封榮禄大夫，贈侯。謚莊武。繼配夫人李氏殉，詔旌之。

據我們考查，曹義是確有其人的，《明史》有傳，《明實録》裏有大量的記載，據曹義同時代人劉定之的《呆齋存稿》（正德八年原刻本）卷十一上的《明故奉天翊衛宣力武臣特進榮禄大夫柱國豐潤伯曹公墓誌銘》説，曹義卒於『天順庚辰（天順四年，一四六〇年）正月二十二日，享年七十有一』。據此上推，則曹義應生於洪武二十三年（一三九〇年）庚午，距曹良臣之死，已經十八年。顯然曹義不可能是曹良臣的兒子。特別是這篇墓誌銘裏明確説曹義『曾祖花一，祖勇，燕山左衛副千户。父勝，指揮僉事』，這裏對曹義的上三代説得清清楚楚。另外，我們又從萬曆《揚州府志》（楊洵編）裏查到了《曹義傳》，也證明他確是儀真人，父親叫曹勝，官燕山指揮僉事。又從康熙《儀真縣志》（馬玉章編纂）裏查到了《曹勝傳》，得知曹勝的父親即曹義的祖父確是叫曹勇，在同書卷五《選舉》欄之『明封蔭』下，還全部載明了曹義的上三代：

曹花一　以曾孫義貴，贈榮禄大夫豐潤伯。

曹　勇　以孫義貴，贈豐潤伯。

曹　勝　以子義貴，贈豐潤伯。

曹　義　封豐潤伯，贈侯，謚莊武。

這樣就弄清了曹義的上世，證明了曹義與曹良臣風馬牛不相及，既非同鄉，更不是父子。《五慶堂譜》把他編為曹良臣的次子，看來有可能是出於傳聞之誤，恰好《五慶堂譜》所載萬斯同《明史》中的《曹義傳》又没有提到曹義的上世，這樣他們就更容易與曹良臣聯繫起來了。另外，關於封豐潤伯的問題，各書記載均同，康熙三十一年刻曹鼎望主修的《豐潤縣志》卷七《人物志·國朝武略》欄内載：『曹義，豐潤伯，南直隸儀鎮（真）人，天順元年以戰功封，世襲。』在卷四《田賦》欄内載：『除曹義退回大城地壹頃肆拾壹畝肆釐伍毫。』（康熙二十四年）可見史料的記載與地方志印證也是一致的。我們查得的關於曹義的材料極多，既然曹義與曹良臣毫無關繫，因此除附録一部分足資考證用的傳記材料外，其餘如《明實録》等書裏的較為易見的資料，就不再轉録。關於他的生平事迹，從選録的傳記材料裏也盡足以瞭解，因此也不再作考訂和介紹。

附録

（一）《呆齋存稿》，劉定之撰，明正德八年原刻本。卷十一有：

《明故奉天翊衛宣力武臣特進榮禄大夫柱國豐潤伯曹公墓誌銘》：國家開基創業之初，能奮其智勇，以際雲龍風虎之會，取功伐官禄，吾聞之矣。至於太平既久，武節罕用，然而為世冑者，尚能因時之任使以赴機會，樹勳績，增光祖禰，垂休胤嗣，自非其材武夐異等倫，疇克爾哉！若豐潤伯曹公，吾所僅見者也。公諱義，字敬方，先世居揚州儀真，曾祖花一，祖勇，燕山左衛副千户。父勝，指揮僉事，皆以公貴。贈奉翊衛宣力武臣，特進榮禄大夫，豐潤伯。曾祖母黄氏，祖母王氏，皆贈伯夫人，母謝氏封伯太夫人。公弱冠襲父職，扈蹕征虜，至會州，時太宗方欲肅清沙漠，將士非遴選不得從。宣德初，擢都指揮僉事。江西梅花洞『賊』施州衛剌惹洞蠻，憑險竊發，公往捕撫，咸底靖謐，擢中府都督僉事。今上登極，充遼東副總兵，擊虜於寧遠，至白雲山，取其輜重璽書，賜征虜前將軍印，為正總兵，與成國公朱勇會兵兩汊口襲虜，公功尤多，陞都督同知。虜犯義州，勘之於羊腸河，陞右都督。正統己巳，與虜戰遼河，摧其前鋒，旋師至廣平山東川洲，虜復踵至，回騎擊破之，陞左都督。景泰初，追虜至梨皮峪，鷹湖東，與參將胡原分左右翼夾擊，幾殲焉。巡視邊戍，至仙靈寺，虜穿塞垣深入，與副將焦禮等設伏以待，薄暮虜至奮擊，大破之最。其前後大小戰無慮數十，所俘斬虜衆七百五十餘人，雜畜三千餘頭匹，奪還所掠中國人畜幾至八千，他器械輜重無算。於是虜畏公威名，不復敢盗東北邊矣。屢賜白金彩幣。上復大位之初，進公爵豐潤伯，勳號奉天翊衛宣力武臣階特進榮禄大夫柱國，禄一千三百石。推恩三代，子孫世襲，賜鐵券，未幾以公年益高，不欲使居極邊，召還入見，慰勞甚至，賜羊酒，居京師奉朝請。久之，以疾卒，時天順庚辰正月二十二日也，享年七十有一。公為將□□□明，信賞必罰，與士卒同甘苦，見敵則以身先，故能所向克捷。平居□□書史，考求古名將忠臣事迹以為法，與士大夫論列，意豁如也。奉母孝，季父殁，撫其孤子，克盡恩意。元配李氏，安平侯遠女，贈夫人。繼□李氏，豐城使女，封夫人。公卒之日，哀不自勝，遂自盡以從。子男一人，璘；孫男二人，振、撝。璘先公十二年卒，其婦故太保陽武侯薛禄女，持節以育振兄弟，今當襲爵者振也。振卜葬公於宛平縣玉河鄉之原，前期□大理寺左正張君祝所述事狀，因尚寶司丞劉君福來請予銘，乃銘之曰：『中華良民，獯鬻左臂。控山引海，有險足恃。偶失業□，曹公孔武。莫之敢□，有來輒殪。甲衮為丹，風馳電□。□其部□，灑掃□□。咸奉賨琛，來供帝命。二十餘載，邊民安定。惟皇念功，曰爾來歸。生入邊關，不待爾祈。甲第歌鍾，白首娱嬉。公□稽首，臣荷天造。得貼龍顔，樂以志老。毛幾全歸，以從祖考。爵傳禄襲，孫曾綿綿。丹書鐵券，玉帶金蟬。幽室有詩，青瑶是鎸。』

按： 此文又見焦竑著萬曆刻本《國朝獻徵録》。《獻徵録》所載，已删去『享年七十有一』句以下的全部文字。

（二）《皇明功臣封爵考》，鄭汝璧撰，萬曆刻本。卷五載《豐潤伯》：

豐潤伯

曹義，直隸揚州府儀真縣人，原任燕山左衛指揮僉事。永樂二十年，征進半壁山等處有功。宣德五年正月內陞湖廣都司署都指揮僉事，本年四月內征進江西梅花洞等處剿『賊寇』累功。宣德十年歷陞中府都督僉事，充總兵官鎮守遼東，生擒達賊并斬獲賊級，奪回人口頭畜，有功，歷陞左都督。天順元年二月十一日，封豐潤伯，世襲，有券，其文曰：『崇德報功，聖王之令典，旌忠表義，昭代之良規。事出至公，匪惟私昵。爾榮禄大夫中軍都督府左都督曹義，威儀山立，器量淵深。智勇出乎一己，仁信孚於三軍，總神機而宣威，豈是一人之敵，提王師而征虜，何慚萬里之城。務屯田，謹烽堠，出奇計於萬全；戰則勝，攻則取，定天山於三箭。使朕無東顧之憂，而爾著邊功之譽，既臻康乂，庸展報施。載既國典，茅土宜加，是用授爾奉天翊衛宣力武臣特進榮禄大夫柱國豐潤伯，食禄一千三百石，子孫世世承襲。仍與爾誓：除謀逆不宥，其餘雜犯死罪，本身免一死，子免一死，以報爾功。於戲！爵禄者報功之器，致之不易，保之尤難，惟秉忠立誠，可以事君。上惟奉法循理，可以盡臣職，懋膺寵嘉，以克永世。欽哉！』追封三代，天順四年正月內病故，追封豐潤侯，謚莊武。有誥。長男曹璘，先故。曹璘妻薛氏奏稱無出，止有庶長男曹振應襲。本年七月初四日，本部題奉欽依，準他襲，有誥。天順五年，為糾劾事，該都察院問得該犯居父母喪犯奸徒罪，奏奉欽依。曹振不知禮法，論罪本當革爵，但念他前人功勞，着運了磚，戴頭巾，國子監讀書一年來說。天順六年十二月內，該都察院題奉欽依，既讀書一年已滿，着復爵，再不守禮法，不饒。成化十二年為事，本年六月十七日大理寺奉欽依，沈煜容留通奸，并陳桓、曹振、王衎混雜僧娼飲酒，俱有玷名爵。沈煜住俸戴頭巾閑住，陳桓、曹振、王衎都罰俸半年，不許侍衛管軍管事。弘治二年五月內病故。伊庶長男曹愷奏襲。弘治三年二月十八日題奉聖旨，曹愷準襲伯爵，欽此。嘉靖五年四月內病故。嫡長男曹棟奏襲，該吏科參出本部議照，伊祖曹義雖曾歷有鎮守邊功，原非開國靖難功臣之比，嘉靖五年十月十七日，題奉聖旨，曹棟準襲伯爵，欽此。嘉靖六年三月內病故，伊母鄭氏奏，要將庶長男曹松襲爵，本部議照，自曹義立功封爵，已襲三輩，曹松應否準襲，未敢擅擬具題，奉聖旨：這襲爵你部裏還定議了來説，欽此。本部查得曹義以都督進封伯爵，承襲三世，似是酬其功勞。今曾孫曹松似應減襲。嘉靖七年正月十七日題，奉聖旨曹松準承襲伯爵，欽此。嘉靖三十九年六月十六日病故，伊嫡長男曹文炳奏襲，嘉靖四十年十月十二日，該本部具題，奉聖旨曹文炳準襲祖爵，欽此。

一世　曹義　原任燕山左衛指揮僉事，以故封豐潤伯，故謚莊武，一子。

二世　璘　義長男，未襲故。

三世　振　璘庶長男，襲伯，二子。

四世　愷　振長男，襲伯，三子。恂，振次男，三子。

五世　棟　愷嫡長男，襲伯，故，絶。

松　愷庶長男，襲伯，二子。

梁　愷庶次男，故，一子。

欅　恂長男，故，絶。

桐　恂次男，故，絶。

六世　文炳　松嫡長男，襲伯。

文煥　松次男，蔭錦衣衛所鎮撫。

文輝　梁男，故，絶。

按：此表可補《五慶堂譜》世系表中的缺漏。

（三）《明史》，（原稿本）萬斯同撰，卷七十三《曹義、施聚傳》。

按：《五慶堂譜》卷首載《豐潤伯贈侯莊武公列傳》，即據萬斯同《明史·曹義、施聚傳》删節而成。今録萬書曹、施傳原文，凡被《五慶堂譜》删去之文，即用〈〉表示，凡被改動之文句，即在原句下用〔〕標出被改之字、詞、句，以見《五慶堂譜》原文之面貌。又施聚與曹家在血統上毫無關係，《曹氏宗譜》毫無理由要録《施聚傳》，此可證順治重修此譜時，頗為草草。為了與《五慶堂譜》對照，故仍全文録出。

〈曹〉義〔儀〕，字敬方。儀真人，襲職為燕山左衛〈指揮〉僉事，累功至都督僉事，充遼東副總兵。〈正統三年冬〉代巫凱為總兵〈官〉。凱，名將。〈在鎮十餘年，境内寧謐，〉義〔儀〕承其後，廉介有守，〈號令嚴明〉，遼人安之。〈而部下有不悦者，奏義酷害軍士，已又舉其違法事。朝廷知義無大過，令自陳并宥之。七年〉兀良哈犯廣寧〈前屯，殺掠百八十人。被召切責，命都御史王翺往飭軍務，詰義□罪狀。頃之〉義〈等〉獲犯邊孛台等〈獻於朝。適三衛酋長俱來貢〉詔戮〈孛台等〉於市，〈令聚觀之以為戒〉自是〈義〉數與兀良哈戰。〔正統〕九年春，會〈成國公〉朱勇軍夾擊，斬獲多，進都督同知。〔累官左都督〕十二年春，出廣寧塞〈巡檄，見兀良哈賊匿林莽中，圍而擊之，俘〉斬百餘人，〈進右都督〉十四年，追〈賊〉〔寇〕開原塞外，既又出廣寧，〈遇賊接戰，旋師廣平山回擊，賊踵後至者皆敗之〉，〔敗寇〕擒〈有〉百餘人〈以還〉，進左都督。義部將施聚，其先沙漠人，居順天通州。父忠，〈起燕山衛，□積功〉為金吾右衛指揮使，從成祖北征，〈至飲馬河〉陣没。聚嗣職從〔義〕北征〈至得勝口〉，擒可可帖木兒。宣德中備御遼東，〈累擢都指揮同知〉，以義薦，進都指揮使，守〈備〉義州。義與兀良哈戰，聚皆從，〈以功〉累官右都督。〈景帝五年，充右副總兵，仍守義州。也先逼京師，詔聚與右副總兵焦禮入衛。聚□命慟哭，即日引兵西。部下進牛酒，聚卻之曰：『天子安在？吾何心饗此。』比至，寇已退，乃還。而義守遼東，可汗〉脱脱不花〈别〉以三萬騎〔深〕入，義〔敗之〕〈不能御，寇遂深入，攻毁屯堡八十餘，掠官吏軍民萬三千人，馬牛羊倍之。兵部尚書于謙等請治罪。時景帝以時方多故，不深責，但奪半歲俸。已而賊復入掠，義敗之連州，還所掠人口千七百有奇。時賊勢盛，義等竭力捍御，所獲千餘級而已。英宗復辟，召還〉。義守遼垂二十年，無〈大〉〔赫赫〕功。聚以勇敢稱，官至左都督，然為義裨師，未嘗特將。值英宗推恩，特封義豐潤伯，聚懷柔伯，〈皆予世券，天下以為濫。〉義居四年，卒贈侯，謚莊武，繼室李氏殉，詔旌之。〈孫振嗣，坐居喪納妓為妾，下詔獄，革冠帶，習禮國學，逾年復之。成化中，坐與泰寧侯陳桓等集修武伯沈煜家，雜僧妓飲酒，俱下獄，停禄一年，卒。子愷嗣。弘治中，總兵貴州，賊娘朱魯叛，被劾罷還。久之卒，傳子棟及松。松賞協守南京，改鎮兩廣。聚後義二年而卒。贈侯，謚威靖。再傳至孫鑒，成化中，坐納賂，减□奪爵，謫貴州。立功遇赦復爵。卒。子瓚，正德初，總兵貴州，卒，弟瑾嗣。義三傳至棟，聚四傳至瑾，皆在嘉靖時，吏部皆言不當復襲，世宗不許，傳爵至國亡

乃絕。〉①

（四）《儀真縣志》，馬玉章編纂，康熙刻本。

曹勝

名將曹勝，勇之子。初，從勇行間，即好武，善騎射，才識過人。長嗣勇職，階武略將軍。英勇異甚，永樂間，會靖難之師，勝從行，勞績冠衆。受命攻懷來，克遵化、薊州，戰雄鄚、真定，皆有功，自是襲永平，克捷大寧，大戰鄭村，以斬將功，益封正千户，階武德將軍。其年收廣昌，據其城堡。明年，大戰白溝河，攻破濟南。以奇功遷指揮僉事，階明威將軍，復以兵攻滄州，下之。勝素有膽略，每遇敵，奮不顧身，所向克捷，遂遘勞疾而死。後以子義貴，一贈再贈又再贈，特進榮禄大夫柱國豐潤伯。（卷九：〔人物〕下）

附目

（一）嘉靖《全遼志》卷四《宦業志》，内有《曹義傳》，提到曹義祀廣寧名宦祠。

（二）隆慶《儀真縣志》，申嘉瑞、李文撰，抄本，卷十《人物考》有《曹義傳》。

---

① 按：《明史·曹義、施聚傳》與萬書此傳亦略有出入，兹不再校。又按萬斯同生於崇禎十一年（一六三八年），《五慶堂譜》祖本於順治十八年（一六六一年）重修，時萬氏方二十四歲，估計萬氏《明史》一書尚不能成。則《五慶堂譜》所附此傳，豈别有所據？抑萬氏此傳别有所本乎？當另考。

（三）《皇明功臣封爵考》，鄭汝璧撰，萬曆刻本，卷五有《豐潤伯曹義傳》。
（四）《本朝分省人物考》，過庭訓撰，明刻本，卷三十，南直隸揚州府一，有《曹義傳》。
（五）《皇明人物考》，焦竑撰，明刻本，卷二有《曹義傳》。
（六）《明史稿》，王鴻緒撰，原稿本，卷一五七，列傳五十二，《孫鏜傳》下附《董興、曹義、施聚傳》。此傳基本上同萬斯同《明史》中的《曹義傳》（見前録），略有删節。
（七）康熙《儀真縣志》，馬玉章撰，卷九《人物》下有《曹義傳》。
（八）康熙《揚州府志》，金鎮撰，康熙十四年刻，卷二十五《人物》内有《曹義傳》。
（九）萬曆《揚州府志》，楊洵撰，卷十八有《曹義傳》。
（十）《明書》，傅維鱗纂，畿輔叢書本，卷二十六《公侯伯表》内有曹義。卷九十八有《曹義傳》。
（十一）《寧陽縣志》卷七《名宦志》。
（十二）《盛京通志》卷三十一《名宦》。
（十三）《奉天通志》卷一四《職宦》十九，《宦迹》三。
（十四）《明史》卷一七四。
（十五）《明實録·英宗實録》。

四、曹　俊

《五慶堂譜》説曹俊是曹良臣的第三子，『世襲指揮使，封懷遠將軍，守禦金州，後調瀋陽，即入遼之始祖。生五子，長昇，次仁，三禮，四智，五信。』按照《五慶堂譜》的記載，這個曹俊是『入遼之始祖』，那末，也即是曹雪芹的始祖。

我們在前面考證曹良臣的一節裏，曾經指出在現在已經看到的有關曹良臣的大量的可靠的史料裏，沒有一處提到曹良臣除曹泰外，還有次子曹義和三子曹俊。我們在考證曹義的一節裏，把曹義的上三代和下六代都弄清楚了，連《五慶堂譜》不清楚的問題，我們都給它作了訂補，我們同樣沒有在曹義的全部可信的史料裏，找到一點他有弟弟叫曹俊的材料。現在，我們對曹俊也進行了查考，在已經見到的有關曹俊的少量的材料裏，更沒有關於這方面的記載。從以上幾個方面來看，我們認為這個曹俊，與曹良臣無關，與曹義也無關，可以説他們三人是各不相關的，是被《遼東曹氏宗譜》的最早修撰者以訛傳訛地拉扯在一起的。

關於曹良臣和曹義的材料都極豐富，但惟獨這個曹俊，卻很少有關他的資料，現在知道的是一九二三年在遼陽城東發掘出土的一塊『壙記』，涉及曹俊。據『壙記』所記，『壙記』的作者叫孫磐，『登弘治丙辰科進士，出知山西陵川縣事』。他的始祖叫孫興祖，原籍是山東掖縣，洪武初遷到遼陽。高祖叫才興，曾祖名義，祖父名旺，配吳氏。父親名敏，配曹氏，遼陽人，就是孫磐的母親。曹氏的父親，也即是孫磐的外祖即曹俊。孫磐的始祖是洪武初遷來遼陽的。那末他的時代是在元末明初，相當於曹良臣的時代。孫磐的外祖父曹俊的時代也就是孫磐的祖父孫旺的時代，這離開他的始祖已經是第四代了，大約是明永樂到天順、成化的時代。這個時間的約數是從『壙記』寫明的曹氏生於正統六年逆推出來的，雖然不可能推出準確的年代，但曹俊生活的時代最早不能早於永樂，最晚也不能晚於天順、成化，這是可以肯定的。大體説來倒有點與曹義的時代差不太多

（曹義卒於天順四年）。但不能忘記曹義的生，已距曹良臣的死十八年了，所以這個曹俊的時代，無論如何够不上曹良臣的兒子的時代，他的生年恐怕離曹良臣的死年（洪武五年），至少已有三十多年了，所以從這一點來説，他也不可能是曹良臣的兒子。如果硬要湊上曹良臣的兒子，那末，我們姑且把他作為曹良臣的遺腹子來算，生於洪武六年，如此往下推，到正統六年他生孫磐的母親的時候，已經是六十九歲了，由此可見這種可能性是不存在的。

這裏，我們要糾正一種錯誤的説法，即有的研究者説：『據「壙記」言，孫磐的外祖父名叫曹俊（按：這一點是對的），而此曹俊的祖父名叫曹義。但據「壙記」，曹義這家是在洪武初年由山東掖縣遷來遼陽。』這一段話裏，把孫磐的曾祖孫義誤作了曹俊的祖父曹義，把孫磐的始祖孫興祖的原籍山東掖縣誤作了曹義的原籍，這就弄得驢唇不對馬嘴了。所以造成這個錯誤，是因為讀錯了『壙記』的文句。請讀者查核後面所附『壙記』的原文，這裏就不再徵引。

這裏還有一點要説明，我們否認了曹俊是曹良臣的兒子，但我們并没有否認曹俊是《遼東曹氏宗譜》中的『入遼之始祖』。我們認為這個《五慶堂譜》上世『入遼之始祖』，根據現有材料來看，只能是曹俊。因此，這個曹俊，也就是曹雪芹的始祖。

又《五慶堂譜》文説曹俊是『世襲指揮使，封懷遠將軍，守禦金州，後調瀋陽，即入遼之始祖』。這裏值得注意的是『世襲指揮使』，這不僅是指曹俊的指揮使是『世襲』，而且他們的指揮使職還要傳給他的後人。這就使我們聯想到康熙六十年的《曹璽傳》説『大父世選，令瀋陽有聲』。按明代瀋陽無縣令，只有指揮使。

這裏的『令』，也就是指『指揮使』。這就很明顯，曹世選是承襲曹俊的指揮使之職。又《曹璽傳》說『著籍襄平』。襄平就是遼陽，而《明故孺人曹氏壙記》說：『先妣孺人，姓曹氏，遼陽人，父諱俊。』這說明曹俊確是遼陽人。曹俊與曹世選在明代先後都任瀋陽中衛指揮使，當然是前後世襲。他們又都是遼陽人，這更説明曹世選即曹錫遠是曹俊的後人。

有關曹俊的材料，我們還查到明萬曆《順天府志》（萬曆癸巳刻本，沈應文、張元芳編）卷四《歷宦》內載有『房山縣知縣曹俊』和『通州知州曹俊』。在康熙二十五年刻的《順天府志》卷六《職宦》內，也有『通州，明知州曹俊』和『房山縣，明知縣曹俊』的記載，但此曹俊我們認為不可能是《遼東曹氏宗譜》裏的曹俊。

另外，『壙記』的作者孫磐，是明代的一個有名人物，關於他的材料很多，因為與本文没有多大關係，就不再加以介紹。只是附録一點他的材料，以便瞭解。

附　録

（一）《遼陽縣志》卷三十五《碑記志》：

明故孺人曹氏壙記。賜進士文林郎不孝男磐泣血記。

先妣孺人，姓曹氏，遼陽人。父諱俊，娶本郡朱氏，正統六年四月壬辰生先妣，性仁厚慈善，年十九歸家君。諱敏，字以學，姓孫氏，其先山東掖縣人。始祖諱興祖，洪武初遷本郡。高祖諱才興，曾祖諱義，俱以樸厚為閭里推信。先祖諱旺，蚤（早）逝。遺家君孤立夙成，剛直尚義，得先妣修行婦道，克增家業，事母吳以能不欺稱。生三子，仲名岩，季名碧，不孝磐其長也。登弘治丙辰科進士，出知山西陵川縣事，歲一考聞。先妣弘治十二年十月戊申歿，遂奔喪來家，因先塋阻於城北代子河，乃請諸家君，擇城東四里莊之原為新塋。虛先祖之位，主之以先妣君昭位。葬期乃歿之明年三月庚申也。嗚呼！先妣享年五十有九，磐食祿未三年，為善養既亦不能，以祿養又不可及，且病未得親調，歿未得親斂，此恨將何日而窮耶！孫男四人，和玉、昆玉磐之生；璞玉、藍玉岩之生；女四人，磐二，岩、碧各一。磐等俱壯年，諸孫尚幼，蔭及方來，未可限量，哀痛殞絶，敢記此於壙。嗚呼！昊天罔極，痛哉！痛哉！弘治十三年三月初六日立。石工許伯通鎸。

（二）《奉天通志》卷二一五《人物·列女》：

曹氏

曹氏，遼陽人。父俊。孫敏之妻，事姑吳以能不欺稱。子三，長磐，仲岩，季碧，有壙記。弘治年磐立孫氏壙記。

（三）《遼陽縣志》卷九《鄉宦志》：

孫磐

明定遼右衛人，字伯堅。剛方有氣節，弘治丙辰進士，初試政，即上疏言：近日諫官以言為諱，請定四等，最上不避禍患，抗彈權貴；其次揚清激濁，能補闕拾遺；又次建白時政，有裨軍國，皆分別銓叙。而粉飾文具，循默不言者，則罷黜之，庶言官知警，不至曠官。時不見用，知陵川縣，抑豪強孤弱，殫心風化，遍立學社。集《養正篇》、《小四書》、《養蒙大訓》悉刊布之。陞吏部主事，復上疏言：今日弊政，莫甚於內官典兵，乞盡撤各鎮中官，專以邊務責將帥。不從。劉瑾深嫉之，遂免官。瑾誅，復起河南按察僉事。值『流賊』猖獗，撫臣知磐嫻將略，資給軍餉鎧仗，以致保障留都，逼賊東，殄於狼山，磐籌劃之力居多。

（四）《奉天通志》卷一五四《選舉》一，《明進士》：

弘治九年丙辰科朱希周榜

孫磐，三甲六十八名，遼東定遼中衛軍籍，山東掖縣人。官河南按察司僉事，《安徽通志》作義州人。正德朝分巡潁州兵備道。

附　目

（一）《奉天通志》卷二百《人物》二十八，《鄉獻》有《孫磐傳》。

（二）《欽定盛京通志》，阿桂編纂，卷六十四，《歷朝人物》七，有《孫磐傳》。

（三）《明史》卷七十七《孫磐傳》。

（四）《遼陽州志》，楊鑣編，卷二十二，《人物》有《孫磐傳》。

第五章　人物考二

——三房諸人

《五慶堂譜》説曹俊有五個兒子：昇、仁、禮、智、信。這裏所説的『三房』，就是指『禮』這一房。長房『昇』，《譜》上載四十八人，這些人我們從有關的史書裏一個也没有查到。故目前無從考訂。二房《譜》上除『仁』外，以下全缺，故根本無法查考。三房『禮』，共二百六十三人，目前我們已經從有關的幾十種史籍中查出了二十一人。這些大量的確切的史料，證實了這部《遼東曹氏宗譜》的歷史真實性，為我們瞭解曹雪芹的上世提供了材料。特別是這部《遼東曹氏宗譜》就是這個『三房』修的，故其他幾房都很簡略，惟有這一房記載得比較詳細，所記的人數也數這房最多，而且從『入遼之始祖』曹俊起，一直到第十六世的『五慶』止，代代相接，一代都不缺，這更足以證實，這部宗譜的實際的始祖就是曹俊。尤其要指出的是在這三房的第十世，有一個叫曹權中的，他的女兒嫁給雲貴總督甘文焜的堂兄甘體垣，而曹寅稱甘文焜的兒子甘國基為表兄，這證明了三房『禮』和四房『智』，即曹雪芹上世這一支確是同宗，四房『智』並不是從別譜竄進來的。肯定了這一點，那末，也就肯定了曹俊確是曹雪芹的始祖，也就肯定了這部《曹氏宗譜》的重大價值。

下面即對這些已經查出來的《譜》上的人物進行考證。為了幫助讀者瞭解這些人物的歷史狀況，從而有助於瞭解曹雪芹上世的歷史情況，與這些人有關的歷史事件的記載，也酌予選錄。下面人名，按《曹氏宗譜》世次排列，先録《宗譜》文字，後列有關史料及考證。

一、第九世

國　棟

《宗譜》：庠生，前後失考。

《奉天通志》卷一五七：曹國棟，奉天人。

二、第十世

致　中

《宗譜》：『養直長子，字完我，號位育。江西贛州府通判。誥授承德郎，子貴，晉封資政大夫。配高氏，封夫人。生三子：士琦、士珣、士璘。

《奉天通志》卷一五六《懷慶府志》：曹治中，遼東人，貢生。明孟縣訓導。任年失考。

《懷慶府志》，唐傳陛編纂，乾隆五十四年刻，卷十四《職官中·孟縣》：曹治中，遼東人，貢生。

《贛州府志》，李本仁編纂，道光二十八年刻，卷三十四《府秩官表》：崇禎間年次俱無考，明通判：全、丁、曹、焦（以上四人俱失名）。

按：《曹氏宗譜》上的這個曹致中，我們認為他就是《奉天通志》引《懷慶府志》上的曹治中。『致』、『治』一音之訛，并且我們認為他應是『治中』，這與他的胞弟『化中』的名字可以一致。確否，待查證。又《贛州府志》上所記『崇禎間年次俱無考』并且已經失名的那個姓『曹』的『明通判』，對照《曹氏宗譜》上的記載，可證就是『曹致中』，這個『贛州通判』應是他最後的官職。

化　中

《宗譜》：養直三子，字蓋我，河南開封府密縣知縣。敕授文林郎，配佟氏，續配潘氏，俱封孺人。無子，以胞兄履中次子士璧承嗣。

《奉天通志》卷一五六《河南通志》：曹化中，遼東人，貢生，崇禎十年密縣知縣。

《密縣志》，景綸編纂，嘉慶二十二年刻，卷三《職官表·明知縣》：曹化中，遼東舉人（崇禎）十年任。

紹中

《宗譜》：養性子，字柱石。指揮僉事，驃騎將軍。子貴，誥封光禄大夫。配王氏，續配何氏，俱封一品夫人。生三子，長德先，次仁先，三義先。女一，適沈。

《清太宗實録》卷十四，天聰七年癸酉：孔有德、耿仲明等，自鎮江遣副將曹紹宗、劉承祖等，奏保起程日期。上命督修岫巘、攬盤、通遠堡三城。濟爾哈朗、阿濟格、杜度三貝勒率兵迎之。孔有德、耿仲明皆遼東人也，太祖皇帝取遼東時，有德等奔入皮島，為文龍部下末弁，遂以毛氏稱之。後文龍為寧遠巡撫袁崇焕所殺，明山東登州巡撫調有德為管步兵左營參將，仲明亦為參將。辛未歲，上率大兵圍大凌河，登州巡撫遣有德率騎兵八百應援，赴山海關，至吳橋縣，遇參將李九成私議，遂叛明。有德、九成為首，同陳繼功、李尚友、曹得功等五十餘人，率兵數千攻陷山東臨邑、陵商河、青城等縣，殺援兵數千，獲馬匹器械甚多。於是往攻登州，城中耿仲明為首，率遼東官杜承功、曹德純、吳進興等十五人為內應，內外夾攻，破其城，收遼東三千餘人。

按：蔣氏《東華録》曹德純作曹得純，此人亦應是《遼東曹氏宗譜》上的人物。

《孔有德、耿仲明降金書》：

總提兵大元帥孔有德

總督糧餉總兵官耿仲明

為直陳衷曲，以圖大業事：照得朱朝至今，主幼臣奸，邊事日壞，非一日矣！兵士鼓噪，觸處皆然，非但本帥如此也。前奉部調西援，錢糧缺乏，兼沿途閉門罷市，日不得食，夜不得宿，忍氣吞聲，行至吳橋。又因惡官把持，以致衆兵奮激起義。遂破新城，破登州，隨收服各州縣。去年已有三次書札，全未見復，始知俱被黄龍在旅順所截奪。繼因援兵四集，圍困半載，彼但深溝高壘，不與我交戰。彼兵日多，我兵糧少，祇得棄登州而駕舟師，原欲首取旅順為根本，與汗連合一處，誰知颶風大作，飄至廣鹿島（大連海中）。本帥即乘機收服廣鹿、長山、石城諸島，若論大海，何往不利？要之終非結局。久仰明汗網羅海内英豪，有堯、舜、湯、武之胸襟，無片甲隻矢者，尚欲投汗以展胸中之偉抱；何況本帥現有甲兵數萬，輕舟百餘，大炮火器俱全。有此武備，更與明汗同心協力，水陸并進，勢如破竹，天下又誰敢與汗為敵乎？此出於一片真熱心腸，確實如此。汗若聽從，大事立就，朱朝之天下，轉瞬即汗之天下。是時明汗授我何職，封我何地，乃本帥之願也。特差副將劉承祖、曹紹中為先容，汗速乘此機會，成其大事，即天賜汗之福，亦本帥之幸也！若汗不信，可差人前看其虛實如何。本帥不往别地，獨向汗者，以汗之高明，他日為成大事，故效古人棄暗投明也。希詳察之！為此合用手本，前投明汗駕前，煩為查照來文事理，速賜裁奪施行。須至手本者。（天聰七年〈按：崇禎六年〉四月十一日）

《清史稿》（列傳二十一）《孔有德傳》：孔有德，遼東人。太祖克遼東，與鄉人耿仲明奔皮島，明總兵毛文龍録置部下，善遇之。袁崇焕殺文龍，分其兵屬副將陳繼盛等。有德與仲明走依登州巡撫孫元化為部兵左營參將。天聰五年，太宗伐明，圍大淩河城，元化遣有德以八百騎赴援，次吳橋，大雨雪，衆無所得食則出行掠。李九成者，亦文龍步將，與有德同歸元化，元化使賚銀市馬塞上，銀盡耗懼罪，其子應元在有德軍，九成還，就應元咻有德謀為變，所部陳繼功、李尚友、曹得功等五十餘人，糾衆數千，掠臨邑，陵商河，殘齊東，圍德平，破新城，恣意焚殺甚酷。元化及山東巡撫余大成皆力主撫，檄所過郡縣毋邀擊，有德因偽請降。明年正月率衆徑至登州，仲明與都司陳光復及杜承功、曹德純、吳進興等十五人為內應，夕舉火導有德入自東門，城遂陷。元化自剄不殊，有德等以元化故有恩，縱使航海去，旅順副將陳有時，廣祿島副將毛承祿亦叛應，有德勢益張。有德自號都元帥，鑄印置官屬。九成為副元帥，仲明、有時、承祿、光福為總兵官，應元為副將，四出攻掠。明以徐從治為山東巡撫，謝璉為登萊巡撫并駐萊州，有德等進陷黃縣、平度，遂攻萊州，從治中炮死城上，有德復偽請降，誘璉出殺之。莊烈帝命侍郎朱大典督師討有德，援平度，斬有時，至昌邑，有德逆戰，大敗，復黃縣。有德等退保登州，登州城東西南皆距山，北臨海，城北復有水城通海舶，大典督諸軍築長圍困之，九成出戰死，明師攻益急，有德乃謀來降，以子女玉帛出海，仲明單舸殿，經旅順，明總兵黃龍以水師邀擊，擒承祿、光福，殲應元，斬級千餘。有德等退屯雙島龍安塘，食盡，遣所置遊擊張文煥，都司楊謹，千總李政明，以男婦百人泛海，至蓋州，蓋州戍將石廷柱、雅什哈護使謁上，具言有德等舉兵始末，且請降。上諭范文程、羅什、剛林預策安置有德等，復遣所置副將曹紹中、劉承祖等奉疏言，將自鎮江登陸，上命貝勒濟爾哈朗、阿濟格、杜度帥師迓之。朝鮮發兵助明師，要有德等鴨綠江口。濟爾哈朗等兵至江岸，嚴陣相對，敵師不敢逼，有德等舟數百，載將士槍炮輜重及其孥畢登，三貝勒為設宴，上使副將金玉和傳諭慰勞。天聰七年六月，有德、仲明入謁。上率諸貝勒出德盛門十里至渾河岸為設宴，親舉金卮酌酒飲之，賜蟒袍、貂裘、撒袋、鞍馬。有德、仲明亦上金銀及金玉諸器，彩緞、衣服，越三日，復召入宮賜宴，授有德都元帥，仲明總兵官，賜敕印，即從所署置也。

《都元帥標下各將官姓名單》（《明清史料丙編》，民國二十五年十一月初版，國立中央研究院歷史語言研究所編，商務印書館發行）

（上缺）都元帥標下各□□□□□□□□計開：

總督大旗副將孫龍　　坐營副將曹得選
旗鼓副將楊奇功　　參贊副將王子登
坐纛副將王國輔　　內丁副將陳繼功
親丁參將孫虎　　前鋒副將李尚友
強兵左營副將施尚弼　　強兵右營副將郝成功
強兵中營副將馮世爵　　強兵前營副將線國安
強兵后營參將李國貴　　標左營副將程三省
標右營副將徐成勳　　火器副將吳進盛
三板船三十二隻

總督糧餉都督府下各將官姓名開列於後，計開：
總督大旗副將崔承慶　　坐營副將呂國保
旗鼓副將曾傳孔　　坐纛副將耿繼茂
內丁副將徐成功　　前鋒副將連得成
標左營參將張成勳　　標右營參將宋國輔
水陸營副將劉成祖　　火器營參將潘學
標前營參將田虎　　標后營參將劉成祚
管紅夷大炮參將二員盧之能、程組
火藥局參將賈志強
天聰七年四月日
《東來各官數目單》正七年五月十八日路上帶來都元帥下各營見任官兵開列於後，計開：
精壯官兵三千六百四十三員名，家小七千四百三十六名口，水手壯丁四百四十八名，家小六百二十四名口，以上通共一萬二千一百五十一名口。天聰七年四月日
都元帥下各官姓名開具，計開：
見任副將二十一員：
曹得選　孫龍　楊奇功　王子登　王國輔　陳繼功

李尚友　程三省　徐元勛　吳進勝　施尚弼　郝成功
馮世爵　線國安　呂國保　崔承慶　曾傳孔　耿繼茂
徐成功　連得成　劉成祖

見任參將一十二員：

孫　虎　李國貴　許伯周　程　蘊　王守文　宋國輔
張成勳　潘　學　田　虎　劉承祚　賈志祥　盧之能

見任遊擊四員：

劉名忠　興正國　李國雄　盧尚禮

原任副將一十八員：

張　順　全　節　曹得先　王國寧　洪計文　胡　璉
楊國棟　曹紹忠　姜民望　陳可進　王守春　易崇寧
王景松　趙學仁　陳舜道　崔天太　江定國　曾法孔

原任參將三十二員：

張國住　李應春　劉文煥　尤鳴鳳　杜鍾秀　華　安
朱應選　戴延春　劉承裕　張國養　朱文魁　武遵學
王　國　鄭成功　張啓奉　池有源　徐承德　白雲龍

陳舜典　胡雲鸞　李世舉　張賜功　劉　玄　于起坤
金有賞　李士彥　白萬舉　孫永祚　徐勝芳　馬雲龍
王有功　徐文祥

原任遊擊二十員：

孟元勛　孫　豹　白雲鳳　趙完璧　連應成　丘國玉
范汝德　朱登科　陳三聘　黃國才　孫守功　尚可進
緱國寧　夏國貞　黃文顯　李國陞　金世昌　劉文英
黃國成　劉位國

以上通共一百零七員。天聰七年四月日。

都元帥下家眷，計開：管家遊擊孫守功等家眷男婦通共一百一十五員名口。天聰七年四月日。

《清太宗實録》卷五十一：崇德五年庚辰。三等梅勒章京曹紹宗老病，令其子仁先襲替。

按：《曹氏宗譜》裏的『曹紹中』，顯然就是孔有德、耿仲明《降金書》中的『曹紹中』，也就是《清實録》裏的『曹紹宗』和《東來各官數目單》中的『曹紹忠』。『中』、『宗』、『忠』是音近或形相近而訛。《清太宗實録》裏說：『天聰七年癸酉，孔有德、耿仲明等，自鎮江遣副將曹紹宗、劉承祖等奏保（報）起程日期。』這段話很可能就是指的投降金書的這件事，也可能是在投書以後的又一次行動。《降金書》的日期是

『天聰七年（崇禎六年）四月十一日』，三張名單的日期都是『天聰七年四月日』，在《東來各官數目單》上注明了『正七年五月十八日路上帶來』。看來這三張單子是孔有德、耿仲明投了《降金書》以後，帶着它到金方去的。由於這幾種重要文獻被發現，《曹氏宗譜》三房的歷史情況，就十分清楚了。當時正是明金戰爭激烈的時候，萬曆四十六年（一六一八年，後金天命三年）正月，努爾哈赤以所謂『七大恨』告天誓師，向明發動了進攻。萬曆四十七年薩爾滸大戰後，攻取了開原、鐵嶺；天啓元年（一六二一年，天命六年），攻取了瀋陽、遼陽；天啓五年，遷都瀋陽。崇禎四年（一六三一年，皇太極天聰五年），攻取大凌河，耿、孔之投金，正是在大凌河戰役之後，明、金戰争處在相持階段，因此耿、孔二人受到了皇太極的極端重視，相見之日，特為他們行抱見禮，以實行他對明的招降政策。

又此處詳列孔有德投降後金時所攜各官名單，是為了讀者可與後面曹得選名下所列《新建彌陀寺碑記》以及四房曹振彦名下所列《大金喇嘛法師寶記碑》、《重建玉皇廟碑記》等碑碑陰所列名字對照。可以看到此處的名單，與上述兩碑的題名不同。此處名單中有曹得先、曹得選、曹紹忠，均屬《五慶堂譜》三房。他們當時都是孔有德的部下。而後面曹振彦名下所録的《大金喇嘛法師寶記碑》及《重建玉皇廟碑記》兩碑的題名大部分相同，並且都屬駙馬總鎮佟養性管，可見當時《五慶堂譜》四房曹振彦諸人歸附後金早於三房諸人，他們的所屬也各不相同。

純中

《宗譜》：國卿子，順治五年同左夢庚入鑲藍旗。世襲阿達哈哈番，四川中軍副將，川北鎮總兵。誥授武顯將軍，配馬氏，續配董氏，俱封夫人，生子士琪。入《八旗世族通譜》（按：應作《八旗滿洲氏族通譜》）、《八旗通志》。

按：《清史稿・左夢庚傳》：『順治二年，英親王阿濟格逐李自成至九江，夢庚率衆降。師還入覲，宴午門內，命隸漢軍正黃旗。』《譜》文說『入鑲藍旗』，誤。又《八旗滿洲氏族通譜》只載滿洲旗及滿洲旗分內之尼堪姓氏，不載漢軍旗，曹純中是漢軍旗，不得入《氏族通譜》，此處係誤記。

《清世祖實録》卷六十三：順治九年壬辰。授（中略）曹純忠為三等阿達哈哈番，子士琦襲職。

《清史稿・李國英傳》：『李國英，漢軍正紅旗人。初籍遼東，仕明，隸左良玉部下，官至總兵。順治二年，與良玉子夢庚來降，三年從肅親王豪格下四川，討張獻忠，授成都總兵。五年，擢四川巡撫。獻忠既滅，其將孫可望、劉文秀等降於明，分遣所部王命臣等竄川南，譚洪、譚文、譚指、楊展、劉惟明等竄川東，與李自成舊部郝摇旗、李來亨、袁宗第、劉二虎、邢十萬、馬超等遥為聲援。洪犯保寧，國英擊敗之。命臣據順慶，國英分兵三道，水陸并進，克其城，獲其將李大德、朱朝國等。邢十萬、馬超所據地近保寧，國英偕總兵惠應招討之，獲其將胡敬，復潼川，逐之至綿州，獲所置吏呂濟民等，尋招惟明、展，來降，遂下綿州。六年進復安縣，克彰明，破關山縣，徇石泉。有謝光祖者，據寨抗，師行，遣兵破斬之。七年遣副將曹純忠、劉漢臣徇川北諸郡縣，設伏擊，斬「寇」渠老鐵匠、黄鷂子。』

《八旗通志》卷一一六《世職表》二十四：

三等輕車都尉曹純忠

始　授　曹純忠

順治五年以隨左夢庚投誠，授三等阿達哈哈番，今漢文改為三等輕車都尉。

初次襲　曹士奇

曹純忠子，順治九年襲。

二次襲　曹元芳

曹士奇子，康熙三十年襲。

三次襲　曹綸

曹元芳子，雍正五年襲。

按： 曹純中，應即為曹純忠，『中』、『忠』同音而誤。

權　中

《宗譜》：養勇子，字時軒，指揮使。配徐氏，封夫人，生子振先。女一，適甘公體恒室，甘國圻母。

康熙抄本《甘氏家譜》：

六世　體垣行二，字仰之。

生於萬曆戊申年七月初三日辰時，仕至福建漳州府海澄縣令。於順治九年正月初三日海寇作亂，守節殉難，士民愛戴，立祠春秋祭祀。

元配曹氏

瀋陽衛指揮全忠曹公之女。生一子，如柏。

七世　如柏行一，字青然。

生於天聰壬申年十二月初三日酉時，卒於順治八年正月初三日子時。無嗣，元配魏氏。

七世　國基行三，字鴻舒。

生於順治辛丑年十一月二十五日未時，初任福建分巡汀漳道，四任河南按察司，五任河南布政司。

元配吉爾默氏

理藩院尚書兼一等侍衛壯尼大阿木瑚琅公之次女。

國城行四，字

於康熙甲寅吳逆之叛，隨父宗（按：應作『忠』）果公殉難，無嗣。

嘉慶九年刻本《瀋陽甘氏宗譜》：

六世　體垣行一

應元公長子，字仰之。初任福建漳州府海澄縣知縣，順治庚戌正月初三，海寇作亂，守節殉難，士民愛戴，建立祠宇，春秋祭祀。座側之聯有『祈有心肝還赤子，惟將頂踵衛孤城』之句。生萬曆戊申年七月初三日辰時，敕授文林郎。

配曹氏

瀋陽指揮使曹公全忠女，生萬曆庚戌年八月初五日，敕贈孺人。生子一，如柏。國璋係體仁公次子過繼。

七世　如柏行一

體垣公長子，字青然，生天啓（按：應是『天聰』）壬申年十二月初三日酉時，卒順治辛卯年正月初三日子時，配魏氏。

國璋行二

體垣公承嗣子，太學生，考授州同知。生順治丙戌年十月二十七日戌時，卒康熙丁亥年。寄籍江南蕪湖。

配隨氏

江南嘉定縣知縣隨公登雲長女，生順治乙酉年二月二十日，葬江寧牛首山，特贈安人，生女一。

繼周氏

福建海澄縣知縣周公璋次女，生順治甲午年四月初二日，卒康熙戊子年五月，特贈安人，生子三：士銓、士鏞、士鑣。

國圻行十一

文瑛公十一子，字子千。生康熙戊辰年九月初二日酉時，卒雍正辛亥年三月二十日丑時。

副周氏

生女二

國基行三

文焜公三子，字靖之，號鴻舒，太學生。初任甘肅鞏昌府同知，二任廣西南寧府同知，三任山西太原府知府，四任福建巡海道，五任河南按察使，六任河南布政使，護理河南巡撫，賜額『古之方伯』。生順治辛丑年十一月二十五日未時，卒康熙乙酉年三月二十九日辰時，賜諭祭葬，誥授資政大夫。

配金爾默氏

理藩院尚書阿穆呼朗公之女，生康熙戊申年八月十九日申時，卒康熙庚午年六月初十，誥贈夫人，生女三。

副孫氏，生子二，士瑛、士秀；生女一。

副陳氏，生子一，士琮。

《國朝耆獻類徵》初集，卷三三五，《忠義》五，《甘體垣》：甘體垣，奉天人，順治初從大兵入閩，八年三月，巡撫張學聖委署海澄知縣。時『海寇』鄭成功方猖獗，五月二十五日，由廈門犯海澄，泊舟浮宫港，侵豐田、白埕、瓷竈諸奥，連營十餘里，體垣籲府求援。二十八年漳州鎮中軍守備郭進禄，把總吴海龍，率馬步兵迎戰，賊鋭甚，進禄乃析軍為二，欲夾衝賊營，賊槍炮噴筒火箭四面攢發，其山坳伏賊起助擊，官兵進退受創，進禄、海龍力竭殞於陣，兵殉者二百餘。賊虞大兵續至，急拔營登舟去。是年九月，復犯浮宫港，入豐田、南溪，至漸山横口，體垣嬰城守，時參將赫文興逆節（迹）未形，隨副將王邦俊等御賊，賊二萬餘乘夜進，黎明圍營邀斗，别遣賊扼馬口，截官兵歸路，兵驚潰，提標千總王得成，把總周平、陶惟皆戰殁，而文興遂叛，降於賊。賊進破唐北、甘棠諸寨，焚馬口及埔尾村莊，十二月陷漳浦縣城。明年正月初三日，文興返襲海澄陷之，執體垣，欲污以僞命，體垣不應。文興百計强之，體垣瞑目不視亦不食，賊知不可屈，乃縛而沉諸海。邑民招其魂祀焉。是月，賊乘勝趨平和署。平和縣知縣王顯謨，浙江慈溪人，初由拔貢生授河南歸德府推官，以四獄明允，擢福建漳州府同知，適縣乏員，顯謨與體垣同時受委攝平和甫八月，賊驟至圍城，顯謨率士民固守，力屈城陷。賊生得顯謨欲降之，顯謨駡賊不已，賊怒埋其身而露其首，數日死。先後事聞，賜祭葬，體垣贈按察司僉事，顯謨加贈按察司副使，俱廕一子入監，餘恤如例。

按：《曹氏宗譜》裏的曹權中，顯然就是《甘氏家譜》裏的『瀋陽衛指揮曹全忠』，『權』、『全』，『中』、『忠』都是同音字。《曹氏宗譜》説曹權中的女兒嫁給甘體恒，這個甘體恒，就是《甘氏家譜》裏的甘體垣，『恒』、『垣』是形近而誤。《曹氏宗譜》説曹權中（全中）的女兒嫁給甘體恒（垣）後生子叫甘國圻，這一點，《甘氏家譜》記得十分清楚：『生子一，如柏。』這個『如柏』，只活了二十歲（康熙抄本《甘氏家譜》説他『生於天聰壬申』，嘉慶刻本《甘氏家譜》説他『生於天啓壬申』，按天啓無壬申，顯係『天聰壬申』之誤），無嗣，所以又過繼了甘體仁的次子『國璋』為嗣。因此《曹氏宗譜》説生子叫『甘國圻』是有問題的。但這個『甘國圻』，在《甘氏家譜》上也是實有其人的，是甘文焜的第十一子。看來這一點是《曹氏宗譜》的誤記。

那末，這個甘體垣是什麽人呢？是雲貴總督甘文焜的堂兄，曹雪芹的祖父曹寅在《過甘園詩》裏曾提到甘文焜『死難滇南』的事，並且稱甘文焜的兒子甘國基為『鴻舒表兄』。按：『鴻舒』是甘國基的號。我翻查了康熙抄本《甘氏家譜》，嘉慶九年刻本《瀋陽甘氏宗譜》和道光二十六年刻本《瀋陽甘氏家譜》，除了見於《遼東曹氏宗譜》上的這個曹權中（全中）女嫁給甘體恒（垣）外，在甘文焜一輩及以上各世，再找不到第二個曹氏了，而這個嫁給甘體垣的曹氏，既見於《遼東曹氏宗譜》的曹權中名下，是曹權中的女兒，又見於上述三種《甘氏宗譜》的甘體垣名下，是甘體垣的元配，並且載明是『瀋陽指揮全忠曹公之女』，則可見曹寅稱甘國基為表兄，確是因為曹全忠女嫁甘體垣的這一重姻親關係。再從曹、甘兩家的輩次來看，曹振彦恰好與曹權中（全忠）以及甘體垣的父親甘應元、甘文焜的父親甘應魁是同輩；甘體垣的兒子如柏、國璋，甘文焜的兒子甘國基與曹寅則是同輩。所以曹寅稱甘國基為『表兄』是完全符合他們之間姻親關係的輩次的。這個曹家與甘家的這門姑表姻親關係，是一個十分有力的內證，它證明了：一、《遼東曹氏宗譜》上的四房『智』即曹雪芹一支的遠祖，確是與三房『禮』是同宗，過去有人懷疑這四房『智』是從別譜『竄入』的，現在可以證明這種懷疑是沒有根據的。二、既然肯定了四房與三房確是同宗，那末也就是肯定了曹雪芹的遠祖確是遼東曹，他的始祖就是曹俊。三、上述兩項結論既然可以毫無疑問地確立下來，那末，這部《遼東曹氏宗譜》的價值，自然也可以確定無疑了。創作了《紅樓夢》這部偉大作品的曹雪芹，在他自身的歷史尚且無從查考清楚的情況下，我們居然還保存着他的上世的譜牒，基本上能瞭解他的上世的歷史情況，這不能不說是一件幸事。

得功

《宗譜》：養和子，官遊擊，後失考。

《清太宗實録》卷十四：天聰七年癸酉。……辛未歲，上率大兵圍大凌河，登州巡撫遣有德率騎兵八百應援，赴山海關，至吳橋縣，遇參將李九成私議，遂叛明。有德、九成為首，同成繼功、李尚友、曹得功等五十餘人，率兵數千攻陷山東臨邑，陵商河、青城等縣，殺援兵數千，獲馬匹器械甚多，於是往攻登州。

《清太宗實録》卷二十三：天聰九年壬申。先是和碩額爾克楚虎爾貝勒多鐸等，奉命率兵入明廣寧地方，遣昂邦章京阿山、石廷柱，甲喇章京圖賴、吳拜、郎球、察哈喇等諸大臣率兵四百人，先趨錦州，多鐸遂率兵過十三站立營。明偵卒見我兵至，馳報錦州總兵祖大壽，大壽急集部下各官令副將劉應選、穆祿、吳三桂、張某，參將桑噶爾寨、張國忠、支明顯及遊擊八員，率兵二千七百人迎探，親率馬步兵出錦州城五里立營。時松山城守副將劉成功、趙國志率兵八百人，與錦州副將劉應選等合兵，至大凌河西，與我前鋒阿山、石廷柱等所率兵遇，相對列陣。未及戰，阿山、石廷柱等以我兵寡馳報多鐸，多鐸遂率兵馳赴。明諸將見我軍形如川流林立，自山而下，塵埃蔽天，不辨多寡，遂大驚奔潰，阿山、石廷柱、圖賴等率兵四百突入掩殺，分路追擊，陣斬明副將劉應選，盡殲其五百人，生擒遊擊曹得功及守備三員，獲馬二百一十匹，甲冑無算，距錦州松山城五里，收軍還。翌日，復攻一臺，克之。至是，顧納禪巴圖魯、王奇等以獻捷至，奏言蒙上天眷佑，聖之神威，擊敗敵兵，軍聲丕振，臣等謹馳奏以聞。

癸酉。遣沙爾虎達、札福尼、薩必圖、土爾哈、格巴庫、董世禄、穆虎、公衮等，每旗大臣一員，率每牛録下護軍一人，往額爾克楚虎爾貝勒多鐸軍，仍攜多鐸所解遊擊曹得功往，令縱之去。

甲午。復朝鮮國王李倧書曰：來札覽悉，兩國既篤兄弟之好，凡有嘉慶，自宜相告，黑龍江之役，收獲萬餘，前已致書奉聞於王矣。（下略）明寧錦之役，止遣一貝勒，率精騎少許，時值錦州、松山二城兵出，接戰於大凌河前，分路夾擊，追至錦州、松山城下，大勝而還。是役也，陣斬副將劉應選，及參遊守備一員，又生擒祖總兵中軍曹得功并守備三人。因曹得功為祖總兵親近人，故縱還之，我兵於六月初七日還國。又東海之役亦收獲六千餘人。至於明國變亂，流寇猖獗，想王或亦聞知。今據陣獲縱還中軍曹得功言，洪武陵墓為流賊所發，勢甚猖狂，縱橫任意，明之官軍，未敢正視。俟王秋信使來，尚有餘懷，具字遣使，以候起居。

《清世祖實録》卷一三九：順治十七年，庚子。

己丑，敘貴州江寧軍功。

署章京靈禮海（下略）趙承龍、曹得功（下略）為拖沙喇哈番。

《八旗通志》卷一百三十五：正藍旗多羅豫郡王多鐸。

（上略）（天聰）九年，遣貝勒多爾衮等征明，（中略）明錦州總兵祖大壽，隨令副將劉應選、穆祿、吳三桂等率兵二千七百名迎探。大壽又自率馬步兵出錦州城五里立營，時松山城守副將劉成功、趙國志率兵八百，與錦州副將劉應選等合兵來至大凌河西，與我前鋒阿山、石廷柱等所率兵四百名相遇，相對列陣，俱不敢交鋒。阿山、石廷柱等以我兵寡，馳報多鐸，多鐸遂率兵馳赴。明諸將見我軍形勢，如木石自山而下，塵土蔽天，不知多寡，遂大驚奔潰，阿山、石廷柱、圖賴、吳拜等率兵四百，突入掩殺，兩路追擊明副將劉應選兵五百名盡殲之。生擒遊擊曹得功及守備三員，獲馬匹甲冑無算，距錦州、松山城五里收軍還。次日，攻一臺，克之，凱旋，太宗親迎於五里外。

按：《宗譜》上説曹得功『官遊擊，後失考』，現在我們從《清實録》的天聰七年、九年，順治十七年各條及《八旗通志》內的《多鐸傳》裏查出了這個『官遊擊』的曹得功：他先是孔有德部下的一個軍官，在天聰七年隨孔有德叛明，攻陷山東臨邑、陵商河、青城等縣。後來又去打登州，登州破後，看來他還沒有立即與孔有德、耿仲明一起去投後金，而是歸了錦州總兵祖大壽，任遊擊。在天聰九年的寧、錦戰役中他被擒，又被放還，後來又隨祖大壽降後金。順治十七年，他又被封授世爵為『拖沙喇哈番』（漢名雲騎尉）。

得選

《宗譜》：序班之弟，從龍授梅勒章京（漢文副都統），累功封阿思哈尼哈番（漢文男爵）。崇德六年，奉命同孔有德、鄭親王濟、睿親王多，歷征錦州等處，入關以功晉昂邦章京（漢文都統），誥授光祿大夫、建威將軍。配□氏，封一品夫人。生二子：長三捷，次三才。

《都元帥標下各將官姓名單》：（上缺）

都元帥標下各□□□□□□計開：

總督大旗副將孫龍　坐營副將曹得選

旗鼓副將楊奇功　參贊副將王子登

（下略）

天聰七年四月日

《東來各官數目單》正七年五月十八日路上帶來

（略，見前引）

都元帥下各官姓名開具，計開：

見任副將二十一員：

曹得選　孫　龍　楊奇功

（下略，全文已見前引，下同）

原任副將一十八員：

張　順　全　節　曹得先　王國寧

洪計文　胡　璉　楊國棟　曹紹中

姜民望　陳可進　（下略）

以上通共一百零七員。天聰七年四月日，都元帥下家眷計開：管家遊擊孫守功等家眷男婦通共一百一十五員名口。天聰七年四月日。

《新建彌陀寺碑記》

按：此碑現仍矗立在遼陽市東京陵公社彌陀寺原址，現寺已廢，此碑除碑額已倒在地上外，碑身完好未損。

東京新建彌陀禪寺碑記

粵自佛教流入東土，不知閱幾帝幾王，經幾聖幾賢，尊崇則有之，絶滅則未也。人有善念，對如來則翻然動，所謂有種之良，一觸即惺；有惡念，對如來則赧然愧，所謂未泯之真，一刹即復。蓋含靈者，孰無佛性？況今上仁恩惠政，乃大慈大悲之王，而孔王又菩提其身，明鏡其心哉。按孔王諱有德，恭順其封號也。昔王為知苦海無邊，回頭是岸。叨寵榮於北闕，作藩翰於東京，東京□（乃？）太祖定鼎之區，人臣何幸，獲守兹土！伊誰之恩？九重之賜也。伊誰之佑？三寶之力也。是以孔王同信官人等，奮然發心，先捐己資，次募十方。貴官檀越，士庶英賢，善信男女百工，暨此共建彌陀禪寺，中起雄殿，設供如來聖像，竹苞松茂，鳥革翬飛，極一時之工力焉。前有天王殿，後有華嚴堂，其中菩薩地□□□□伽藍祖師，各有殿宇，又設禪室僧舍，以集雲堂，聽經偈之朗朗，聞鐘鼓之鏘鏘。蒲團能生貝葉，木魚可墜天花。喜太平之有象，樂聖德之無私。孔王之善根亦夙真矣哉。出迷入悟在此舉，昨非□（今）是在此舉。如菩提之樹，昔摇動而今栽培；如明鏡之臺，昔塵埃而今拂拭。一歸正果，萬孽全消。總之，□□□□□□遠也。叙王之時勢，叙王之知遇，叙王建寺之由，碑記以示不朽，銘曰：

神祖創基，於遼之陽。千峰岧岧，岱水湯湯。岧岧之峰，堪對靈山。卷之一掬，放之彌天。湯湯之水，可比法海。逝者如斯，慈航未改。佛法無疆，忻動孔王。蓮臺燦爛，金碧輝□（煌）□□□□□（共）建梵宫，禪關不鎖，自有雲封。助我哲後，大業早就，千萬斯年，而臧而壽。庇我蒸民，游象飲醇，太和在宇，皇度維新。

佛力君恩，并自難酬。天高地厚，懷抱悠悠。永享茅土，永守藩職。奉揚王休，請觀斯石！

時

大清崇德陸年歲在辛巳仲秋吉旦

功德主信恭順王　孔有德

懷順王　耿仲明

智順王　尚可喜

秘書院大學士樂郊范文程

碑陰題名：

信官蘇民瞻　禮部侍郎柯汝極

信官都督府石廷柱　兵部承政佟禿賴

副將

□可進　李有林　連得成　崔承慶　徐成功　姜民望

呂國寶　耿繼茂　楊大捷　李一先　胡萬明　胡　璉

曹得先　線國安　施尚弼　吳進勝　**曹得選**　陳繼功

孫　龍　郝成功　王國輔　徐元勳　全　節　唐　鑰

程希孔　楊承先　李一茂　李思忠　許爾顯　許爾堃
班志富　吳進功　江定國　曾法孔
參　遊
崔如岩　張遇恩　胡雲鸞　張素養　劉承祖　潘　學
宋國輔　王有功　張成勳　石明熊　田　虎　耿仲朗
李茂先　洪計文　孫　豹　丘國裕　劉明忠　袁　珍
孫　虎　趙完璧　張國柱　馮世爵　孫守功　李國雄
興正國　程九思　洪文升　劉國安　許爾官　李光進
盧可用　寧守祖　尚可福　李光德　黃雲龍　王世功
曹世爵
督　工
王守文　金汝貴
信　官
□□□　泉有升　劉大臣　佟養謙　郭肇基
備　御
張繼武　朱有成　王世富　趙建國　武崇文　戴有奉

許伯周　張景梅　蔡　斌　董有庫　賈世魁　楊成功

嚴國卿　高九功　戴成功　韓汝貴　徐成明　祁正國

李天受

府　吏

朱登科　陳三聘　張希五　王恩行　呂克孝

生　員

祝思信　王繼貴　董鳳舞　福容□　張　瑛　魏際升

福永吉　孫光裕　田思孔　傅元弼　門維新　徐　淳

信　官

談性禮　傅洪藏　程有功　潘汝深　孔仲舉　謝承儀

王得時　朱應龍　盧尚□　王彥龍　牟　蘭　李汝春

李國寶　周翼鳳　白雲龍　白鳴鳳　陳　玭　魏國光

石□河　王國宇　尤鳴鳳　杜鍾秀　嚴得勝　蕭承運

宋雲龍　王成德　韓東弼

信官士

□　才　范有□　王賀□　王仲賢　李思惠　趙成太

梁天受　高九功　孟希升　詹有官　連應成　趙春芳

全成功　李世武　唐世勤

泥水匠

謝朝□　白文興　顧一□　裴□□　張思仲

木　匠

□□□　□□□　李　三　王　良　劉　德　李成龍

王世登　徐九成　王成龍　尚□力

□　□

牛　立　□友功　林世爵　張一元　于　三　王有□

雷振□　王一文　羅守伏　申有功　王世通　皇甫成

詹文□　董　鐵　房□□　高世虎　楊　德　蔡　林

潘一□　崔世□　李成功　蘇崇山　李　升　□國鎮

王有才　姚廣先　彭一貫　王　正　杜友功　劉　和

孫□明　□□倉　張　立　王成元　馬　太　□世登

□　□

□□功　楊□禮　余　五　李　喜

塑　匠

李應時　李道秀　□　□

畫　匠

林信柏　李信松　□信通　□信奇　□□真

□　□

賈三聘

《清太宗實録》卷四十四：崇德三年，戊寅。九月二十二日，從明境密雲東北墻子嶺口，拆毁邊墻，四路前進。明密雲總督率馬步兵六千來援。（中略）又明守備一員，率馬步兵千餘逆戰，多羅安平貝勒杜度，督漢軍默爾根侍衛李國翰、王延祚、恭順王孔有德、懷順王耿仲明所屬曹得賢、賈世魁、常國芳等擊敗之，獲馬三十九。

《崇德四年文移簿》殘葉：（上缺）右咨秘書院，崇德四年四月二十一日。

二十八日恭順王孔，為請明事，據隨征梅勒章京郝成功、曹得先禀稱，攻城破敵處□不離。但未得一例進城搶掠，行至薊州，蒙額勒紅貝勒賞給銀一千兩，不知作何分給等情（下略）。

《清太宗實録》卷五十六：崇德六年，（略）甲申，命懷順王耿仲明、恭順王孔有德、智順王尚可喜下梅勒章京連德成、曹德選、吳進功等，率將士往助圍錦州軍。

《清世祖實録》卷五十七：順治八年，辛卯。廣西右翼總兵官曹得先卒。

《雍正十三年曹縉向本佐領、副佐領呈報三代履歷文》：縉伯曾祖曹得先，係遼東瀋陽衛人氏。（見『同治八年己巳五慶堂敬修裱訂康熙、雍正、乾隆歷年呈稿存底』。此件由北京市文管處馬希桂同志抄示，并此致謝。）

按：以上所録各件文獻資料，涉及曹氏的有曹得選、得先、得賢、德選、世爵這五個不同的名字，其中曹得選、曹世爵均見本譜。曹得先，我原曾誤認為即曹得選，後來到遼陽東京陵公社新城，看到了上録崇德六年（明崇禎十四年，一六四一年）撰刻的《新建彌陀寺碑記》，碑陰列名『副將』銜下的有曹得先和曹得選，兩人的名字之間尚隔開三個名字，再證之以上録雍正十三年曹縉呈報的《三代履歷文》，內稱曹縉的伯曾祖叫曹得先，由此可以確證曹得先與曹得選確是兩人。曹得先不見於《五慶堂譜》及『另譜』的世系表，是漏載。另外，在上述文獻資料中還有曹得賢和曹德選兩人，此兩人是否即是曹得選和曹得先，或者竟是另外的兩個人，目前因無確證，尚無法論定。

又《明清史料》丙編第一本載孔有德所攜各官名單共四份，計一百六十三人，與以頌揚孔有德為主的《彌陀寺碑》題名相對照，《史料》與碑刻題名相同者共七十人，佔二分之一不足（其餘不同部分可能是耿仲明和尚可喜的屬下，故不見於《史料》所載孔有德所攜名單）。以上兩種名單與由佟養性領銜的兩碑題名相校，則完全不同，可見當時五慶堂上祖的三房與四房確是各有所屬。

得爵

《宗譜》：前失考，歲貢生，江蘇淮安府知府。誥授朝議大夫。

《奉天通志》卷一五七：曹德爵，遼東人，歲貢。康熙五年任雲南臨安府知縣，江南淮安府知府。

同書卷一八五，《人物》十三，《鄉宦》七引《遼海志略》：曹得爵，遼東歲貢生，康熙五年知雲南臨安府，十年轉江南淮安府知府，練達事務，曉暢民隱，嚴飭左右，案無留牘。

按：曹得爵、曹德爵，顯係一人。

海

《宗譜》：耕次子，後失考。

《八旗通志》卷一一八《八旗部院大臣年表》一《六部理藩院都察院》上：崇德三年：

都察院參政　曹海七月任，十二月陞刑承。

刑部承政　覺羅郎邱七月任，十二月解。曹海十二月任。（崇德七年六月革）

《八旗通志》卷一四六《名臣列傳》六《譚布》：（上略）天聰五年，太宗文皇帝親統大兵，掘壕圍大凌河城。譚布從征，率攉牙喇兵一百五十名，追敵兵採樵者，斬三人，生擒二人。崇德五年，隨薩木什喀、曹海等征虎爾哈部落。

《八旗通志》初集卷一四五《名臣列傳》五《鑲黄旗滿洲世職大臣・阿哈尼堪》：阿哈尼堪，滿洲鑲黄旗人，姓傅察氏，世居葉赫地方，初任牛録章京。崇德四年隨曹海、莎木什喀征薩哈連烏喇，俘獲九十五人。（下略）七年，從大兵征明圍錦州，左右翼兩路合兵擊松山馬兵，阿哈尼堪隨梅勒章京曹海奮擊敗之。

《八旗通志》卷一三九《宗室王公列傳》十一《杜度》：（上略）崇德五年（中略）十二月復同睿親王多爾袞等往代鄭親王濟爾哈朗圍錦州。六年三月，往攻廣寧山城，明錦州松山兵來援，擊敗之，斬獲無算，我將曹海、雍舜率兵四百往截敵人山城去路。（下略）

三、第十一世

士琦

《宗譜》：致中長子，字韓伯，貢生。順治二年任江南徽州府婺源縣知縣。十年，陞直隸宣化府蔚州知州。十三年，轉補廣西潯州府同知，歷遷陝西漢中兵備道、雲南安普道、貴州貴東道、陝西按察使司按察使、貴州布政使司布政使、雲南布政使司布政使（按：以上三職均不確實，見後引史料），歷官多惠政（蔚州有去思碑，重修學廟碑記）。誥授通奉大夫，歿於任。配徐氏，續配戴氏，俱封夫人。生四子：長桂芳、次縉芳、三綬芳、四綸芳。

《清世祖實録》卷一二三：順治十六年，己亥。陞廣西潯州府同知曹士琦為貴州布政使司參議，分守貴寧道。

同書，卷一二七：順治十六年，己亥。辛丑，陞貴州貴寧道參議曹士琦為陝西按察使司副使分巡漢羌兵備道。

《奉天通志》卷一八三《人物》十一：《鄉宦》五，引《遼海志略》：曹士琦，字韓伯，瀋陽人，順治時任河南汲縣知縣。廉明仁恕，招撫流移，整飭驛遞，時值官軍過境，具芻糗出納公平，措處有法，絕無擾累，歷陞陝西漢羌漢中安普道、貴州咸清道。十八年任雲南臨元道。

《蔚州曹侯去思碑》載魏象樞《寒松堂文集》卷五。（略）

《重修蔚州學廟碑記》，載同上。（略）

《遼東曹氏宗譜叙言》，曹士琦，載《五慶堂重修曹氏宗譜》（原抄本）卷首：

今夫水有源而木有本，況人參天地乎。吾家淵源甚遠，然家乘久逸，唐宋以前難稽矣，豈敢以簡編所載，附會訓後也。惟元時為揚州府儀真（縣）人，元末群雄并起，鼻祖良臣聚衆自保。後值明太祖起淮右，承元統，率衆歸附，累隨征伐，建立奇功，以元勳（封宣寧侯追）封安國公。長子泰，襲宣寧侯；次子義封豐潤伯；三子俊，以功授指揮使，封懷遠將軍，克復遼東，調金州守御，繼又調瀋陽中衛，遂世家焉。歷代承襲，以邊功進爵為指揮使世職者，又三四人。子孫蕃盛，在瀋陽者千有餘家，號為巨族，而金州、海州、蓋州、遼陽、廣寧、寧遠，俱有分住者。其以文武功名顯耀元宗，不可勝紀。後因遼瀋失陷，闔族播遷，家譜因而失遺兵火中，從前世系宗支，茫然莫記。猶幸豐潤伯處全譜尚存，不意未及繕録，又罹

『闖逆』之變，叔豐潤伯匡治及兄勳衛、鼎盛，俱盡忠死難，而家乘益無徵焉。況今世代變遷，主伯亞旅，奮功名於各地，因之為家，處處有人，倘及今不為詳列緒派，自玆以往，年久迹疏，子姓覿面相失者所必至也。先大人每為深慮，屬余輩繕録以篤一脉於永世。乃余匏繫一官，鞅掌王事，東奔西馳，數年來刻無寧晷，安能從容及此。會季弟於菽水承歡之餘，遵先大人之志，以夙所指示及知聞者，詳情詢諮，臚列成帙，自白下寄至署中。余一展閱間，覺山河雖隔，而祖孫父子，不宛聚一堂乎？若其紹祖武，光前烈，以永終譽，端有望於後之賢子孫矣。順治十八年歲次辛丑仲春穀旦。

十一世孫士琦頓首謹撰。

按： 這個『曹士琦』是與曹璽同輩，上面這篇《遼東曹氏宗譜叙言》，就是他寫的。叙言中説始祖是曹良臣，有三個兒子，泰、義、俊。這一段應該説整個是錯誤的（曹泰是曹良臣的兒子，這一點沒有説錯，但與此譜無關，説詳上）。但這篇叙言仍有值得重視的地方：一、是他實際上指出了曹俊纔是真正的《遼東曹氏宗譜》的始祖；二、是它説明曹俊的後代在遼東分居很廣，歷代有人承襲軍職，可能沒有間斷；三、曹氏的宗譜，在遼瀋戰爭中早已丢失，因此他們對上世也不很清楚了；四、豐潤伯一支，根據我們目前考證，可以確切地説明與曹良臣、曹俊毫無關係，曹良臣與曹俊，也毫無關係。但這一點曹士琦時代的這些曹氏的子孫，看來都不瞭解，相反，可能他們世代相傳的倒就是這篇叙言裏寫的。因此，我們還很難斷定把曹良臣、曹泰、曹義和曹俊統統連在一起，作為遼東曹氏的始祖是出於有意的作偽。在順治十八年修曹氏宗譜，譜上的不少人物都已成為清代的開國功臣，在這樣的情況下一定要作偽地擡出一個明代的開國功臣曹良臣作為自己的始祖，似乎是不大可能的。五、敘言裏説這部宗譜實際上是他的弟弟編修，并從南京寄給他的。查譜文，這個在白下（即今南京）的曹士琦的弟弟是曹士珣。譜文説：『致中次子，字叔玉，貢生。敕贈文林郎，配趙氏，封夫人，生四子：長啓芳，次肇芳，三建芳，四延芳。』下面雙行小字注説：『住江南江寧府上元縣。』則可見這個曹士珣，就是這部《遼東曹氏宗譜》在順治十八年前的實際編修者。六、《宗譜》所記曹士琦的『陝西按察使司按察使』等三項官職都不確實，具見本書所引《清世祖實録》等書。

德先

《宗譜》：紹中長子，字牧民，從龍授阿思哈尼哈番（漢文男爵），梅勒章京（漢文副都統），右翼總兵、右將軍。崇德元年，奉命同定南王孔有德、鄭親王濟、睿親王多，歷征錦州等處，入關進剿『流寇』，滅『闖逆』，開北京，破潼關，征西安，平河南、揚州、鎮江、江寧，克江陰、盧口、魚磯，定廣西、湖南，開寶慶、武岡、黔陽、沅州、辰州，招安王允成，平撫靖苗。順治六年己丑五月，奉旨加封三等精奇尼哈番（漢文子爵），予敕券，世襲。是月復奉旨特晉湖廣都督同知，於九月至武昌任事，十一月遣本督阿思哈尼哈番何進、勝圖章京董英、參將沈邦清，剿克燕子窩，十二月發副將鄭元勳，左翼總兵線國安剿常寧縣，破白水洞，復派參將何九成、張鼎，隨王征剿滇營、永州等處。七年正月，親統官兵攻克天柱、龍慶等關，二月恢復寧遠、藍山、湯頭、嘉禾、監武、新田等縣，破石家洞。三月收道州、永明、江華等縣。

四月克白水、牛頭、鐵柱、雄關、龍虎等關，平撫鄭芝龍、黄朝選、胡一青等凡十有八，救援靖州，順治九年壬辰七月初七日，同定南王盡節廣西省城。特恩加一等精奇尼哈番，賜祭葬，派員奠醱，誥授光禄大夫，葬順天府房山縣張坊鎮西，淶水縣之沈家庵村北，鐵固山陽，玉蟒河西，庚山甲向正穴立祖。配程氏，續配王氏、董氏、楊氏、劉氏，俱封一品夫人，生三子，長盛祖，次光祖，三承祖。

《乾隆二十八年正月十四日曹執御向本佐領呈報三代履歷請求襲封》文：本佐領下另户馬兵（後改為『閑散』）曹執射（『射』旁改為『御』字）呈，為報明世職未襲緣由事，竊執射（按：此處『射』字未改）高祖原任二等精騎尼哈番曹義先，係遼東瀋陽衛人氏，恭逢太祖高皇帝興隆時，有執御高伯祖曹德先從遼陽城，由將材征山東，剿盧軍門，故授為一等阿思哈尼哈番，於崇德元年四月内，奉令隨定南王孔有德等殺『流賊』，開北京，破潼關，征西安，平河南，攻揚州，辟江寧，滅李闖，克江陰縣，督放紅衣炮十位，克其城。開寶慶，破斗溪，開武岡，剿苗於靖州，開辰州府，並沅州、黔陽。以上功績由一等阿思哈尼番優陞三等精奇尼哈番。……』（見『同治八年己巳五慶堂敬修裱訂康熙、雍正、乾隆歷年呈稿存底』。此件由北京市文管處馬希桂同志抄示。馬希桂同志來信并云：『這份材料當時從原件中摘録我所需要的部分，並非全文。原件已在一九六八年左右，由於機構和人員變動而散失。』以上材料，可與譜文印證。）

按： 據曹儀策先生講，這個『德先』和另外二位『仁先』、『義先』是嫡親的三兄弟，是『五慶堂』上祖中『從龍入關』的。在『文化大革命』前，曹家還藏着這三個人的畫像，清裝，全副頂戴，其中有一位可能是『德先』，身旁還有一位女的，也是戎裝，説是跟隨着一起『從龍入關』的，還立過戰功，可惜這三軸畫像都丢失了。又譜文説曹德先的墳墓葬於『順天府房山縣張坊鎮西，淶水縣之沈家庵村北，鐵固山陽，玉蟒河西』。為了徹底弄清楚問題，我於一九七七年十二月十二日和十二月二十八日，曾兩次到該處去調查。當時沈家庵村叫沈家庵大隊，仍屬淶水縣，與房山縣只隔一條拒馬河，也即是譜文所説的『玉蟒河』。我們是由原房山縣農林局長袁德印同志陪同去的，同行的還有顧平旦、林冠夫、江宏、杜壽安、王滿諸同志。到沈家庵大隊後，即訪問大隊書記郭景永同志，承他告訴我們，在村西北向確有一座曹家大墳，面積共佔七畝四分地，現已平改為麥田。説着，他就領我們去看了已經平為麥田的墳地，墳基高出周圍麥地有一米左右，故地形仍很清楚。墳邊有幾間茅屋是看墳的老太太住的，這位老太太本姓言，叫鳳林，丈夫姓趙。我們即去訪問了言鳳林老太太。據她説，她是民國十六年（一九二七年）發大水那年來接受差使的，一直到解放後仍住這裏。她現年已六十九歲了。她説這是北京五慶堂曹宅塋地，解放前曹家每年有人來祭掃。解放後就没有人來祭掃過。全部墳堆共七個，背靠鐵固山，前臨拒馬河（玉蟒河），風景極好。據郭景永同志講，在將此墳平為麥地時曾發掘過，結果没有棺木，只有一個小匣子，内裝幾塊骨頭。這一點，恰好與譜文内所説曹德先全家在廣西都死於李定國發動的桂林之役是一致的。另外，郭書記還告訴我們原有四塊墓地的界石，現在砸碎砌入墻内，他還帶領我們去看了砸碎後砌入墻内的界石，有些字還能清楚地辨認出來。界石是用漢白玉製成的四方柱形，柱頭是蓮花，可惜已砸成好多塊了。這是第一次去訪問的情況。第二次去時，郭景永同志不在，我們見到了大隊革委會主任吕殿才同志和生産隊長穆福明同志，他們陪同我們重複看了曹墓旁邊的韓世琦的墳墓，尚有漢白玉的大石碑，是康熙六年立的，碑前尚有完好的石闕。當我們又詢問起曹墓的界石時，吕毅才同志和穆福明同志都説尚存有一塊完整無損的界石，剛好砌到水庫上去，上面還未壓磚石，趁下面冰凍，還可以站在冰上看到這塊界石，於是我們就步行到水庫工地，果然見到了這塊界石，平放在水庫上，朝外的一面刻『曹宅塋地』四字，朝下的一面刻『五慶堂』三字，我是踩在冰上探身到水庫裏面纔看到的。其餘兩面已蓋住看不見了。這五慶堂祖墓的發現，更加進一步證實了這部《曹氏宗譜》的可信性和它的重要的歷史價值。

譜文中提到曹德先的戰功有『平河南、揚州、鎮江、江寧，克江陰』等處，《請求襲封》文中還明確説：『克江陰縣，督放紅衣炮十位，克其城。』現查戴名世的《乙酉揚州城守紀略》其中有云：

弘光元年（一六四四年，甲申）四月二十五日……大兵（指清兵）攻愈急，公（指揚州督師史可法）登陣拜天，以大炮擊之，大兵死者數千人，俄而城西北崩，大兵入，公持刀自刭，參將許謹救之，血濺謹衣，未絶。令得威（史可法副將史得威）刃之，得威不忍，謹與得威等數人擁公下城。至小東門，謹等皆身被數十矢死，惟得威獨存。時大兵不知為史公，公大呼曰：『吾史可法也！』大兵驚喜，執赴新城樓見豫王。

以上一段是史可法在揚州被執的情況，文中提到的『以大炮擊之』，這個『大炮』，是史可法這邊的大炮，但在這段文字以前，叙史可法守天長時，就説到『大兵自泗州取紅衣炮至，一鼓而下，（劉）肇基率所部四百人，奮勇巷戰，力盡皆死』。這裏的『紅衣炮』，就是清兵方面的『紅衣炮』，當然這些『紅衣炮』是否就是曹德先『督放』的這就很難説，因當時清兵方面『紅衣炮』的數量是很多的，破揚州時『紅衣炮』起了很大作用。特别是在破江陰城時，確是用『紅衣炮』把江陰城轟開的。下面我們引録幾節清初韓菼寫的《江陰城守紀》裏的文字，以見當時『紅衣炮』的作用。《江陰城守紀》的作者韓菼是長洲人（今蘇州市），可能與曹寅同出於徐乾學的門下，故他們相交甚早。據周汝昌同志的考證，大約在康熙十一年（一六七二年）的時候他們就相交了（時曹寅十五歲）。現在韓菼的《有懷堂詩稿》有康熙辛未（三十年，曹寅三十四歲）和曹寅的《漁村》詩，還有為曹寅三十四歲初度寫的《壽序》，可見最遲到這時他們已交往很深了，因而韓菼對曹寅上祖的『功業』也一定會有所知聞。可是令人深思的是韓菼的這篇《江陰城守紀》，一方面大力表彰堅守江陰城、寧死不降的江陰士民和領導抗清的閻應元、陳明遇、許用等人，寫出了他們可歌可泣的鬥争史迹；另一方面卻又稱贊為攻取江陰而戰死的清方的王爺和將領。文章特别突出地描寫了紅衣大炮在攻破江陰城時的作用和威力，但是卻一字不提督放紅衣大炮的是誰。這部遼東曹氏宗譜的修訂者和請求襲封的人，他們從來没有忘記更没有諱言這些『功勞』。曹寅的時代，離開揚州、江陰等地的戰鬥，如以康熙十一年他相交韓菼時算，只有二十八年，如以康熙三十年算，也只有四十七年，當時曹寅對上世族祖的這些『功勞』不會一無所知，韓菼既與曹寅交厚，又深知江陰抗清鬥争的實況，因此他在寫這篇文章時，也極可能是瞭解曹寅上世族祖的這些『功勞』的，他在序言裏説：

焱少遊戚氏（按：指中書戚勳）殉節地，長謁閻、陳二公祠，耳其事，間訪其書，鄉人以事關兵燹，多所畏忌。嗟乎！乙酉之事，不忍傳，實不忍不傳，所當諱，實不當盡諱者也！

看這段話，韓菼對江陰抗戰的事，確非道聽途說，而是作了較深的調查的。那末，他不寫『督放』紅衣炮的是誰，是否有可能因為與曹家交深而故諱其事呢？這就值得認真深思了。下面就是節引的《江陰城守紀》等的文字：

（清順治元年七月）十二日，大清兵仍攻北門，二都督死之。

清晨，城外放炮吶喊，三萬軍造浮橋十條，一齊過外城河，分十處運雲梯上城，城上用磚石擲下，長槍拒敵。……

（七月）二十日至二十七日，用炮猛攻。

貝勒見城中守義不可動，進攻益急，分兵先抄斷各鎮救兵，乃以竹籠盛火炮，鼓吹前迎。炮手被紅，限三日破城。於城南側放起，炮聲震處，城垣五處崩裂，飛彈如雹。一人立城上，頭隨彈去，而身僵立不僕；一人胸背俱穿，直立如故。……

二十八日，大清兵攻北城，閻應元傷右臂。

炮擊北城，角城裂，夜半修訖，敵以為神。鐵丸中應元右臂，應元傷，猶左手握槊格殺數人。……

二十九日，大清兵攻南城，十王死之。復攻北城，應元命每人納石一塊，頃刻如山積，甃石城一重於內，外知不可破，徙攻南城，炮聲震天，聞二百里，一晝夜用火藥萬五千斤，城墻幾陷，清兵乘勢擁上，刀矢如蝟，守城者不能禦，乃發炮猛擊，傷敵數千人，敵於外亦發炮對擊，忽見女將一員立於城上，將袖一拂，敵炮回擊，自斃其馬無數，衆以為前湖烈女云。

十王痛薛王中計而亡，命大將掠城外居民，大箱千餘隻，在十方庵後叠成將臺，高與城齊，十王坐其上，用上將四人親軍二百四十人圍繞。令臺旁親軍各持狼煙噴筒先發，將南京鎮江大炮五六步排一座，共計百座，令聞號齊發，猛擊東南角城，守城軍士不敢開目。應元伏城膝行，看明十王在臺指揮三軍，遂命中街巷口有力之湯三老兒掮一大炮，對準十王安放。應元又左右細看，絲毫不爽，然後親自燃火放去。湯三老係重聽，尚未知，端立呆望，而火路一條，十王四將曁二百四十人齊隨火滅，惟有黄傘一把，在半天圓轉，一脚連靴自上而下。……

(八月)初八日，釘炮眼。

是日大雨，民立雨中受炮，毫無降意。夜半，應元使善落水者陳憲欽渡外城河，釘没外兵炮眼。緩二日不攻。……

二十日，金陵又解到大炮二十四位，較前更大，每舟止載一位。仍收沿城民家鐵器鑄炮子，重二十斤。又築土壟以避矢石。將攻東城，機泄，移至東北角。大雨如注，一晝夜炮聲不絶，縣屬悉為震動。城中困疲已極，計無所出，待死而已。……

二十一日，江陰城陷。

前月二十四日，京中遣國師和尚來江陰，日日繞城細看。至前日始看明，向貝勒云：『江陰城形似芙蓉，若在瓣上攻打，越打越緊；其蒂在東北角，專打花家壩，花蒂既碎，花瓣自落。』故貝勒令數百人盡徙二百餘座大炮至花家壩，專打東北城。鐵子入城，洞門十三重，樹亦穿過數重，落地深數尺。是日雨勢甚急，外用牛皮帳護裝炮藥。城頭危如壘卵，城上見外炮甚烈，見燃火即避伏垣內。炮聲過，周麾而登。外寬之，故放空炮，乃於中一炮祗放狼煙，煙漫障天，咫尺莫辨。守城者謂炮聲霹靂，兵難遽入，而清兵已潛渡城河，從煙霧中蜂擁突上，衆不及禦而潰。午刻有紅光一綫，直射入城，正對祥符寺，城遂陷。

以上是《江陰城守紀》裏反映的清兵用紅衣大炮攻陷江陰城的情況。

下面是我們查證出的有關李定國攻打桂林，孔有德自焚，曹德先在桂林之戰中全家死於此役的一部分原始材料。

《虞山集》卷十，此書作者瞿昌文，是桂林之戰的目擊者：

壬辰夏，秦王孫朝宗承制分道出師，大舉恢復。撫南劉文秀統十餘萬鐵騎出楚。儸儸棘子，精悍絕倫，象騎雲擁雷吼，其素練之旅，皆西北驍健，久養初出，無不一以當百。六月，安西師次武岡，勢如破竹，桂林震虩。有德遣李養性領精兵守全州，六月二十八日，王師入粵境，盡殲李養性之衆，隻蹄片甲不返。鄂國公馬進忠、將軍馮雙禮等，間道銜枚，或從新寧小路出臨川，或從八十里山出嚴關，或從開州竟至水東，期三日夜會於桂林。七月初一日，有德再挑精鋭，逆於榕江，兵未交而象陣前列，勁卒山擁，塵沙蔽目，馬聞象鳴皆顛蹶，有德衆遂奔，掩殺大敗，有德僅以身免，策馬入城，而王師隨至桂林，數十里之城，圍之三匝矣。甲仗耀日，旌旗布野，鉦鼓之聲震天地，軍容之盛，罕與為擬。有德設守具，盡驅城中居民登陴，而兵則守其要害，且徵外援急救。時有德協鎮，遠守柳、梧、南潯，皆不能猝至。次日，王師畢力急攻，城上天（矢）炮亦雨下，兩日夜無徹，守雖堅而攻愈力，陴守之民皆威脅非心服者，困且懈，遂於初四日辰刻，王師從雲梯先登，西北環山為城，環山皆漢幟矣，鄂國公從武勝門攻入關。有德倉皇計窮，遁走無路，急還靖江舊邸，聚其寶玩於一室，手刃愛姬，遂閉户自焚死。王師入城，斬馘數千，下令無妄殺，撫安孑遺之黎庶。時昌文羈身城中，初七日謁見安西，接待甚殷，慰勞周至。……

《廣西左翼總兵馬雄稟》

隨征廣西署總兵官管左翼總兵事馬雄謹稟，為孤軍天末甚危，梧城一綫獨守，謹同諸將士披瀝赤心，懇祈援救事。竊自湖南武寶告警，王爺以大師扼守全州嚴關，不期諸賊迅至，各路喪敗，王爺聞報，於六月貳拾玖日自出大溶江御敵，賊伏四起，大師潰敗，賊隨尾追至桂林，王爺於七月初二日戌時發諭，令提塘楊正相由水路飛馳至梧，職初五日接諭，即一面遵諭飛調各州縣兵馬文武各官赴梧，一面挑選在梧兵馬，水旱齊發，水程逆上桂林九百里，旱程山蹊有一千里，不期初七日凶信遂至，桂城已於初四日巳時失陷，王爺以身殉國，闔宮自焚，衆蝦俱遭毒害。職與衆將士痛哭號天，變生倉卒，真插翅難前也。……

（《明清史料》丙編第九本）

《廣東巡撫李棲鳳揭帖》，（順治）九年八月十六日午時到，李棲鳳密本揭帖。

欽差巡撫廣西等處地方提督軍務兼管理糧餉鹽法都察院右僉都御史李棲鳳謹揭，為飛報緊急賊情懇啓發兵救援事。順治九年七月初拾日准平南王咨前事稱七月初九日申時據□□□□翼署總兵官馬雄啓前事，內稱本月初四日戌時，（中略）諸孽陡逼省城，勢甚猖獗，該鎮速調各路兵馬盡赴平樂府，候調前進，不必顧慮，他汛其文官一併調赴梧州，事關□□，□刻為歲，敬此。職跪讀不勝驚悖，一面飛調各路兵馬將梧州馬兵挑選二百名星馳赴援訖。職（中略）即隨身馬步，初六日午時前進，路遇前去兵丁馳報，賊於初三日圍了桂林省城，走出滿洲壹名，報稱城已失陷。（中略）又據定藩左翼總兵官馬雄啓（中略）內稱（中略）職差官馬國用、馬全於初五日越桂林水東門城下河二十里，覓得小船一隻，飛下報稱初二日亥時，賊兵圍城，水泄不通，至初四日巳時，賊四面擁入，當聞定南王自盡，其後殿自焚，小王子不知下落。賊首內有王子并馬進忠，又右軍都督王姓等俱現紮桂林。（下略）

（《明清史料》丙編第九本）

《吏部題本》

吏部尚書固山額真臣朱馬喇等謹題（下略）自隨定南王師由楚入粵，櫛沐數載，幸荷皇靈赫濯，粵西諸郡漸次蕩平。（下略）詎意職等至梧而初四日省城已陷矣，定南王殉難在省，各官俱各被執，翰等號天大慟。自國家開創以來，未有如今日之挫辱者也。（下略）順治玖年拾壹月拾陸日。（下略）

（同上）

《定南王下死難各官情由殘揭帖》

（上缺）一人，應敕下該督撫及提督線國安，確查當日各官死難情由并職名，及有無嫡親子弟具題，以憑臣部察核議復可也。恭候命下，遵奉施行等因。順治拾壹年捌月捌日奉聖旨依議行，欽此欽遵，（中略）闔門殉節等事，除曹盛祖一案外，又有原定南王下二等阿思哈哈番孫龍弟，（下略）本

督鎮細閲來册開列甚明，如曹盛祖之死難，本支無人替襲，應及於伊叔曹義先，此經靖南王題明在案，似無容再為查議者。（下略）

（《明清史料》丙編第九本）

《吏部殘題本》

太子太保吏部尚書臣宗室韓岱等謹題，為請定優恤之例以彰勸忠之典事，（中略）順治十二年正月二十九日准兵部咨開（中略）等因，順治十一年七月十六日題，（中略）今吏部覆靖南王耿繼茂題，為闔門殉節主祀無人，乞恩代題承襲一疏，內議曹盛祖死難情節，應俟兵部議送到日再題，承襲奉旨在案，欽此。查隨定南王下死難各官不止曹盛祖一人，應敕下該督撫及提督線國安確查當日各官死難情由并職名及有無嫡親子弟具題。（下略）

（《明清史料》丙編第十本）

《清世祖實録》卷六十四，順治九年，壬辰。靖南王下故三等精奇尼哈番曹德先子盛祖。（下略）各襲職。

光緒《淶水縣志》卷一《陵墓》：曹德先墓，沈家庵村北鐵固山陽玉蟒河西。

按：上面提到的曹盛祖，是曹德先的長子。上引《揭帖》説他『闔門盡節』，《譜文》在曹盛祖的二弟曹光祖下説：『順治九年秋七月李定國陷省城，闔家三百餘口皆盡難。』則可見《譜文》説曹德先死於桂林之戰中是可靠的。為了便於瞭解曹家在桂林之戰中的情況，故把有關的材料集中摘録於此。

仁　先

《宗譜》：紹中次子，字愛民，從龍累功授甲喇章京（漢文參領），晉梅勒章京（漢文副都統），封世襲阿思哈尼哈番（漢文男爵）、前鋒將軍。順治六年己丑五月，特命駐鎮廣東總兵都督同知，誥授榮禄大夫，分隸正黄旗漢軍，葬順天府房山縣張坊鎮西淶水縣之沈家庵村北鐵固山陽，玉蟒河西，庚山甲向。配劉氏，續配陳氏、黄氏，俱封一品夫人，合葬。生二子，長燕祖，次繩祖。愛民公及黄氏夫人朝衣雙像一軸存聯蕙處，同治八年己巳五慶堂重繪二軸，一存聯蕙處，一收五慶堂。

《清太宗實録》卷五十一，崇德五年，庚辰。

三等梅勒章京曹紹宗老病，令其子仁先襲替。

《兩廣總督李率泰揭帖》，順治十三年四月日到。

欽差總督兩廣軍務兼理糧餉兵部尚書兼都察院右副都御史李，為遵旨會師剿逆，賊渠聞風宵遁，恢復郡縣，擒獲偽官偽印，仰祈睿鑒事。竊照逆賊李定國，自新會敗遁，踞南寧為巢穴，復犯横州等處，將欲窺伺兩粤，適奉旨命靖南王與職統領兩藩督標肇鎮兵馬，會合湖南粤西官兵進剿南寧，所有出師日期已經奏報外，順治拾貳年拾貳月拾陸日師抵廣西梧州府，從此歷藤縣以至平南，一路灘高石險，水急船擁，溯流魚貫而上，日行不過十餘里，拾叁年正月初貳日，方抵平南縣，隨探得潯州府有賊之偽仁安將軍李承爵，并水師偽忠明將軍陽春伯，李先芳等在内，因兵分水陸而進，初十日抵潯州府，諸賊已於初七日聞風逃遁矣。拾伍日師抵貴縣，遂與廣西提督伯臣線國安、管兵蝦臣李茹春、往略前標鎮臣南一魁、湖廣左路鎮臣張國柱等兵馬，合營前進。十八日抵横州，偽嚴捷將軍高文貴、偽仁安將軍李承爵、偽伯施尚義，水師偽忠明將軍陽春伯、李先芳等，聞我兵至，遂漏夜奔竄，及候船隻至，水陸并發，以定南王下左翼總兵臣馬雄統領水師大炮，由左右兩江逆流而上，職與靖南王及提蝦鎮臣由陸路前往，貳拾柒日到賓州，貳月初壹日至武緣縣，初四日抵南寧府，巨逆李定國於前月貳拾貳日，已挈全營奔往隆安縣，隨兼程尾追至隆安縣，未至龍安時已挑選精鋭兵馬，令提督伯臣線國安、管蝦臣李茹春并湖南經標左路兩鎮臣南一魁、張國柱及靖藩下鎮臣連得臣，擺牙喇署甲喇章京臣徐有才，署牛録章京臣王蟒漢，阿思哈哈番臣曹仁先（中略），統領銜枚疾追。（中略）又至果化地方，據鄉民口稱，逆賊李定國已遁往遠方，奈前途山險水曲，步步石磴危巇，僅可容一人空行，馬則難進，且糧料艱難，跋涉多時，馬已疲羸倒斃甚多，因公同商酌，旋師南寧少憩士馬。（下略）

（《明清史料》丙編第十本）

《清世祖實録》卷一百十一，順治十四年，丁酉。

> 叙平定廣東功，陞平南、靖南二王屬下總兵二等阿思哈尼哈番連德成、徐成功俱為一等阿思哈尼哈番。（下略）梅勒章京三等阿思哈尼哈番曹仁先為二等阿思哈尼哈番。

光緒《淶水縣志》卷一《陵墓》：曹仁先墓，沈家庵村北。

按： 據《兩廣總督李率泰揭帖》，可見當時廣西地區的戰鬥形勢，揭帖中歷叙的進軍地點，至今仍按圖可索，而曹仁先是參加了這次戰鬥的。據這一揭帖，還可知桂林之戰時，曹盛祖一家三百餘口在戰争中死去，其中大概可能有曹德先，但卻没有曹仁先。

義先

《宗譜》：紹中三子，字澤民。從龍入關，授梅勒章京（漢文副都統）。順治十年癸巳，奉旨襲胞兄德先一等精奇尼哈番（漢文子爵）、右將軍，特命駐鎮福建征剿各處。康熙十三年甲寅，平定福建。歷年進剿各路軍事告竣，二十一年壬戌，奉旨入覲，晉昂邦章京（漢文都統），在内大臣行走，分隸正黄旗漢軍，誥授光禄大夫。生於天聰元年戊辰十月二十日子時，歿於康熙二十八年己巳七月二十四日申時，葬順天府房山縣張坊鎮西淶水縣之沈家庵村北，鐵固山陽，玉蟒河西，庚山甲向。配陳氏，續配李氏，俱封一品夫人，合葬。李氏夫人生於天聰五年壬申二月二十八日午時，歿於康熙二十一年壬戌十一月十六日子時。生七子，長耀祖，次封祖，三宏祖，四應祖，五英祖，六興祖，七振祖。生女一，適沈氏，通經史，有淑德。澤民公及李氏夫人朝衣大像二軸并暮年杖履攜琴小照一軸（蔡育寫），存聯印處，又朝服小雙像一軸，存嵩鎮處。同治三年甲子，五慶堂重繪朝服小雙像一軸，八年己巳，重繪杖履攜琴小照一軸，子爵，誥封四軸，在得磬處遺失。襲爵敕書，康熙二十四年六月十九日吏部查驗繳部未發，後澤民公歿，因未承襲。

《定南王下死難各官情由殘揭帖》。（見前引，略）

《清世祖實録》卷九十六，順治十二年，乙未。

癸亥，以陣亡三等精奇尼哈番曹成祖（按：係曹盛祖之誤）叔義先，二等阿思哈尼哈番孫龍子延齡（下略）各襲職，仍各加一拖沙喇哈番。

光緒《淶水縣志》卷一《陵墓》：曹義先墓，沈家庵村北。

按： 譜文説：『順治十年癸巳，奉旨襲胞兄德先一等精奇尼哈番（漢文子爵）、右將軍。』查《定南王下死難各官情由殘揭帖》提到『順治拾壹年捌月捌日奉聖旨依議行』，按『曹盛祖之死難，本支無人替襲，應及於伊叔曹義先……似無容再為查議者』等語，則順治十一年曹義先尚未襲替。《清實録》則列於順治十二年，看來《清實録》是可靠的，譜文記早了二年。

禮先

《宗譜》：由户部郎中。鼐中長子，字節民，分巡川東道，四川按察使司按察使，誥授通議大夫，配朱氏，封淑人（副本作『恭人』），無嗣。

《奉天通志》卷一九六《人物》：曹禮先，瀋陽人，監生，康熙九年任四川分巡川東兵備道。

四、第十二世

盛祖

《宗譜》：德先長子，順治八年應襲二等精奇尼哈番（漢文子爵），特命駐鎮廣西總兵，順治九年四月征僞王李定國，在湖南湘潭地方力戰陣歿。奉旨加封一等精奇尼哈番，賜祭葬，無嗣。順治十年胞叔義先承襲，誥授振威將軍。

《清世祖實録》卷六十四，順治九年，壬辰。

靖南王下故三等精奇尼哈番曹德先子盛祖，（下略）各襲職。

《同上》卷九十五，順治十二年，乙未。

予定南王下陣亡精奇尼哈番曹盛祖（下略）祭葬如例。

《同上》卷九十六，順治十二年，乙未。

癸亥，以陣亡三等精奇尼哈番曹成祖（按：系曹盛祖之誤）叔義先，二等阿思哈尼哈番孫龍子延齡（下略）各襲職。

《定南王下死難各官情由殘揭帖》（見前引，略）。

《吏部殘題本》

太子太保吏部尚書臣宗室韓岱等謹題，為請定優恤之例，以彰勸忠之典事。（中略）順治十二年正月二十九日，准兵部咨開（中略）等因，順治十一年七月十六日題，（中略）今吏部覆靖南王耿繼茂題，為闔門殉節主禮無人，乞恩代題承襲一疏，內議曹盛祖死難情節，應候兵部議送，到日再題承襲，奉旨在案，欽此。查隨定南王下死難各官，不止曹盛祖一人，應敕下該督撫及提督線國安，確查當日各官死難情由并職名及有無嫡親子弟具題。（下略）

（《明清史料》丙編第十本）

按： 譜文説曹盛祖是『順治九年四月征偽王李定國，在湖南湘潭地方力戰陣歿』，而《殘揭帖》及《吏部殘題本》都説是『闔門殉節』和『死難』，再證之以本譜曹盛祖之二弟曹光祖的譜文：『德先次子，隨定南王孔有德在廣西省守城，順治九年秋七月，李定國陷省城，闔家三百餘口皆殉難，無嗣。』和三弟曹承祖的譜文：『德先三子，同兄光祖在廣西守城，李定國陷城，同時殉難。』根據以上這些材料來看，曹盛祖應如《殘揭帖》等材料所説，是死於桂林之戰的，譜文有可能是誤記。

元　芳

《宗譜》：士琪子，襲阿達哈哈番（漢文輕車都尉）兼參領，誥授武功將軍，配□氏，封夫人，生子綸。

《八旗通志》初集卷一〇六《世職表》二十四：

三等輕車都尉曹純忠

始　授　曹純忠

順治五年以隨左夢庚投誠，授三等阿達哈哈番，今漢文改為三等輕車都尉。

初次襲　曹士奇（按：即曹士琪）

曹純忠子，順治九年襲。

二次襲　曹元芳

曹士奇子，康熙三十年襲。

三次襲　曹綸，曹元芳子，雍正五年襲。

五、第十三世

炳

《宗譜》：桂芳子，雍正乙卯科文舉人，後失考。

《八旗通志》初集卷一百二十七《選舉表》三：雍正十年壬子科副榜

正白旗　蘇丹（蒙古牧可登佐領）

曹炳（漢軍祖魯佐領，乙卯舉人）

同上初集卷四十六《學校志》：雍正九年選拔，曹炳，正白旗漢軍。

同上初集卷四十八《學校志》三：雍正九年歲貢生，曹炳，正白旗漢軍。

爚

《宗譜》：元芳子，世襲阿達哈哈番，兼佐領，無嗣停襲。

《八旗通志·旗分志》十六：鑲藍旗漢軍都統第三參領所屬六佐領。第一佐領係順治三年將隨左夢庚投誠官兵編為牛録，初以世職牛録章京何友管理，何友駐防漢中，以半個前程夏世福管理（中略），蘇伯合緣事割退，以三等阿達哈哈番曹爚管理，曹爚緣事降調，以一等阿達哈哈番兼參領朱烔管理。

同上卷一〇六《世職表》二十四：

三等輕車都尉曹純忠

始　授　曹純忠　順治五年以隨左夢庚投誠，授三等阿達哈哈番，今漢文改為三等輕車都尉。

初次襲　曹士奇　曹純忠子，順治九年襲。

二次襲　曹元芳　曹士奇子，康熙三十年襲。

三次襲　曹𣉢　曹元芳子，雍正五年襲。

以上《五慶堂曹氏宗譜》三房共考得二十人（包括曹俊），這些人物的確鑿的歷史材料有力地證實了《宗譜》上的這些人確是實有的歷史人物，這些人物雖然并非曹雪芹的本支，但他們與曹雪芹確是同宗。因此，從這些人的活動，多少可以幫助我們瞭解到曹雪芹上世的一些歷史情況。這些人物被考出，也有力地證明了這部《曹氏宗譜》的真實性，它決非出於虛構，確實是一部重要的歷史文獻。

第六章　人物考三

——四房諸人

這裏所說的『四房』，就是『智房』。這一房《譜》上共列十二人，除第三世的『曹智』外，其餘十一人，就是曹雪芹的一家六代。關於曹雪芹一家的這些人，許多人早已考證過了，周汝昌同志還寫了專著，所以這些人的歷史真實性，早已不容懷疑。但是，近年來由於新資料的陸續發現，對於曹雪芹的上世的瞭解，也有所推進，本章的主要任務，就是把近年發現的新資料加以彙集和考訂。對於以往發現的有關曹家各人的重要史料，也擇要録入。至於這『四房』與『三房』的上祖確是同父的親兄弟，這一點我們在考證三房的曹權中的時候，已經確切地證明過了，這裏就不再詳論。

一、第九世

錫遠

《宗譜》：從龍入關，歸（後改為『分入』）內務府正白旗。子貴，誥封中憲大夫。孫貴，晉贈光禄大夫。生子振彥。

《八旗滿州氏族通譜》：曹錫遠，正白旗包衣人，世居瀋陽地方，來歸年分無考。

《曹璽傳》，康熙二十三年未刊稿本《江寧府志》卷十七：曹璽，字完璧，宋樞密武惠王裔也。及王父寶宦瀋陽，遂家焉。（下略）

《曹璽傳》，唐開陶等纂修康熙六十年刊《上元縣志》卷十六：曹璽，字完璧。其先出自宋樞密武惠王彬後。著籍襄平。大父世選，令瀋陽有聲。世選生振彥。（下略）

康熙六年（一六六七年）十一月二十六日以『覃恩』誥贈曹世選資政大夫，妣氏張夫人。誥命原件今藏北京大學圖書館。①

① 此據周汝昌《紅樓夢新證》一九七六年版，第二七二頁轉引。

誥命全文云：

奉天承運皇帝制曰：恩彰下逮，勉篤棐於群寮；家有貽謀，本恩勤於大父；用溯源流之至，爰推綸綍之榮。爾曹世選：乃駐紮江南織造郎中加一級曹璽之祖父——植德不替，祐啓後人；綿及乃孫，丕彰鴻緒；休貽大父，聿觀世澤。兹以覃恩，贈爾為資政大夫，駐紮江南織造郎中加一級，錫之誥命。於戲！垂裕孫謀，已沐優渥之典；崇褒祖德，用邀錫類之仁。貽厥奕祚，佩此新綸。

制曰：一代褒功，勸酧示後；再世承恩，崇奬及老。績即懋於公家；寵宜追於王母。爾駐扎江南織造郎中加一級曹璽祖母張氏：爾有慈謀，裕及後昆；念兹稱職，端由壼教。爰錫褒儀之貴，用昭種德之勤，兹以覃恩，贈爾為夫人。於戲！溯其家法，愛勞既殫先圖，賁乃國章，昌融益開來緒。

永期丕贊，用席隆庥！

康熙六年十一月二十六日。

康熙十四年十二月，以『覃恩』誥贈曹錫遠光禄大夫江寧織造三品郎中加四級，妻張氏一品夫人。①

誥命全文云：

---

① 原件藏吴恩裕同志處，此據周汝昌《紅樓夢新證》一九七六年版，第二八五至二八六頁轉引。

奉天承運皇帝制曰：貽厥孫謀，忠藎識世傳之澤，繩其祖武，恩榮昭上逮之休。忠厚之道攸存，激勸之典斯在。爾曹錫遠，乃江寧織造三品郎中加四級曹熙（璽）之祖父，爾有貽謀，以啓乃孫，傳至再世，克勤王家，褒寵之恩，宜及大父。兹以覃恩，贈爾為光禄大夫江寧織造三品郎中加四級，錫之誥命。於戲！再世而昌，無忘貽德之報；崇階特晉，用昭寵錫之恩。奕代垂休，九原如在。

制曰：孝子之念王母，情無異於慈幃；興朝之獎勞臣，恩并隆於祖烈。爰沛貤封之命，用慰報本之懷。爾江寧織造三品郎中加四級曹熙祖母張氏，爾有貽恩，追於再世，乃孫襲慶，績懋國家，嘉爾淑儀，宜錫褒寵。兹以覃恩，贈爾為一品夫人。於戲！章服式賁，沛介錫於大母；綸孛寵頒，保昌隆於百祀。永承家慶，以妥幽靈。

康熙十四年十二月十四日。

按：『王父』和『大父』，都是『祖父』的别稱，前一篇傳記説明曹錫遠還有一個名叫『寶』，因為到瀋陽做官，遂移居瀋陽的。後一篇傳記，説明他原住襄平（今遼陽），在瀋陽做官很有聲望。根據以上兩條材料，可知曹錫遠名『寶』，初居遼陽，後到瀋陽做官遂移居瀋陽。所謂『令瀋陽』，在明代應該就是瀋陽中衛指揮或大體相當於這一地位的官職，古文講究簡古，所以就籠統地用一個『令』字。但關於曹錫遠可能是任瀋陽中衛指揮這類官職的可靠的歷史文獻，至今還没有發現，還有待於我們作進一步努力。

我們仔細檢查天命、天聰、崇德這一段時期的《清實録》，凡明朝的降將降官，一般都有記載，獨不見曹錫遠，這可能是因為他歸附後金後没有再做官或者官職不高。『令瀋陽有聲』，當是指在降金以前任瀋陽中衛指揮。按『指揮使』是世職，這就與曹俊有了世襲承傳的關係。

康熙六年的誥命，證明了康熙六十年刊《上元縣志·曹璽傳》説曹璽的祖父叫『世選』是可靠的，這兩件歷史文獻互相印證，更可證明曹錫遠又叫『世選』，『世選』很可能是他的字，語出《尚書·盤庚》，原文是：『世選爾勞，予不掩爾善。』這件誥命又告訴我們曹璽的祖母姓張。

二、第十世

振彦

《宗譜》：錫遠子，浙江鹽法道，誥授中憲大夫，子貴，晉贈光禄大夫，生二子，長璽，次爾正（一譜作鼎）。

《清太宗實録·天聰八年》卷十八：天聰八年，甲戌：『墨爾根戴青貝勒多爾袞屬下旗鼓牛彔章京曹振彦，因有功，加半個前程。』

《清初内國史院滿文檔案譯編》：旗鼓牛彔章京曹振彦因功加半個前程。天聰八年四月初九日，『墨爾根戴青貝勒屬下旗鼓牛彔章京曹振彦，因有功，再加半個前程』。

《内閣·各部檔册》：大同府知府曹振彦履歷，順治朝：『大同府現任知府曹振彦，正白旗下貢士，山西吉州知州，順治九年四月陞山西大同府知府。』

《順治朝現任官員履歷册》，未署具體造報時間

《内閣·各部檔册》：陽和府陞任知府曹振彦履歷，順治十二年。『陽和府陞任知府曹振彦，正白旗下貢士，山西吉州知州，順治九年四月陞山西陽和府知府，十二年九月陞兩浙運使。』

《順治朝現任官員履歷册》，未署具體造報時間

《清世祖實録》卷九十三：順治十三年，乙未：『陞河南汝南道參政樓希昊爲江西按察使，（中略）山西陽和府知府曹振彦爲兩浙都轉運鹽使司運使。』（下略）

《氏族通譜》：曹振彦，原任浙江鹽法道。

康熙二十一年《山西通志》卷十七《職官志》：『平陽府吉州知州，曹振彦，奉天遼陽人，貢士。順治七年任。』

康熙二十一年《山西通志》卷十七《職官志》：『大同府知府，曹振彦，遼東遼陽人，貢士。順治九年任。』

康熙二十三年未刊稿本《江寧府志》卷十七《曹璽傳》：『（曹璽）父振彦，從入關，仕至浙江鹽法道，著惠政。』（下略）

康熙二十三年《浙江通志》卷二十三《職官志》：『兩浙都轉運鹽使司鹽運使，曹振彦，遼東遼陽人，由貢士順治十三年任。』

康熙六十年刊唐開陶等纂《上元縣志》卷十六《曹璽傳》：『世選生振彦，初扈從入關，累遷浙江鹽法參議

使，遂生璽。』（下略）

乾隆《大同府志》卷二十一《職官》『大同知府』條：『曹振彥，遼東人，貢士。順治九年任。』

吳葵之《吉州全志》卷三《職官》：知州——國朝、順治：『曹振彥，奉天遼陽人。七年任。』

嘉慶《山西通志》卷八十二《職官》：『吉州知州曹振彥，奉天遼陽人，貢士。順治七年任。』

乾隆《敕修浙江通志》卷一百二十二《職官》十二，《國朝職官姓氏、文職下》：『都轉運鹽使司鹽法道，曹振彥，奉天遼陽人。順治十二年任。』

《重修兩淮鹽法志》卷二十二《職官》：『曹振彥，奉天遼陽生員。順治十三年任。』

《大金喇嘛法師實記》碑。此碑現存遼陽市文物管理所。

碑陽碑文：

大金喇嘛法師寶記

法師斡祿打兒罕囊素，烏斯藏人也。誕生佛境，道演真傳，既已融通乎大法，復意普度乎群生。於是不憚跋涉，東歷蒙古諸邦。闡揚聖教，廣敷佛惠，□蠢動含靈之類，咸沾佛性。及到我國，蒙

太祖皇帝敬禮尊師，倍常供給。至天命辛酉年八月廿一日，法師示寂歸西。

太祖有敕，修建寶塔，斂藏舍利。緣累年征伐，未建壽域。今天聰四年，法弟白喇嘛奏請，欽奉

皇上敕旨

八王府令旨，乃建寶塔，事竣，鐫石以誌其勝。謹識。時大金天聰四年歲次庚午孟夏吉旦，同門法弟白喇嘛建

欽差督理工程駙馬總鎮佟養性。

委官備御蔡永年

遊擊大海
楊于渭撰

碑陰題名：

總鎮副參遊備等官馬登云、黑雲龍、石國廷柱、高鴻中、金勵、佟延、鮑承先、祝世印昌、李思中、殷廷輅、楊萬朋、佟整、張世爵、李燦、張士彥、李世新、范登仕、張大猷、高仲選、吳守進、劉士璋、閆印、楊可大、崔應太、朱計文、吳裕、金玉和、甯完我、崔名信、楊興國、李光國、金孝容、俞子偉、趙夢豸、段成梁、殷廷樞、李延庚、秃

占、禿賴、才官、率太、尤天慶、黃雲龍

教官高應科、朱□□、鄭文炳、冉啓悰、王之哲、馮志祥、曹振彥、蔡一品、張□□、李萬浦、高大功、嚴仲魁、韓士奇、薛三、樊守德、陳玉治、林友成、王友明

千總房可成、李三科、崔進中、周尚貴、木匠趙將、石匠信倪、寬□、韓尚武、鐵匠潘鐵、□匠胡淨

按： 以上總鎮、副、參、遊、備、教官、千總及碑陽的題名五人，共計七十七人（另有碑陰題名喇嘛門徒、侍奉香火看蓮僧暨西會、廣祐、大寧、慈航寺僧等未計入）。

《重建玉皇廟碑記》。此碑為遼陽市文管所最近之發現。原碑在遼陽市玉皇廟，共三塊，一為天聰四年《重建玉皇廟碑記》，一為乾隆二十七年壬午《重修玉皇廟碑記》，另一為咸豐元年碑，現僅有碑刻題名。後兩碑均完好，惟天聰四年碑已砸碎砌墻，現已由遼陽市文管處運回保存。

碑陽碑文：

重建

玉皇廟碑記

昔襄平西關西門外不越數趾，有」

玉皇廟焉，其來云舊，未□昉於何代，自惟兵燹時（？）任其拆毀，止存金身暴露

先皇見之甚恫乎不自安，遂入移演武廳焉，亘立一殿宇，為神所棲也，僧閱二祀，又值無狀者復為之
　毀」
新皇歷此，見而不勝□立，乃曰：人所乞靈，惟神是籍，豈以一廢而至再也，又豈以再廢而遂止
　也」，於是
命下委遊擊李燦董治其事，重建其祠，仍舊□也，俱備
貝勒議出第銀兩□□，木植磚瓦曁丹垔之類，匠□之等，係阿吉葛 摩倫葛貽士貝勒同發虔心，協贊大事，自
　己巳年四月內肇造，至庚午年九月告竣，試觀大殿五楹
聖像與塑神莊嚴巍峨，廟貌肅新，何其壯麗也。大門一間，廟祝住房六間，犁然具備，規模宏遠，何」
　其改（？）廟也。天門若殿，有額有聯，懸而張之，煌煌燁燁，烺烺輝輝，又何其掩映也。矧
玉帝至尊無對，位都諸天之表，所謂上極無□都矣，至□無私，總受諸神之奉，所謂玄之玄者矣」。
　世間之修悖頓異，冥□之禍福隨至，感應之機若桴鼓然，未有報應既不爽而故翻□不祐哉，□不
　然蓋
上清操啓稟奪鑒之權，握護國庇民之德，念我
皇上貝勒駙馬總鎮佟養性，匪惟敬神立祠，惓惓在抱，至於旭□匪懈，勵精□治，若將兵」□，士民
　靡不息（？）愛□流堪與士人媲嫩，如□衆善駢集

元始尊神按其所奏者必大禪（？）戩穀，則不思其業，寧有涯哉。□是國無不福，民無不庇，炎炎大寶」，可計日臻矣。疇謂蒙□里亭有不自吉，溥椎椎而未即，又有伏魔大帝，一時同建殿三楹，大門一間，側室三間，咸馮（？）之□彩□對亦為之輝煌，祠廟俱立矣，而」真即可無竪乎？又勒之碑以垂不朽焉，是為記。

鳩工遊擊李燦

儒學生員楊起鵬撰

天聰四年歲次庚午秋九月上浣之吉立

碑陰題名：

*石廷柱、*金玉和、*殷廷輅、*李思中、*張大猷、*禿賴、*□□位、*崔應太、*俞子偉、□□□、*趙夢豸

麻雲龍、*石國柱、*金勵、*殷廷樞、馬雲龍、*劉士璋、*禿占、高仲選、*甯完我、段成良、□□□、□麻、*佟延、李國翰、*鮑承先、*張世爵、*朱計文、尤天慶、吳守進、*崔名信、□□□」

*黑雲龍、孫得功、*高鴻中、*祝世印、*張士彥、*金孝容、*楊萬鵬、*閆印、*楊興

國、*率太、王□、*佟整、丁□、*祝世昌、李世新、*李延庚、柯來鳳、*楊可□（大）、

*李光國、*黃雲龍、郎位、*張良必

侍奉香火道士　夏天明、祁□□

致政　李廷隆、季應隆、孫必科、孫逢□、高□、□□□、范一□、王棠舜、王□□」*曹振彥、

汪道光、王文功、王國棟、□尚禮、陳才□、奉□」薛應富、*馮志祥、韓□、喇洪、孫計

武、李顯、□□

助工信士　石應科、李應舉、韓思教、蘆應魁、金善□、王麻子

畫　匠　張得儀、楊守德、姜良

□　匠　郭彥舉

泥水匠　□□、□李

木　匠

鐫　匠　寬洪①

---

① 此碑碑文及題名，大體完好，但也有部分殘損模糊不清處，所以所録碑文、題名和斷句，可能有誤。又碑陰題名凡名字前有*號者，為與《大金喇嘛法師寶記碑》碑陰題名相同之人名。凡字後有」號者，表示此後另行。

順治八年八月二十一日，以『覃恩』誥授曹振彥奉直大夫，妻袁氏宜人。①

誥命全文云：

奉天承運皇帝制曰：國家推恩而錫類，臣子懋德以圖功，彝典攸存，忱恂宜勖。爾山西平陽府吉州知州曹振彥：慎以持躬，敏以莅事；俾司州牧，奉職無愆；官常彰廉謹之聲，吏治著循良之譽。欣逢慶典，宜沛新綸，茲以覃恩，特授爾階奉直大夫，錫之誥命。於戲！式弘車服之庸，用勵顯揚之志；尚欠榮命，益矢嘉猷。

初任

今職

制曰：靖共爾位，良臣既效其勤；黽勉同心，淑女宜從其貴。爾山西平陽府吉州知州曹振彥妻袁氏：克嫻內則，能貞順以宜家；載考國常，應褒嘉以錫寵，茲以覃恩，封爾為宜人。於戲！敬為德聚，實加儆戒以相成；柔合女箴，愈著匡襄以永賚。

順治八年八月二十一日。

① 誥命原件今藏北京大學圖書館。此處轉引自周汝昌《紅樓夢新證》一九七六年版，第二四六頁。

順治九年山西陽和府知府曹振彦奏本

奏本正文

山西等處承宣布政使司陽和府知府臣曹振彦謹奏，為朝覲事。

承奉本布政司札付：蒙山西巡撫劉弘遇案驗，准户部咨前事，備仰臣府。蒙此。又蒙陽和左衛二道案驗，蒙巡按宣大等處試監察御史薛陳偉案驗，奉都察院户行四十一號勘札前事，仰府即將發去册揭式樣，轉行所屬衙門查照造報；又蒙宣大總督佟養量案驗，准户部咨同前事。蒙此。

行據應、蔚二州，陽和、懷仁、山陰、馬邑、靈丘、廣靈、廣昌七縣，各將順治六年起至順治九年十月終止，歲該夏秋税糧、馬草、脚價等項錢糧完欠蠲荒數目、經徵各官職名，册報到臣。其渾、朔二州，順治六年四月姜瓖叛亂，城破民屠，本年錢糧無向追徵，止將順治七年正月起至順治九年十月終止數目，造報到臣。

該臣謹將陽和左衛二道、分轄中南二路管糧通判、各該州縣歲額完欠、經徵各官職名彙册具奏外，原係朝覲錢糧事理，既經各州縣造報前來，理合差吏劉生浩親賫，謹具奏聞。

計賫繳夏秋税糧等項錢糧册一本。

自為字起至繳字止計三百五字紙一張。

右謹奏聞。

順治九年十二月初八日。

山西等處承宣布政使司陽和府知府臣曹振彦

批紅：該部知道。册并發。

漢字貼黄

山西等處承宣布政使司陽和府知府臣曹振彦謹奏，為朝覲事。承奉本布政司札付：蒙山西巡撫劉弘遇案驗，准户部咨前事，備仰臣府。奉此。遵將所屬應州、陽和等州縣節年錢糧數目，備造文册，責令該吏劉生浩親賫奏聞。

康熙十四年十二月，以『覃恩』誥贈曹振彦光禄大夫江寧織造三品郎中加四級，妻歐陽氏一品太夫人，繼室袁氏一品夫人。①

① 按：此件誥命文字原載《華裔學志》（*Monomenta Serica*）一九四二年第七期四十八頁。此處轉引自周汝昌《紅樓夢新證》一九七六年版，第二八六—二八七頁。

誥命全文云：

奉天承運皇帝制曰：父有令德，子職務在顯揚；臣著賢勞，國典必先推錫。用申新命，以表前休。爾曹振嚴〔彥〕，乃江寧織造三品郎中加四級曹熙（璽）之父：持身有道，迪子成名；嘉予懋績之臣，實爾傳家之嗣。爰褒義訓，用賁恩榮。茲以覃恩，贈爾為光禄大夫江寧織造三品郎中加四級，錫之誥命。於戲！率行式穀，澤流青史之光；教孝作忠，榮耀紫綸之色。永治厥後，益庇昌隆。

制曰：國之最重者，惟是忠藎之臣；家所由興者，以有劬勞之母。特頒恩命，用慰子情。爾，江寧織造三品郎中加四級曹熙母歐陽氏：慈能育子，教可傳家；念茲靖共之猶，實本恩勤之訓。母德既著，渥典宜加。茲以覃恩，贈爾為一品太夫人。於戲！頒爵用以榮親，褒忠因之教孝；錫隆恩於不匱，表嘉譽於來茲。欽服寵綸，用光泉壤。

制曰：育撫同勞，母誼不殊於始繼；休榮均被，君恩罔間於後先。典既酬勳，禮宜并貴。爾，江寧織造三品郎中加四級曹熙繼母袁氏：嗣修閫範，式穀後人；撫異產為己出，罔間恩勤；承國典之寵光，無慚似續。茲以覃恩，封爾為一品夫人。於戲！念茲良臣，報爾培成之德；嘉茲令子，褒及勤教之功，休命欽承，寵榮不替。

康熙十四年十二月十四日。

雍正十三年九月三日，以『覃恩』追封曹振彥為資政大夫，原配歐陽氏，繼配袁氏為夫人。①誥命全文云：

奉天承運皇帝制曰：德厚流光，溯淵源之自始；功多延賞，錫褒寵以攸宜。應沛殊施，用揚前烈。爾曹振彥，護軍參領兼佐領加一級曹宜之祖父，性資醇茂，行誼恪純。啓門祚之繁昌，華簪衍慶；廓韜鈐之緒業，奕葉揚休。巨典式逢，榮階宜陟。茲以覃恩，追封爾為資政大夫，錫之誥命。於戲！三世聲華，實人倫之盛事；五章服采，洵天室之隆恩。顯命其承，令名永著。

制曰：天朝行慶，必推本於前徽；家世貽謀，遂承休於再世。彝章宜錫，寵命載揚。爾護軍參領兼佐領加一級曹宜之祖母歐陽氏，壼範示型，母儀著孅。惠風肆好，既比德於珩璜；餘慶綿延，自邀恩於翟茀。特頒渥典，用表芳規。茲以覃恩，追封爾為夫人。於戲！綏帶輕裘，挺孫枝之材武；高文典册，貤大母之顯榮。祗服寵□，永昭良軌。

制曰：壼德遠聞，詒孫謀以樹績；國恩上逮，表母範而垂型。爰沛彝章，載光家乘。爾護軍參領兼佐領加一級曹宜之祖母袁氏，茂旅含芳，名門作儷。絜後先而媲美，雅知珩瑀同聲；啓子姓以開祥，早見旂常建烈。芳徽既播，殊渥宜膺。茲以覃恩，追封爾為夫人。於戲！衍慶再傳，式受自

① 此件誥命全文轉引自周汝昌《紅樓夢新證》一九七六年版，第六六六、六六七頁。

天之寵；疏榮大母，用酬積日之勞。休命祇承，幽光無替。

雍正十三年九月初三日。

按：《大金喇嘛法師寶記》碑碑陰題名於『教官』下有曹振彦的名字。此碑署年為天聰四年四月（一六三〇年，明崇禎三年），碑陰所列諸人皆屬『欽差督理工程駙馬總鎮佟養性』所管屬。佟養性是漢軍的『總理』。天聰五年，佟養性督造紅衣大炮成，『别置一軍』為『烏真超哈』（漢語為重兵），於是漢軍開始成立，佟養性即為『烏真超哈』的『昂邦章京』。由此可證，曹振彦原也屬『漢軍』，過去有一些記載説後來的曹家是漢軍，這雖然不符合曹家後來的情況，但現在可知這種説法包含着曹家早期的歷史在內，是由這早期的歷史影響而來的。又天聰四年九月《重建玉皇廟碑記》碑文對佟養性大大地歌頌了一番。碑陰署名石廷柱以下共五十三人，其中有四十個人與《大金喇嘛法師寶記》碑碑陰的署名相同，只有十三人的名字與寶記碑不同。在『致政』以下共二十一人，其中有兩人相同，即曹振彦、馮志祥，其餘十九人都不同。現在看來兩碑建立的時間只隔四個月，碑上的人名又大部分相同，也都屬佟養性管，但曹振彦的職銜卻由『教官』改成了『致政』，這個『致政』究竟是什麼意思呢？實際上就與『致仕』（退休）一樣，這是我在看到了《李士楨墓志銘》後纔明白的。但在這裏還不是真正的『退休』，只是表明他已不當『教官』，暫時還没有確定的職銜，所以就用『致政』兩字，後來轉到多爾衮屬下，就當了旗鼓牛彔章京了，就不再稱『致政』了。又上述兩碑名單，與孔有德歸降後金時所攜各官名單無一相同，可證當時《五慶堂譜》上祖曹氏在遼東是一大族，人數極多，已很分散，其中三房諸人是屬孔有德。譜文又説曹錫遠『從龍入關，歸內務府正白旗』。上引《清太宗實録》明載曹振彦是『墨爾根戴青貝勒多爾衮屬下』，多爾衮是鑲白旗的固山貝勒，由此可證曹家不久確是又屬滿洲鑲白旗了。① 那麽，曹振彦究竟是何時歸屬滿洲鑲白旗的呢？我們知道，佟養性死於天聰六年，而曹振彦在天聰八年就已經改屬多爾衮的鑲白旗了，從當時的歷史情况來看，很有可能在佟養性死後，曹振彦就歸屬多爾衮了。②

關於『旗鼓』問題，據《八旗通志》初集卷五《旗分志》五，曹爾正和曹寅都曾任『正白旗包衣第五參領』下的『第三旗鼓佐領』，曹宜曾任『正白旗包衣第四參領』下的『第二旗鼓佐領』，這與《實録》所載完全相合。『旗鼓』這個名稱，在清福格的《聽雨叢談》裏説：『旗鼓多係左近長白山遼金舊部，有漢姓之人，蓋久家朔方者也。』據前引《曹璽傳》，曹錫遠原住遼陽，後家瀋陽，此兩地都屬長白山左近，曹家歸旗極早，自然可以稱為『舊部』了。又曹家自曹俊開始就居住遼東，從明初一直到清初，歷時二百多年，更應稱為『久家朔方者』了。所以拿《聽雨叢談》所述，與曹家歷史對照，是完全符合的。該書又説：『內務府三旗，分佐領，管領，其管領下人，是我朝發祥之初家臣，佐領下人是當時所置兵弁。』這裏所説的『管領下人』，是指從事生産的農奴、工奴和旗主家中的家奴，『佐領下人』則是指作戰的士兵，所謂『旗鼓佐領』，就是帶領作戰隊伍的『佐領』。按當時規定每一『佐領』管三百人，則可證曹振彦在天聰八年（明崇禎七年，一六三四

---

① 按：多爾衮此時是鑲白旗旗主，多鐸是正白旗旗主，曹振彦此時是屬鑲白旗，到崇德末年或順治初年，多爾衮與多鐸互换旗纛，多爾衮改為正白旗之後，曹振彦也隨之改為正白旗。後來的記載都是記的改旗後的情况，未詳記早期换旗的史實。

② 參見拙文《〈大金喇嘛法師寶記〉碑題名考》，見《滄桑集》。

年）已經是帶領三百人隊伍的首領了。《聽雨叢談》還説：『佐領一官，極為尊重，由此而歷顯官者最多。』由此可知曹振彦任『佐領』一職，對曹家後來的發展，也是具有相當作用的。

又上述順治八年的誥命説，曹振彦的妻子是袁氏，康熙十四年和雍正十三年的誥命卻都説曹振彦的原配是歐陽氏，繼室是袁氏，看來後兩個誥命是正確的。又雍正十三年九月的誥命，當時實際上雍正已於是年八月二十三日暴死，頒發誥命時乾隆已即位，因明年改元，故誥命仍用雍正年號。

順治九年曹振彦任山西陽和府知府任上的奏本，是目前曹家檔案中最早的一件，它的史料價值是很高的。一、它證明曹振彦自天聰六年佟養性死歸屬多爾衮（任旗鼓牛彔章京）後，即隨多爾衮進關，後又於順治六年隨多爾衮至山西平姜瓖之亂，這與《曹璽傳》中説『隨王師征山右』『有功』是一致的。這也説明曹振彦一直在軍中是任武職。二、順治朝大同府知府曹振彦履歷稱『曹振彦，正白旗下貢士』。那末，曹振彦是何時為貢士的呢？有三種説法，一是順治元年，二是順治四年，三是順治六年，這三年都有廷試貢士的記録。我傾向於順治四年，元年太早，因曹振彦到順治七年纔任吉州知州，中間空缺時間太長，而順治六年二月，曹振彦已隨多爾衮到大同平姜瓖之亂，不可能參加廷試，只有順治四年較為合理。正因為曹振彦已取得貢士資格，所以姜瓖亂平後他就被留任吉州知州。因任知州，必須有貢士出身，曹振彦正好於此前取得貢士，故得留任。三、曹振彦自平姜瓖之後，初任吉州知州，繼陞陽和知府（大同府知府）。四、曹振彦被留任吉州知州，繼陞陽和知府，足見多爾衮對他是十分信任的。五、曹振彦從此開始即由武職轉為文職。這對曹家以後的發展，是極為重要的轉變。

關於曹振彥的籍貫問題，《吉州全志》、《山西通志》、《敕修浙江通志》等都明確記載：『曹振彥，奉天遼東人』，『曹振彥，奉天遼陽人』，『曹振彥，奉天遼陽人』。在唐開陶的《曹璽傳》裏則說『著籍襄平』，襄平就是遼陽，在曹寅的《楝亭詩鈔》裏又署『千山曹寅』，千山也就是遼陽的代稱。歷史文獻記載得那麼清清楚楚，還有什麼可以辯論的呢？面對着這麼多的歷史文獻不顧而硬要說曹雪芹的祖籍是豐潤，這未免太說不過去了吧！

三、第十一世

璽

《宗譜》：振彥長子，康熙二年任江南織造，晉工部尚書，誥授光祿大夫，崇祀江南名宦祠。生二子，長寅，次荃。

《氏族通譜》：原任工部尚書。

《曹璽傳》，康熙二十三年未刊稿本《江寧府志》卷十七：曹璽，字完璧，宋樞密武惠王裔也。及王父寶宦瀋陽，遂家焉。父振彥，從入關，仕至浙江鹽法道，著惠政。公承其家學，讀書洞徹古今，負經濟才，兼藝能，射必貫札。補侍衛之秩，隨王師征山右建績。世祖章皇帝拔入內廷二等侍衛，管鑾儀事，陞內工部。康熙二年，特簡督理江寧織造。江寧局務重大，黼黻朝祭之章出焉，視蘇杭特為繁劇。往例收絲則憑行會，顏料則取鋪户，至工匠缺，則僉送，在城機户，有幫貼之累。衆奸叢巧，莫可端倪，公大為釐剔。買絲則必於所出地平價以市；應用物料，官自和買，市無追胥，列肆案（安）堵；創立儲養幼匠法，訓練程作，遇缺即遴以補。不僉民户，而又朝夕循附稍食。上下有經，賞賚以時，故工樂且奮。天府之供，不戒而辦。歲比祲，公捐俸以賑，倡導協濟，全活無算，郡人立生祠碑頌焉。丁巳、戊午兩督運，陛見，天子面訪江南吏治，樂其詳剴。賜御宴、蟒服，加正一品，更賜御書匾額手卷。甲子六月，又督運，瀕行，以積勞感疾，卒於署寢。遺誡惟訓諸子圖報國恩，毫不及私。江寧人士，思公不忘，公請各臺崇祀名宦。是年冬，天子東巡，抵江寧，特遣致祭。又奉旨以長子寅仍協理江寧織造事務，以纘公緒。寅，敦敏淵博，工詩古文詞。仲子宣，官蔭生，殖學具異才。人謂盛德昌後，自公益驗云。

《曹璽傳》，唐開陶等纂修，康熙六十年刊《上元縣志》卷十六：

曹璽，字完璧。其先出自宋樞密武惠王彬後。著籍襄平。大父世選，令瀋陽有聲。世選生振彥，初，扈從入關，累遷浙江鹽法參議使，遂生璽。璽少好學，沉深有大志，及壯補侍衛，隨王師征山右有功。康熙二年，特簡督理江寧織造。織局繁劇，璽至，積弊一清，幹略為上所重。丁巳、戊午兩年陛見，陳江南吏治，備極詳剴。賜蟒服，加正一品，御書『敬慎』匾額。甲子卒於署，祀名宦。子寅，字于（子）清，號荔軒。七歲能辨四聲，長，偕弟子猷講性命之學，尤工於詩，伯仲相濟美。璽在殯，詔晉內少司寇，仍督織江寧。特敕加通政使，持節兼巡視兩淮鹽政。期年，疏貸內府金百萬，有不能償者，請豁免。商立祀以祀。奉命纂輯《全唐詩》、《佩文韻府》，著《練（楝）亭詩文集》行世。孫顒，字孚若。嗣任三載，因赴都染疾，上日遣太醫調治，尋卒。上嘆息不置，因命仲孫頫繼織造使。頫字昂友，好古嗜學，紹聞衣德，識者以為曹氏世有其人云。

按： 關於曹璽的歷史，過去我們只知道他於康熙二年出任江寧織造之職。專差久任，一直到康熙二十三年卒於任所。而對康熙二年以前的情況，簡直是空白。上述兩篇傳記，使我們得知：他在康熙二年以前，一、已經『補侍衛之秩』；二、順治六年，參加了平姜瓖的叛亂，并且立了功；三、因此被提拔為『內廷二等侍衛，管鑾儀事』；四、陞內工部，即內務府工部郎中；五、在江寧織造任上，實行了一些經濟方面的改革措施，促進了當地絲織手工業的發展。

內務府總管嘎嚕等奏覆校尉服色請照曹璽呈進緞樣織造摺

——康熙十六年十月二十日

內務府總管嘎嚕等謹奏：為遵旨合議事。

本年七月初七日，本府與工部合議具奏，奉員外郎佛保傳旨：校尉衣服可否繡製，著查會典，由工部、內務府總管、內工部會議具奏。欽此。查會典并無校尉服色之規定，欽遵聖旨，臣等會議斟酌議得：會典內既無校尉服色之規定，今將繡製粗略估計，不算匠役工錢，若繡製上好紅緞，連縫工需銀四兩餘；若繡製次等紅緞，需銀三兩六錢餘。現在江寧織緞一件用銀七兩八分，杭州織緞一件用銀六兩九錢八分。今將繡製所出價格與現在織出之銀數相比，估計祇用錢糧半數有餘。雖用半份多錢糧，但主上掌執事、抬轎校尉原來既無穿繡衣之處，若繡製兩千件衣服，亦難得到同類之緞疋。今既值錢糧缺少之際，若以次等緞織成顏色好、花樣鮮明者，似於節省錢糧亦可有益。如此，特請咨行江寧、杭州織造官員，命將做校尉服色之紅緞，織成與二兩五錢、三兩、四兩、五兩此四等衣服各一件之價錢相等而顏色好、花樣鮮明者，從速送來，俟送到時查看定議奏聞等因具奏。奉旨：依議。欽此欽遵。并已咨行江寧、杭州織造官員。

今管理江寧織造·郎中曹頫呈稱：從前織送校尉服色之緞，絲密并有橫花四個，緞底亦有花；今經仔細計算，減去絲及花框之絨，改為橫花三個，緞底無花。織成五兩之緞一件，三兩八錢三分之緞一件，三兩五錢四分之綢地一件，二兩五錢二分之絹地一件，將此四種緞樣送去呈閱等語。管理杭州織造·郎中金毓芝呈稱：將織成橫花三個、緞底無花之五兩緞一件，三兩八錢五分之緞一件，三兩五錢之綢地一件，二兩五錢之絹地一件，將此四種緞樣送去呈閱等語。

將此，由臣等會議得：將曹頫、金毓芝送來呈閱之各四種緞樣分別查看，綢地可用為鑾輿服色。金毓芝送閱所織之綢地，每件稱三兩五錢；而曹頫送閱所織之綢地，每件稱三兩五錢四分。但曹頫送閱所織之綢地，比金毓芝送閱所織之綢地顏色好，因此將此緞樣交與江寧、杭州織造官員，定價為三兩五錢四分，依照曹頫送閱所織之綢地緞樣之顏色同樣織造等由。為此，謹奏請旨。等因。

內務府總管·加一級臣嘎嚕，內務府總管·加一級·降一級·又降四級·加一級臣海拉遜，內工部郎中·加二級·降二級臣郭里，員外郎·加一級臣佛保，經筵講官·工部尚書·加一級臣陳敳永具奏。

本日奉旨：又將綢地給抬轎校尉，將絹地給掌執事校尉做衣服。校尉服色，既屬工部之事，着交工部，並着爾等合議具奏。欽此。

（譯自內務府滿文奏銷檔）

巡撫安徽徐國相奏銷江寧織造支過俸餉文册

康熙十七年七月十二日

巡撫安徽寧池太廬鳳滁和廣等處地方·提督軍務·都察院右副都御史·加玖級臣徐國相謹奏：為册報支放江寧織造官員錢糧事。

竊照江寧織造等并跟役馬匹支過俸餉糧料，例係督臣按年造册奏銷；續於奏銷錢糧等事案內，准户部題覆，江南總督臣阿席熙疏稱：通省地丁各項錢糧，俱係專責撫臣管理，其江寧、京口滿漢官兵及織造衙門并安遊等營，歲支本折錢糧數目，自康熙拾柒年為始，交與江寧、安徽貳巡撫奏銷可也等因。奉旨：依議。欽此。移咨前來，隨經轉行遵照在案。

今奏銷届期，催據安徽布政使龔佳育，將江寧織造官曹璽等并跟役馬匹，自康熙拾陸年正月起，至拾貳月終止，支過俸餉銀米，豆草數目，分晰册報前來。該臣復核無異，除照造清册移送部科外，臣謹恭繕黄册，進呈御覽，鑒照施行。為此開坐造册，謹具奏聞。

計開：

織造官壹員曹璽，每年應支俸銀壹百叁拾兩，除奉捐銀陸拾伍兩不支外，實支俸銀陸拾伍兩。

又，全年心紅紙張銀一百八兩，俱經議裁不支，理合登明。月支白米五斗。

物林達壹員，①每年應支俸銀陸拾兩，除奉裁銀貳拾肆兩不支外，實支俸銀叁拾陸兩。月支白米伍斗。

柒品筆帖式壹員，每年應支俸銀肆拾伍兩，除奉裁銀玖兩不支外，實支俸銀叁拾陆兩。月支白米伍斗。

物林人貳員，②每員月支廪銀肆兩，白米伍斗。

筆帖式壹員，每月支廪銀肆兩，白米伍斗。

跟役、家口共計玖拾伍名口，每名口月各支倉米貳斗伍升。

馬貳拾柒匹，每匹春冬季日支豆叁升，草貳束；夏秋季日支豆貳升，草貳束。(下略)

織造官曹璽支康熙拾陸年分俸銀陸拾伍兩。

物林達龔安支康熙拾陸年分俸銀叁拾陸兩。

① 原注：物林達，滿語，漢譯為司庫。

② 原注：物林人，滿語，漢譯為庫使。

柒品筆帖式張問政支康熙拾陸年分俸銀叁拾陸兩。

以上共支銀貳百捌拾壹兩，共支白米叁拾陸石，共支倉米貳百捌拾伍石，共支豆貳百肆拾叁石，共支草壹萬玖千肆百肆拾束。

右謹奏聞。

（內閣·黃册）

江寧織造曹璽進物單

江寧織造理事官·加四級臣曹璽恭進

計呈：

轎一乘　鐵梨案一張　博古圍屏一架　滿堂紅燈二對　宣德翎毛一軸　呂紀九思圖一軸　王齊翰高閑圖一軸　朱銳關山車馬圖一軸　趙修祿天閑圖一軸　董其昌字一軸　趙伯駒仙山逸趣圖一卷　李公麟周遊圖一卷　沈周山水一卷　歸去來圖一卷御書房收　黃庭堅字一卷御書房收　淳化閣帖二套　天寶鼎一座自鳴鐘收　漢垂環樽一座自鳴鐘收　漢茄袋瓶一座　秦鏡一面　琺琅象鼻罏一座自鳴鐘收　琺琅索耳罏一座自鳴鐘收　琺琅花觚一座自鳴鐘收　宋磁菱花瓶一座自鳴鐘收　窑變葫蘆瓶一座　哥窑花插一座　定窑水注一個自鳴鐘收　窑變水注一個自鳴鐘收　漢玉筆架一座自鳴鐘收　英石筆架一座自鳴鐘收　漢玉鎮紙一方自鳴鐘收　紫檀鑲碧玉鎮紙一方　竹鎮紙一個　竹臂閣一個　竹筆筒一個自鳴鐘收　竹筆二

枝　竹香盒一個　雕漆香盒一個　竹匙箸瓶二副　太極圖端硯一方　程君房墨四匣自鳴鐘收　桑林里墨二匣自鳴鐘收　吳去塵墨二匣　龍葱一座　竹箭杆十根

（宮中・雜件・進貢單）

按： 有關曹璽的資料甚少，現將僅見的三件檔案附入，第一件可見當時織造的本職工作，第二件可見當時俸禄的情況，第三件可見當時呈進的大批古玩字畫珍寶。其中僅書畫如趙伯駒、李公麟、吕紀、董其昌、沈周、黄庭堅等都是國寶級的，瓷器如哥窑、定窑等也都是珍品，其餘各件，當也是如此。此進物單未存年月。

爾正（另譜名鼎）

《宗譜》：振彦次子，原任佐領，誥授武義都尉，生子宜。

《氏族通譜》：原任佐領。

《八旗通志》初集卷五《旗分志》五：正白旗包衣第五參領所屬四佐領一管領。第三旗鼓佐領，亦係國初編立。始以高國元管理，高國元故，以曹爾正管理，曹爾正緣事革退。（下略）

雍正十三年九月三日，以『覃恩』追封曹爾正為資政大夫，配徐氏、梁氏為夫人。①

① 此件誥命文字，轉引自周汝昌《紅樓夢新證》一九七六年版，第六六七—六六八頁。原件藏北大圖書館，關於這幾件誥命的情況，請參見周汝昌《紅樓夢新證》一九五三年十二月版，《引論》第四節。

誥命全文云：

奉天承運皇帝制曰：臣子靖共之誼，勇戰即為敬官；朝廷敷錫之恩，作忠乃以教孝。爾曹爾正：護軍參領兼佐領加一級曹宜之父，令德克敦，義方有訓。衍發祥之世緒，蚤大門閭；旌式投之沐風，用光閥閱。惟令子能嫺戎略，故懋典宜沛倫章。茲以覃恩追封爾為資政大夫，錫之誥命。於戲！顯揚既遂，壯猷一本於貽謀，締構方新，殊錫永綏夫餘慶；欽予時命，慰爾幽涂。

制曰：臣能宣力愛勞，固賴於嚴親；子克承家令善，多由於慈母。爾護軍參領兼佐領加一級曹宜之母徐氏：柔順為儀，賢明著範，當弧矢懸門之日，瑞應虎臣；迨干城報國之年，恩沾鸞誥。茲以覃恩，追封爾為夫人。於戲！賁翟車而煥采，寵命祇承；摛彤管而揚徽，遺型益永。

制曰：美相繼而益彰，家有賢明之教；恩并施而斯厚，國崇褒錫之文。爾護軍參領兼佐領加一級曹宜之生母梁氏：勤克相夫，慈能逮下，一堂琚瑀，和鳴允葉於閨幃；五夜機絲，儉德懋傳於姻黨。茲以覃恩，封爾為夫人。於戲！溥一體之榮光，戩門襲慶；沛九天之瀛澤，簾閣增輝。

雍正十三年九月初三日。

按： 據新發現的抄本《曹氏譜系全圖》在曹振彥下列『寅、璽、鼎』三人。曹寅是曹振彥的孫子，曹璽的長子，《譜系圖》把他誤為曹振彥的長子，自然是錯的。但這個《譜系圖》於曹璽的弟弟不作『爾正』，卻作『鼎』，這樣曹璽、曹鼎兄弟都是單字為名，『爾玉』、『爾正』復字為字，我認為這是確切的。奉寬的《蘭墅文存與〈石頭記〉》說：『大司空璽原名爾玉，弟名爾正；璽以詔旨筆誤更名。』這種說法是來自『故老常談』，可信又不能絕對相信。如是可信，則也可能『詔旨』給曹爾玉添了一個『璽』的單名後，其弟相應地也另取一個『鼎』字為單名以相對稱，這也完全是可能的。總之，曹爾正又名『鼎』是一個值得注意的新情況。又雍正十三年的誥命說曹爾正的原配為徐氏，續娶為梁氏。誥命明確說梁氏是曹宜的生母。這兩道誥命雖然署年是雍正十三年九月，但實際上當時雍正已於是年八月二十三日暴死，頒發誥命時已是乾隆即位，因明年改元，故誥命仍用雍正年號。

內務府總管海拉遜等奏請派定張進孝曹爾正等隨同出行輪班掌管馬匹摺

康熙三十六年正月二十六日

案據上駟院奏咨，內稱：此次出行，請派出巴延人①備辦收掌太監之馬匹等語。查輪班之頭班人內，餘出郎中張進孝，員外郎賈弼成、西圖、瑪瑚、胡尚斌，物林達張士俊、德格，驍騎校五格，催總趙三，原任佐領曹爾正等十人；又出差回來尚未入班之人，共有二十六人，其中郎中皂保曾出差

① 原注：『巴延』是滿文譯音，意為『富户人』。『派巴延』是清初一種專為皇帝當差報效的制度。凡是內務府出外差的人員（如監稅、關稅等），回京後都要編入『巴延』，等候派差。差務大小輕重不一，大至承辦一項工程，小至去新疆取哈密瓜。按照出外差的次數和收入銀數，折算報效的次數和銀數，直到皇帝認為可以抵消，纔予免除。

太平橋，郎中保住曾出差浙江海關，（中略）這些人此次既然隨去，請將此八人進入頭班。又，内管領白經曾出兩淮鹽差，（中略）請將此十八人匀入三班内，每班各編十八人等由。

現將此等人名，各繕一緑頭牌，由内務府總管海拉遜、多比交與批本筆帖式存住具奏。

奉旨：著將皂保、保住、王堅、胡理、楊懷、徐天焦、彦泰派為頭班，（中略）其他著伊等斟酌派在三班内。隨去之人内，本人在者，著本人隨去；若本人有故不能隨差，著令其子弟補缺隨去。欽此。

頭班：郎中張進孝，員外郎賈弼成、西圖、胡尚斌，物林達張士俊、德格，驍騎校五格，催總趙三，原任佐領曹爾正，郎中保住、皂保，員外郎來保（中略）共二十人。其中衹有胡尚斌，因墜馬傷臂，不能騎馬，由其孫胡文龍補缺隨去。

二班：郎中舒樹，原任員外郎董什布（中略）共十七人。

三班：内務府總管海拉遜，郎中清格哩（中略）共十七人。

四班：贊禮郎八十，物林達海良（中略）共十六人。

四、第十二世

寅

《宗譜》：璽長子，字子清，一字楝亭。康熙三十一年督理江寧織造，四十三年巡視兩淮鹽政，累官通政使司通政使。誥授通奉大夫。著有《楝亭藏書十二種》，計：《法書考》八卷，《琴史》六卷，《釣磯立談》一卷，《梅苑》十卷，《禁扁》五卷，《硯箋》四卷，《墨經》一卷，《聲畫集》八卷，《録鬼簿》二卷，《糖霜譜》一卷，《都城紀勝》一卷，《後村千家詩》廿二卷。（按：以上為《楝亭十二種》子目，此書一稱『楝亭揚州詩局十二種』，又稱『楝亭叢刻』）《詩鈔》；《文鈔》；《詞鈔》；《居常飲饌録》。（按：《四庫全書總目提要》云：『《居常飲饌録》一卷，國朝曹寅撰。寅字子清，號楝亭……是編以前代所傳飲膳之法，彙成一編，一曰宋王灼糖霜譜，二、三曰宋東溪遯叟粥品及粉面品，四曰元倪瓚泉史，五曰元海濱逸叟製脯鮓法，六曰明王叔承釀録，七曰明釋智舷茗箋，八、九曰明灌畦老叟蔬香譜及製蔬品法。中間糖霜譜，寅已刻入所輯《楝亭十種》，其他亦頗散見於《説郛》諸書云。』）《詩鈔》五卷、《詞鈔》一卷，入《欽定皇朝文獻通考經籍考》、《皇朝通志藝文略》。《欽定熙朝雅頌集》亦有詩（計五十五首），附録《譜》後，崇祀江南名宦祠。生二子，長顒，次頫。

《氏族通譜》：原任通政使司通政使。

《曹璽傳》，康熙二十三年未刊稿本《江寧府志》卷十七：（上略）是年（按：康熙二十三年）冬，天子東巡，抵江寧，特遣致祭。又奉旨以長子寅仍協理江寧織造事務，以纘公緒。寅，敦敏淵博，工詩古文詞。（下略）

《曹寅傳》，康熙五十六年刻本《江都縣志》卷六：曹寅字子清，號荔軒，以銀臺督江寧織造，四視淮鹺，一切恤商惠民之政，無不實心奉行。奉旨平糶，釐剔弊端，存活甚衆。嘗集書十餘萬卷，手自校讎，刊善本行世。尤嗜吟咏，與四方好古力學之士相唱和，著有《楝亭集》。奉旨搜輯李唐一代全詩，諸詞臣參互考證，書成，進御覽，海內寶之。

《曹璽傳》，康熙六十年刊《上元縣志》卷十六：（見前引，略）

《曹寅傳》，乾隆八年刻本《江都縣志》卷十四《名臣傳》：曹寅字楝亭，滿洲人。洽聞強記，讀書能摭華尋根，詩尤精粹。時商邱宋牧仲犖撫循三關，寅與之建幟，騷壇名舉，相埒東南，才士咸樂遊其門。視鹺兩淮，閱歲一更，歷四任，而善政頗著，商民多謳思之，康熙五十二年祀名宦。

《八旗通志》初集卷五《旗分志》五：正白旗包衣第五參領所屬四佐領一管領。第三旗鼓佐領，亦係國初編立。始以高國元管理，高國元故，以曹爾正管理，曹爾正緣事革退，以張士鑒管理，張士鑒故，以鄭連管理，鄭連緣事革退，以曹寅管理，曹寅陞江寧織造郎中，以齊桑格管理。（下略）

按：據康熙二十三年未刊稿本《江寧府志》上的《曹璽傳》和康熙六十年刊《上元縣志》上的《曹璽傳》，可知曹寅首次到江寧織造署任『協理』，是在康熙二十三年曹璽死後。①

《楝亭詩鈔》卷一：

① 詳見拙文《曹雪芹家世史料的新發現》。見《滄桑集》。

春日過顧赤方先生寓居

見因季子到階前。堂上先生尚晏眠。逆旅藥香花覆地，長安日暖夢朝天。開軒把臂當三月，脱帽論文快十年。即此相逢猶宿昔，頻來常帶杖頭錢。

按：顧赤方即顧景星，為曹寅之舅氏，理學名家。曹寅之生母為顧氏，是顧景星之妹。則康熙之保姆孫氏，應為曹璽之正妻，非曹寅之生母①。此詩作於康熙十八年（一六七九年），時顧景星於前一年被迫應博學鴻詞科到京，曹寅時任鑾儀衛治儀正，年二十二歲，應為初次與顧景星見面。《楝亭文鈔》中有《舅氏顧赤方先生擁書圖記》，開頭即云：「後己未二十二年庚辰，寅行年四十三」，即是説作此詩後二十二年，即康熙三十九年庚辰，曹寅又作此文，時顧赤方去世已十四年。

吊　亡

《楝亭詩别集》卷一

枯桐鑿琴鳳凰老。鴛鴦冢上生秋草。地下傷心人不知，緑蘿紫竹愁天曉。清霜九月侵羅衣，血淚灑作紅冰飛。蘭椒桂酒為君薦，滿地白雲何處歸。

---

① 見朱淡文《曹寅小考》。此文收入朱淡文《紅樓夢研究》，臺灣貫雅出版社一九九一年版。

按：此詩當是曹寅的悼亡詩，則可知曹寅原配早亡。劉上生先生定為康熙十八年（一六七七年），曹寅二十二歲。① 悼亡當無疑，其年份尚待確證。以往只知曹寅妻李氏，是李煦的堂妹，二〇〇二年胡愚先生發現上海圖書館藏朱彝尊稿本《朱竹垞文稿》裏的《光禄大夫江西布政使司參政李公墓誌銘》，文中明確説到李公名月桂，生五女，其一『嫁曹寅，官内户部，督理蘇州等處織造府』。則可知李氏係繼娶，其時間當在康熙二十九年（一六九〇年）至三十年（一六九一年），因曹寅實任蘇州織造只此二年，康熙三十一年即任江寧織造，雖仍兼蘇州織造，但行文當以江寧織造為主，今稱蘇州織造，則其繼娶當在康熙二十九、三十年之間。鑒於《朱竹垞文稿》為未刊稿本，孤本難見，今將此墓誌全文移録於後，以資深研。

光禄大夫江西布政使司參政李公墓誌銘

江西布政使司參政李公之葬也，其子文焕物土於平谷縣治東北伊家留，請余文志其墓。

公諱月桂，字含馨，别字仙岩，瀋陽中衛人。曾祖某，明中衛指揮使。祖某，從世祖章皇帝入關，歷官鳳陽知府。考某，妣王氏。

公三歲喪父。成童，敏於學。年二十，以諸生貢於禮部。出知忻州事。時姜瓖初平，餘寇未盡，官兵方事搜剿。有二卒入深村，横索婦女。村民憤而殺之。帥將以為討。公亟白於監司，并詣帥，請

① 見劉上生《曹寅與曹雪芹》，第三三〇頁，海南出版社二〇〇一年版。

得解。歲旱，禱雨。雨降，禾乃大熟。嗣歲，麥且秀矣，吏報蝗入境。公聞之，疾出，步禱神祠，見蝗飛刺天。公率州民秉火驅之。俄而，蝗引去。州城地居下，其外連岡回抱，遇霪雨，奔流四會，城當其衝，濠不能受也。公遇雨暴漲，城將崩，老稚皆號哭。公率衆囊土，視濠所通水之竇，堙而堤之。水漸殺而雨亦止。民以為神，樹三異碑，以頌公焉。擢知平陽府。府自兵後，逋賦至七十餘萬。公請於上官，再三疏聞於朝，報可。民以得蘇。而以法繩胥吏，豪猾咸為屏迹。五年，遷河東轉運使，築鹽池周垣，立廳事廨舍於前。修治海光樓，建野狐泉亭臺，以為遊憩之所，商民胥悦。尋以陜西布政司使參政分守關西。既至，首葺城門樓堞之頹壞者。時西山寇未靖，合兵會剿。公督芻糧，運米至興安白水，以達於湖廣之竹山房縣。人負米三斗，負者需食，由漢中千餘里，經月乃達，至則米盡矣。公改定短運法，民得以無困。陞廣西按察司使。旋以吏議鐫級，調兩淮都轉運使。為言官奏彈。事白，補兩浙都轉運使。遷江西布政司參政，督糧儲。公於積弊殫心剔釐，僉運必公，無偏累也；交兑必親，無苛索也；造船工費、行糧月糧之給必自省閲，無侵剋也。當是時，吉安、廣信諸府多陷於賊，剽掠四出，民鮮寧居；又旱潦相繼，阨苦益甚。公偕寮屬，各率私錢賑其窮乏，子女被俘者贖之。蓋自被兵後，逋賦無算。會公攝布政司印務，遂力請於總督巡撫，上疏請蠲。部議，持不可。久之，卒奉詔免，則公實倡之也。公三督鹺政，兩參藩屏，階進至一品，以康熙二十一年十二月日終於官，年五十有五。娶劉氏；繼娶陶氏，俱封淑人。子男二人：文焕、文炳，俱廕生。女五人：一嫁塗中坦，廕生；一嫁張益，貢監生；一嫁曹寅，官内户部，督理蘇州等處織造府；一嫁遲維政，湖廣新田知縣；一嫁安定隆，候選知縣。孫男二人：堳，國子監生；其一幼，未名。女四人。康熙三十年四月□□，葬之日也。

銘曰：太行八陘，乃達於燕；東有盤山，其陰平谷；相其鮮原，幽宅既筮；孔固孔安，樹之松柏；松柏丸丸，使盤如礪，銘以勿刊。

從墓誌來看，李煦稱曹寅之妻李氏為『妹』，以往一直以為是堂妹，但據此墓誌考覈，實非堂妹。李煦的父親李士楨本姓姜，山東昌邑人，是出關後過繼給正白旗李西泉的，李士楨只有一女，嫁姓周的，此其一。再從曹寅之繼妻李氏來説，她是李月桂之女，李月桂父親早亡，無從查考，最大的可能是李月桂的祖父輩與李西泉的父輩是堂兄弟，那末傳到李煦已是第四代了，這個堂房關係實際已經距離很遠了，算不上堂房關係了。但有幾點是應該重視的：一、李月桂的上世和李西泉都是遼東人，李月桂是瀋陽人，李西泉也可能是瀋陽人。二、他們都是從龍入關的功臣。再從曹雪芹上世與他們的關係來説，曹雪芹的始祖曹錫遠在瀋陽做官，與李月桂、李西泉同在一地，其子曹振彦從龍入關，而李月桂的祖某也是從龍入關的，順治四年李月桂以諸生貢於禮部，是年八旗掄才，李士楨以第十六名中選，同年廷試貢生，曹振彦獲貢士。① 他們三人又是同年獲得功名。其後

① 《清世祖實録》順治元年載『廷試貢生，上卷以知州用，上次卷以推官知縣用，中卷以通判用，中次卷以州判縣丞教職用』。曹振彦於順治六年二月隨多爾衮出征大同，平姜瓖之亂，其子曹璽亦同時隨征，有的同志覺得曹振彦可能未參征，但《清世祖實録》卷四十二説：『命多爾衮總統内外官兵征剿大同。』在這種情勢下，曹振彦不隨征是不可能的，所以他順治四年獲貢士的可能性最大。所以，順治七年他即以貢士任山西吉州知州。

曹振彦、曹璽到山西參加平姜瓖之亂。順治六年，李月桂任山西忻州知州。順治七年李士楨任山西河東運副，曹振彦任山西吉州知州。順治八年曹振彦陞山西陽和府知府，九年任大同府知府，十年李月桂任山西平陽府知府，順治十二年曹振彦陞任兩浙都轉運鹽使，離開山西。順治十六年李月桂任山西河東轉運使，李士楨任山西陽和道副使。順治十七年，李月桂、李士楨各自陞遷離開山西。從以上經歷看，可知李月桂、李士楨、曹振彦同在山西做官多年，又同是遼東籍，又同年獲功名，又同有從龍入關的經歷，故三家必有較親密的關係。從年輩上看，曹振彦應比李月桂大一輩，李月桂應與曹璽、李士楨是同輩，所以李月桂之女與李煦、曹寅是同輩。也許因為以上這種特殊關係，加之李月桂的祖輩與李西泉的父輩可能是堂房關係，所以李煦纔稱曹寅之妻為『妹』，也因為這種特殊關係，纔成就了曹寅與李氏（李月桂之三女，比曹寅大一歲）的婚姻。

北行雜詩

同舟無主客，歌泣不知頻。塵面由來假，秋光即此真。
雲霾深地肺，虎豹據天津。明日黄花外，萸囊意倍親。
野風吹側帽，斷岸始登高。闊絶無鴻雁，提攜有桔槔。
清寒蕎麥氣，哀響白楊號。掩淚看孤弟，西山思鬱陶。

按：《北行雜詩》共二十首，載《楝亭詩鈔》卷一。據考，此組詩為曹寅於康熙二十四年乙丑（一六八五年）六月至九月攜母弟扶父柩北行回京途中所作。其末兩首即船到張家灣靠近曹家祖塋，曹璽靈柩即將起運歸葬時所寫，詩中『清寒蕎麥氣，哀響白楊號』等句，即指曹家墓地①。一九六八年，張家灣農民李景柱等在平墳造田時，於俗稱『曹家大墳』的墳地挖出一塊粗糙條石，上刻『曹公諱霑墓壬午』七字，『壬午』二字在左下角，經考證，確係曹雪芹墓石，則可證曹家祖塋確在此處。

西堂飲歸

城闉月寒暮煙重。廣衢浄掃無飛鞚。吾生緩步信可歸，近市何暇誇群從。
一升已盡絮帽熱，數語不出衡門送。輕風吹鴉滿樹頭，石渠丈八今含凍。
久聞西田新秫美。釀成別調如秋水。與子薄收計十斛，糟丘一築無堅壘，
泥涂未足憂輕屣。

按：此詩見《楝亭詩鈔》卷一。『西堂』是曹寅江寧織造署內之書齋名。施瑮詩注『楝亭、西堂皆署中

① 見朱淡文《鹿車荷鍤葬劉伶》。載《紅樓夢學刊》一九九三年第二輯。

齋名』。① 曹寅詩集中存有關於『西堂』的詩多達二十多首。《脂硯齋重評石頭記》庚辰本第二十回有眉批云：『大海飲酒，西堂産九臺靈芝日也。批書至此，寧不悲乎！壬午重陽日。』

支俸金鑄酒鎗一枚寄二弟生辰

自作銀鎗一尺圍。嘉量伯仲素無徽。比聞飲噉君常健，聊伴書函使欲歸。三品全家增舊禄（近蒙恩擢階正三品食俸），百花同日著新緋（生辰同花生日）。瀕行復憶前時笑，皓首雲山願莫違（别時曾述宋子京開元寺語為笑）。

按： 此詩見《楝亭詩鈔》卷三，題内所云『二弟』，就是指曹宣，在曹寅的詩集中還有許多詩是寫給他的。據此詩，『百花同日著新緋』句下自注『生辰同花生日』，則可知曹宣應生於舊曆的二月十二日，也就是『花朝』②。曹寅自己的生日則在《楝亭詞鈔》别集《金縷曲》『壽郭汝霖八十初度』詞自注云：『予與龍川先生同日』，可知應生於九月初七日。又尤侗《艮齋倦稿》卷四《瑞鶴仙》『壽曹子清織部』説：『問秋風乍起，重陽近也，正值海籌添算。』重陽是舊曆九月初九，離曹寅的生日九月初七只有兩天，所以説『重陽近也』。這

① 施瑮《隨村先生遺集》卷六《病中雜賦》之八。
② 潘榮陛《景帝歲時記勝》云：『十二日傳為花王誕日，曰「花朝」。』潘是河北大興人，雍正年間曾在皇宫供職，乾隆初年退休著書。

首詞正好證明了曹寅確是生於九月初七日。

喜三侄頎能畫長幹為題四絶句

墨瀋鱗皴蟄早雷。後生蜂蝶盡知猜。一家准勑誰修得，壓卷詩從笨伯來。

補之畫梅，蜂蝶皆集，高宗謂之准勑惡梅。

八尺能伸自在身。好花長是要精神。古來奇雅無多子，偽記龍城作美人。

羅浮事見柳子厚《龍城雜記》，乃王性之偽作也。

妙香一樹畫難描。淚灑荒園百草梢。此日天涯深慶喜，也如歷劫見冰消。

子猷畫梅，家藏無一幅。

清暘出谷影槎杈。不比前村一兩家。耐取春工正濃意，何妨桃李共開花。

按： 此詩見《楝亭詩鈔》卷五。『三侄曹頎』，當是曹宜之子。《五慶堂曹氏宗譜》載：『宜，爾正子，原任護軍參領兼佐領，誥授武功將軍，生子頎。』『頎，宜子，原任二等侍衛兼佐領，誥授武義都尉。』或以為曹頎為曹宣之三子者，此說不足據。又康熙五十一年七月曹寅病逝於揚州，康熙帝特派曹頎去揚州傳宣聖旨，《曹寅之子連生奏曹寅故後情形摺》云：『九月初三日，奴才堂兄曹頎來南，奉粱總管傳宣聖旨，特命李煦代管鹽差一年，着奴才看着將該欠錢糧補完。』① 可見康熙對曹頫頗為信任，則由此可知曹頫當非那個與曹寅一家『不和者』。

過甘園

依然薜荔舊墻陰。再拜河陽松柏林。一二年間春更好，八千里外恨難沉。

原注：『總制公死難滇南』

崚嶒石笋穿窗見，狼藉風花繞地尋。已是杜鵑啼不盡，忍教司馬重沾襟。

原注：『謂鴻舒表兄』

按：此詩見《楝亭詩別集》卷二。曹寅在《過甘園》詩中，提到『總制公死難滇南』和『鴻舒表兄』，關於這兩點，周汝昌在《紅樓夢新證》(第八十一—八十二頁) 裏有十分確切的考訂，周汝昌說：『「總制公」就是指雲貴總督忠果公甘文焜，康熙十二年因吳三桂叛，自到於鎮遠府；鴻舒則是文焜的第三子國基，官做到河南按察、布政使、護理巡撫，字靖之，號鴻舒。既稱國基為表兄，兩家的姻戚關係是毫無疑問的了。可是我遍查《瀋陽甘氏家譜》(又名《瀋陽旗漢甘氏家譜》，道光二十六年甘恪修家刊本)，文焜上世，不但没有姓

① 見《關於江寧織造曹家檔案史料》，第一〇三頁，中華書局一九七五年版。

曹的妣氏，也没有甘姓女嫁於曹家的，還是在甘氏三門系下發現一個曹氏，是體垣的元配，我想我們如果承認「表」字正義是「姑表」而不是「姨表」，這該就是曹寅所以稱國基為表兄的緣故了。……這個瀋陽指揮使曹全忠，可能是和雪芹家同宗的，該和曹振彦同輩數。』周汝昌的這些分析和考訂，是完全正確的，我在上面一節『曹權中』的名下，已經加以證實。曹寅詩中提到的這位『鴻舒表兄』即甘國基，有《勁草堂詩稿》，此書是原抄本，有繆荃蓀藏章，現藏蘭州圖書館。最近承蘭州圖書館惠借，我檢讀了此書，全書共八册，裝訂有些錯亂，前六册為詩，第七册開卷數十頁是詩，其餘均是文，第八册為詞。此書卷首無著者姓名，在第二册末雖有吕爚的『序』和作者的『自序』，但都未涉及作者的名字，連這篇『自序』也未署作者的名字，所以初一看，頗可使你懷疑此書的作者究竟是誰，但仔細檢閲，在第二册中題為《庚辰十月六日，召見於乾清門，退朝備述天恩篤念前忠，兹闈感極涕零，恭記其實》的詩裏，有自注云：『退朝歸述，老親感泣，訓基曰：「汝父殺身成仁，聖恩靡久愈篤，兒輩何以答君親耶。」』在第七册有題為《勁草堂》的短文曰：『堂之以勁草名者，昔唐太宗有「疾風知勁草，板蕩識誠臣」之句也，予先忠果公之墓田丙舍，舊以此名，今復以名此堂者，蓋有意焉。斯堂也，即前使者陳忠毅公之舊署也，予以忠後而蹊斯堂，能不有感於先烈及前賢之芳躅乎？因得復以其名名其堂，名堂得，予小子鶴野甘國基題於康熙丁丑之初秋也。』有這兩段文字，則此書確為甘國基所著就毫無疑問了。可惜翻檢全書，没有一處稍稍涉及曹寅一家的，大概是因為他們的姑表關係，畢竟是隔了房分太遠的緣故罷。

辛卯三月二十六日聞珍兒殤書此忍慟，兼示四侄，寄西軒諸友三首

老不禁愁病，尤難斷愛根。極言生有數，誰謂死無恩。
拭淚知吾過，開緘覓字昏。零丁摧亞子，孤弱例寒門。
予仲多遺息，成材在四三。承家望猶子，努力作奇男。
經義談何易，程朱理必探。殷勤慰衰朽，素髮滿朝簪。
聾聳雙荷異，悽迷復此晨。那堪無事老，長做不情人。
薄福書囊遠，偷生藥裹親。蹉跎非一致，豐嗇恐難論。

按：此三詩見《楝亭詩別集》卷四。『辛卯』為康熙五十年，時曹寅五十四歲。珍兒，當是曹寅晚年所得之子，視如珍寶，惜未能長成，曹寅甚為傷心，讀『拭淚』以下四句，可知曹寅此時心境。第二首講其弟曹宣多子，三四尤佳。三，當指曹顏，小名『桑額』。四，就是曹頫，後來承繼曹寅者，時隨伺曹寅在揚州，而曹寅之子曹顒則在京中當差。曹寅死後，由曹顒繼承，三年，顒又死，康熙特命曹頫繼任織造，雍正五年底抄家，曹頫是直接承受者，之後還曾被罪枷號，以後不知所終。有人認為後來的『畸笏叟』就是曹頫。

東皋草堂記

東皋在武清、寶坻之間，舊曰崔口，勢窪下，去海不百里，非有泉石之奇、市廛之盛、工藝之巧、弋釣之足樂也。其土瘠鹵，積糞不能腴；其俗鄙悍，詩書不能化。故世禄於此地者，率多以為芻牧之地，或棄之而請益於大司農，即撥給之者，亦每勤其恤而薄其徭。自丙戌以來，國家奠畿輔之重，鑒前明府衛之弊，因盛京夫田之制，得寓兵於農之法，生息教養五十餘年，户齒益繁盛。均田之令不克行，世禄者復侈奢相競，每每不能振其業。遊俠之徒，利於操縱，多習為刀筆商賈之事，有役者仰食於倉廩，無役者遊手於閭里，遂使兼并之家，趣其緩急，夤緣為奸，辟地置邑，得以震烜其聲光，蒼頭廬兒之屬，亦得乘勢援繫於衣冠之姓，乘堅策肥，交遊遍長安。而仕宦於四方者，往往窮年白首，挈子負孫無所歸。嗟乎！藏舟於壑，有力者負之而趨，晏子之居湫隘，叔敖之請惡邑，東皋之窪下而尚可糊口於今日，其為幸也深且厚矣！吾兄其亦有鑒於斯乎？方兄之南走儋耳，北度瀚海，舞筆躍馬，奮揚英華，視功名易若唾手，脱親於危亡之難，急義於死絶之域，何其偉也！而乃風塵蹭蹬，卒卒不遇，年未五十，鬚髮已白，酒闌歌罷，輒垂頭睡去。豈今者鋤耰之具足以銷其猛氣而耗其雄心歟！嗟乎！仕宦，古今之畏途也，馳千里而不一躓者，命也！一職之繫，兢兢惟恐或墜，進不得前，退不得後，孰若偃仰箕踞於籧篨袯襫之上之為安逸也。紆青拖紫，新人滿眼，遥念親故，動隔千里，孰若墦間之祭，撏鷄漬酒，傾倒於荒煙叢筱之中，譃浪笑傲，言無忌諱之為放適也。

吾兄勉乎哉！予異日倘得投紱以歸，徜徉步屧於東皋之上，述今日之言，仰天而笑，斯乃為吾兩人之厚幸矣！予家受田，亦在寶坻之西，與東皋鷄犬之聲相聞，僕僕道途，溝塍多不治，兄歸，幸召佃奴撻而教之，且以勖弟筠石，至東皋墻垣籬落庖湢之處，耕藝之事，筠石愛弄柔翰，尚能記之，予以未及見，故不書。康熙四十年五月初三日，記於萱瑞堂之西軒。

按：此文見《楝亭文鈔》，是曹寅為其表兄甘國基所作。時曹寅四十四歲。文中稱『東皋在武清、寶坻之間，舊曰崔口，勢窪下，去海不百里』。今武清、寶坻之間，仍有地名曰『崔黄口』，去海較近，當即是文中所説的『崔口』。但這一處曹家的田地，文中説得很清楚，是『受田』，是清兵入關圈地以後配給的。這一處曹家的田地，文中也説明是屬曹宣（筠石）的，曹寅根本就没有去過，這與曹頫奏摺裏所報的『通州典地六百畝，張家灣當鋪一所』不是一回事。前者是『受田』，此處是『典地』，即典買的土地；前者離京較遠，此處離京甚近。張家灣也屬通州。故曹家祖墳不可能在寶坻，當在張家灣附近。

下面選録曹寅的一部分奏摺，借此大致可以看到曹寅等人在織造任上的活動情況：

蘇州織造李煦奏與曹寅等議得莫爾森可去東洋摺

康熙四十年三月

管理蘇州織造臣李煦謹奏：

切臣煦去年十一月內奉旨：三處織造會議一人往東洋去。欽此欽遵。臣煦抵蘇之日，已值歲暮，今年正月傳集江寧織造臣曹寅、杭州織造臣敖福合公同會議得，杭州織造烏林達①莫爾森可以去得，令他前往。但出洋例候風信于五月內方可開船，現在料理船隻，以便至期起行。

又奉旨賜與孫岳頒房屋，今將織造衙門無用舊局空地一塊，現在備料興工蓋造門房、廟堂、廂房、後樓，共五進計三十七間，大約於五月盡可以完備，合先一并奏聞。

俟莫爾森出洋之後，孫岳頒房屋完工之日，再行啓奏，伏乞睿鑒施行。

硃批：知道了。千萬不可露出行迹方好。

（宮中·李煦奏摺）

內務府題請將湖口等十四關銅觔分別交與張鼎臣王綱明曹寅等經營本

康熙四十年五月二十三日

總管內務府謹題：為遵旨議奏事。

案據本月十六日員外郎張鼎臣、張鼎鼐，主事張常住稟稱：我等具奏，奴才等父祖世受聖恩，至深且重，無時無刻，不在想念，願盡犬馬之勞，以報主上鴻恩。奴才等世業木商，每年獲利不過二

① 原注：烏林達，即物林達，滿語，漢譯為司庫。

分。去年主上施恩，將龍江等八關銅觔，賞給奴才弟兄三人經營。奴才等初次接辦銅觔，因不知內情，承辦之時，大概計算，曾按每斤銅節省銀一分五釐，總共銅一百三十四萬二千六百餘斤，一年共交節省銀二萬兩。今已經管一年，關於銅價及雜用等項，既皆明了，不敢不明白奏陳主上。查原來各關規定銅價每斤銀一錢五分，據我等經管，看得每斤銅需銀七分，運費及雜項用費需銀三分，合計每斤銅需銀一錢；於是每斤銅餘銀五分，其中解交我等節省銀一分五釐後，仍餘銀三分五釐。又，原來銅商因有酌量助給各關監督盤纏銀之處，我等即由所餘之三分五釐內，按照每斤銅需銀一分一釐計算，交給關監督。又，買銅之時，如候關監督交付銀兩，即將遲誤；而我等因自己銀兩不敷，乃借用利息銀，所付利息二分四釐。以上各項，皆由所餘之五分銀內支付。現在倘能借給官銀承辦，又可節省支付利息之銀二分四釐，加上我等先節省之銀一分五釐，則每斤銅即可節省銀三分九釐。若將蕪湖等六關算上，共十四關銅觔，借支銀十萬兩承辦，則一年可節省銀十四萬兩；八年終了時，連同本銀，總共可得銀一百二十二萬兩。奴才等愚思，京師兩局鑄錢，皆靠此十四關銅觔，關係甚大，并非一二人能辦之事。奴才等擬請將十四關之銅三百五十八萬一千餘斤，分為三份，由曹寅、王綱明及我弟兄，各自承辦。若能如此，即與曹寅等總辦一樣，斷不致誤事；而且各自若有更多效力之處，聖上亦能知道。借支之銀十萬兩，亦分三份領取，不辦之時，各自將借支之本銀照常交庫等語具奏。奉旨：交內務府總管立即議奏。欽此欽遵。

查江寧織造·郎中曹寅奏稱：奴才承主上慈恩，無時不念高厚之恩，圖報於萬一也。康熙三十九年上諭，將十四關規定數目之銅，交與張鼎臣、王綱明等採買，每年節省銀五萬兩。奴才曹寅現在情願將十四關銅觔，完全接辦採購，竭力設法節省，以略盡犬馬之心。懇請主上施恩，借給本銀十萬兩，以便購銅；八年交本銀及節省銀總共一百萬兩，每年交內庫銀十二萬五千兩等語具奏。奉旨：交內務府總管。欽此欽遵。

臣等議得：查康熙三十八年十二月內，張家口商人王綱明等呈請接辦蕪湖、滸墅、北新、淮安、揚州、湖口六關，總共銅二百二十四萬六千三百六十斤，每年節省銀三萬兩，交與內庫等因。當經臣衙門與户部會議具奏，已將蕪湖等六關銅觔交給王綱明等經營。又查康熙三十九年三月內，員外郎張鼎臣等呈請接辦崇文門、天津、臨清、龍江、贛關、太平橋、鳳眼倉、①南新等八關，總共銅一百三十三萬四千五百餘斤，每年節省二萬餘兩，交與內庫等因。當經臣衙門與户部、工部會議具奏，已將崇文門等八關銅觔交與張鼎臣等經營。員外郎張鼎臣及商人王綱明等，八年共節省銀四十萬兩。今曹寅欲借支銀十萬兩，八年交銀一百萬兩，其中銷除本銀十萬兩，計節省銀九十萬兩，其所節省之銀，比張鼎臣、王綱明等所節省之銀，既多五十萬兩，請將十四關銅觔，皆交曹寅承辦。曹寅擬借銀十萬兩，俟查明其家産後，另議奏請借給。郎中曹寅一年之本銀及節省銀十二萬五千兩，請於每年進送緞疋時，順便帶來，交給內庫。

---

① 原注：滿文原音如此，似為鳳陽倉之誤。

又議得：郎中曹寅擬借支銀十萬兩，接辦十四關，總共銅三百五十餘萬斤，每年交本銀及節省銀十二萬五千兩，銷除借支之銀十萬兩後，計八年中總共可交節省銀連同利息銀九十萬兩。因此郎中曹寅節省之銀，比張鼎臣、王綱明等所節省之銀既多，則十四關銅觔，理應交給郎中曹寅經營。惟以京師寶泉、寶源兩局鑄錢，係靠十四關之銅。買銅時皆由關監督處先領銀兩，始能買銅進交。惟京師用錢關係既甚重要，如將十四關銅觔，完全交給曹寅經營，倘若曹寅自身貽誤，因無人繼續交銅，恐致有誤鑄錢；因此請將十四關銅觔，交與郎中曹寅，員外郎張鼎臣、張鼎鼐，主事張常住，商人王綱明、范玉芳、王振緒、翟其高等，共同經營。十四關銅觔既由彼等共同經營，則十萬兩銀，亦由彼等共同借支。節省之銀，即按曹寅所説之數，八年之中，著交本銀及節省銀一百萬兩。如此，則節省之銀相同，而事亦可靠。

已將所議之兩本具奏，奉旨：汝等二次所議甚是，若將事祇交一人，地方甚大，設若某時出一事故，爾內務府總管亦斷難辭咎。著將曹寅之弟曹荃及張鼎鼐等叫來具奏。欽此欽遵。於本月十二日具奏，據物林達曹荃稱：我兄曹寅擬接辦十四關銅觔，因絕不致貽誤，一定能成，纔奏懇主上；設若不能，他亦不敢獨自接辦。倘因主上錢糧甚為重要，不可交與我兄曹寅一人辦理，則奴才曹荃，既蒙主上鴻恩，派出差使，情願協助我兄曹寅經營，以效犬馬之勞於主上。如能更多節省，當再具呈節省，絕不致貽誤；倘略有遲誤，甘願領罪。今若交給八人共同經營，人數既衆，則不一定能多節省錢糧也。等語。又據員外郎張鼎臣、張鼎鼐，主事張常住，商人王綱明等稱：京師寶泉、寶源兩局鑄錢，係靠十四關銅觔，此非一二人所能承辦之事，關係甚為重大。如蒙聖上鴻恩，借給銀十萬兩，我等共同辦理，則不致誤事。而且八年之中，很可節省銀一百萬兩等語，繕文具奏。奉旨：著去信問曹寅。欽此。

臣等議得：據員外郎張鼎臣等奏議：去年主上施恩，將龍江等八關銅觔，賞給奴才弟兄三人經營。奴才等初次接辦銅觔，因不知內情，大概計算，一年共交節省銀二萬兩。今已經營一年，關於銅價及雜用等項，既皆明了，不敢不明白奏陳。若將蕪湖等六關算上，共十四關銅觔，借支銀十萬兩承辦，則一年可節省銀十四萬兩；八年終了時，連同本銀，總共可得銀一百二十二萬兩。奴才等愚思，京師兩局鑄錢，皆靠此十四關銅觔，關係甚大，并非一二人能辦之事。奴才等擬請將十四關之銅三百五十八萬一千餘斤，分為三份，借支銀十萬兩，由曹寅、王綱明及我弟兄，各自承辦，如此斷不致誤事，而且各自若有更多效力之處，聖上亦能知道等語。前曾奏請，將十四關銅觔，交給彼等共同經營。查共同經營分為三份，與各自盡力經營相同，且今張鼎臣等八年節省之銀，既又多出二十二萬兩，因此請將十四關銅觔，分為三份經營，計交給張鼎臣兄弟三人一份，王綱明等四人一份，曹寅既係獨自一人，即與其弟物林達曹荃共為一份。借支銀十萬兩，請由廣儲司具領，分為三份借給。每年按節省銀十四萬兩計算，八年共交銀一百十二萬兩。借支銀十萬兩，八年終了，如何抽還，請再議奏。十四關之銅三百五十八萬餘斤，分為三份，因其合夥之人數多寡不等，而十四關之遠近，銅數之盈缺，既不相同，將此斟酌情形，請分給員外郎張鼎臣、張鼎鼐、主事張常住以湖口、揚州、鳳陽倉、崇文門、天津、太平橋六關，共銅一百十五萬二千七百餘斤；分給商人王綱明、范玉芳、王振緒、翟其高以蕪湖、滸墅、北新，此三關共銅一百四十一萬六千九百九十餘斤；分給郎中曹寅、物林達曹荃以龍江、淮安、臨清、贛關、南新，此五關共銅一百零一萬一千一百八十九斤餘。為此謹題請旨。等因繕本。

內務府總管瑪斯喀、庫岱，交給奏事主事存柱、藍翎長壽轉奏。

本月二十四日，奉旨：依議。欽此。

交給員外郎張鼎臣、張鼎鼐，主事張常住，郎中曹寅之家人老漢，商人王綱明、范玉芳、王振緒、翟其高等本人。

（譯自內務府滿文奏銷檔）

按： 此摺可見當時政府與官商承保銅觔的情況，又可見官商之間競争的情況。曹寅當時也是銅觔的承辦人之一。

兩江總督阿山奏請聖安摺

康熙四十一年七月初四日

江南江西總督阿山①跪請聖安。

硃批：朕安。自古君臣，以大公無私為本。前南巡三次，時先明白降旨：若有私行派差、諂迎扈從臣工者，以軍律處治。是以南省諸物，絲毫無侵，官不宿民房，食物皆由光禄寺買給。今若云皇上南巡頗費，則用於何處，興何工程，必有其事也。爾以張四教而邪辟存心，牽連於朕，以為牽累人多，可令停止。此與朕旨不合。況且爾云張四教吝細，不會奉迎人。等語。然未奉旨，私指庫銀萬千兩，可謂奉迎人與否？又言曹寅取走銀兩。等語。曹寅係織造官，與地方事務不相干。朕駐蹕江南時，以備辦行宫華麗頗費，朕即降旨：朕幸南方視察民生，僅駐蹕二三月，爾等備辦太過。時三處織造奏曰：我等乃皇帝家奴，我三處公同備辦。等語。事遂了結。未言地方官員捐備，故朕未降旨。誠知地方官員備辦，朕決不駐蹕。地方官若仍如此狀，以後朕將不駐蹕城內。曹寅等欺狂之事，可憎

---

① 阿山（？—一七一四），伊拉哩氏，鑲藍旗滿洲人。初由吏部筆帖式陞刑部主事，康熙三十三年（一六九四年）任左副都御史；三十五年從聖祖征噶爾丹有功，擢盛京禮部侍郎；三十九年陞任兩江總督，因審理安徽布政使張四教虧空庫銀案，直言為供辦南巡所致，被革職留任；四十五年内用刑部尚書，旋革職。

至極，斷不寬宥。爾奏本已批發。

《康熙朝滿文硃批奏摺全譯》

按：此件主要是康熙硃批。硃批的內容有三點，一是批張四教為康熙『南巡頗費』、『牽連於朕』，且早已降旨，不許私行派差，如果這樣做就是違旨。二是說『曹寅係織造官，與地方事務不相干』，說『曹寅取走銀兩』，而曹寅『未言地方官員捐備』，似有不信之意。但又說『曹寅等欺狂之事，可憎至極，斷不寬宥』等。而實際上曹寅等并未受處分。三是從這個批示，可以看到康熙南巡耗費之大，地方官攤派，曹寅取錢等事，完全是可能的事，這樣大的開支，曹寅的俸銀不可能承擔得起，這份硃批，對理解曹寅的虧空也是十分有用的史料。

江寧織造曹寅奏謝欽點巡鹽并請陛見摺

康熙四十三年七月二十九日

江寧織造・郎中臣曹寅謹奏：恭請聖安。

臣寅蒙皇上天恩，生全造就，雖捐糜難酬萬一。去年奉旨著與李煦輪管鹽務，今又蒙欽點臣寅本年巡視兩淮。臣寅聞命自天，惶悚無地，謹北向頂香九叩謝恩訖。念臣寅於稚歲備犬馬之任，曾無尺寸之效，愚昧稚魯，不學無術，蒙皇上念臣父璽係包衣老奴，屢施恩澤，及於妻子，有加無已。鹽政雖係税差，但上關國計，下濟民生，積年以來委曲情弊，難逃皇上洞鑒。

臣寅擬星馳赴闕謝恩，恐駭物聽，八月上旬料理運務已畢，俟造册報竣，仰求皇上俯准陛見謝恩，以申犬馬戀主之誠，得以披陳下悃，仰聆聖訓，祗遵敬恪，庶免覆餗之患。謹具摺上奏，伏乞睿鑒施行。臣寅無任頂戴悚息激切屏營之至。

硃批：朕體安善，爾不必來。明春朕欲南方走走，未定。倘有疑難之事，可以密摺請旨。凡奏摺不可令人寫，但有風聲，關係匪淺。小心，小心，小心，小心。

按：此摺並下摺可見曹寅初任兩淮巡鹽御史的情形，康熙硃批尤可見『密摺』的機密性，康熙連下四個『小心』，則可見其事的鄭重、機密。

江寧織造曹寅奏謝欽點巡鹽并到任日期摺

康熙四十三年十月十三日

江寧織造・郎中臣曹寅謹奏：恭請聖安。

本月初七日都察院差官奉到敕印，臣寅恭設香案，望闕叩頭謝恩祗受訖。於初十日離江寧，十三日至揚州到任辦事。竊臣寅身係家奴，蒙聖恩擢任，雖竭犬馬之誠，難報高厚於萬一，所有應行事件，容臣次第舉行。除照巡鹽衙門舊例，具本投進外，合先具摺謝恩，報明到任日期。為此具摺謹叩頭手書上奏，伏乞睿鑒施行。

硃批：　知道了。高旻寺碑文御書寫完，爾即覓善刻之手，着速摹勒呈進。

按： 高旻寺在揚州西南之三汊河，李斗《揚州畫舫録》卷七《城南録》載：『三汊河在江都縣（今揚州市）西南十五里。揚州運河之水至此分為二支：一從儀徵入江，一從瓜洲入江。岸上建塔，名天中塔。寺名高旻寺。其地亦名寶塔灣，蓋以寺中之天中塔而名之者也。聖祖南巡，賜名茱萸灣。行宫建於此，謂之塔灣行宫。』數年前，予曾兩至其地調查尚存遺建，今則又添新建矣。

江寧織造曹寅奏請應於何處伺候摺

康熙四十三年十二月十二日

江寧織造·郎中臣曹寅謹奏：　臣同李煦已造江船及内河船隻，預備年内竣工。臣等應於何處伺候，伏候聖旨，臣等慎密遵行。

硃批：　已有旨了。爾等照舊例伺候。

按： 康熙曾六次南巡，第一次是康熙二十三年（一六八四年），此年六月曹璽在江寧織造任所病逝，康熙命曹寅協理江寧織造。十一月，康熙南巡回鑾至江寧，親往江寧織造府『撫慰諸孤』，并遣内大臣祭奠曹璽。第二次是康熙二十八年（一六八九年），曹荃隨康熙南行，回京後以侍衛銜任南巡圖監畫。第三次是康熙三十八年（一六九九年），此次駐蹕江寧織造署，并召見孫氏，賜御書『萱瑞堂』匾。第四次是康熙四十二年（一七〇三年），仍駐蹕江寧織造署。第五次是康熙四十四年（一七〇五年），仍駐蹕江寧織造署。此奏摺中提到『應於何處伺候』等，當即指接駕之事。第六次是康熙四十六年（一七〇七年），仍駐蹕江寧織造署。曹寅一生四次接駕，其所費自可想象。終至曹寅死後，此虧空款終未能償盡。這是曹家後來被罪抄家的原因之一。甲戌本《石頭記》十六回回前評云：『借省親事寫南巡，出脱心中多少憶昔感今。』則可見曹寅接駕事，又為雪芹創作《石頭記》省親情節之素材。

諭三處織造此後太監人等取要東西務須奏明

康熙四十四年三月十九日

諭三處織造官員人等：前次南巡，竟有不堪太監人等，假指裏邊使用，騙取者甚多。至於回京，方知無耻之徒所為也。今倘有太監人等又與爾等指名要者，亦未可定。此等小人行事可惡！以後凡有人取東西，不論巨細，一概奏明纔發。若不奏知，事覺一同從重治罪，決不輕饒！特諭。

《康熙朝滿文奏摺全譯》

按：此件上諭非常重要，可以幫助我們理解當時曹寅等時受宮廷的勒索，這類事決不會少。這裏指的是太監，其實何止是太監。《紅樓夢》裏這類事也多有描寫。

内務府等衙門奏曹寅李煦捐修行宮議給京堂兼銜摺

康熙四十四年閏四月初五日

總管内務府等衙門謹奏：為欽遵上諭事。

康熙四十四年閏四月初三日，乾清門侍衛馬武、御前侍衛五十，傳諭大學士、内務府總管、吏部：前經降旨，命鹽商修建寶塔灣之塔，後立即建成；而并未降旨命建朕住宮室，亦在寶塔西邊建成宮室，此皆鹽商自身出銀建造者。著問曹寅，彼等出銀若干，議奏給以虛銜頂戴。況且我們在口外建房之人及捐助銀兩者，也已議叙，給官加級。曹寅、李煦、李燦，既皆捐助銀兩，著議給彼等職銜。黄家正既亦出過勞力，著一并議奏。欽此欽遵。

查曹寅來文稱：通州分司黄家正、台州分司劉日輝、淮安分司金浩林等，修建驛宮，甚是勤勞等語。

當經臣等會議得：曹寅等在寶塔灣修建驛宮，勤勞監修，且捐助銀兩。查曹寅、李煦各捐銀二萬兩，李燦捐銀一萬兩。彼等皆能盡心公務，各自勤勞，甚為可嘉，理應斟酌捐銀數目，議叙加級；惟以捐銀數目過多，不便加級，因此請給彼等以京堂兼銜，給曹寅以通政使司通政使銜，給李煦以大理寺卿銜，給李燦以參政道銜。通州分司黄家正，於修建驛宮時，既很勤勞，請加二級。台州分司劉日輝、淮安分司金浩林，來文中既稱亦甚勤勞，請給劉日輝、金浩林各加一級。

再，前諭令曹寅將修建驛宫之商人姓名、出銀數目，繕單呈送。今據曹寅呈稱：理應將商人姓名、出銀數目，繕寫清單呈報，惟以三十八年四月降旨重修三岔河之塔，四十二年二月，聖上南巡回驛時，又賜給金佛，商人等因感激聖恩，修建此驛宫，現初告成，各商出銀數目，尚未清算，倘若急於記檔造報，恐致差誤。懇請轉奏，請俟另繕清單具奏等語。既然如此，擬請將此交付曹寅，著將商人姓名、出銀數目，逐一查明，繕單呈送，再行議叙具奏。為此謹奏請旨。等因繕摺。

大學士馬齊、張玉書、陳廷敬，署内務府總管·郎中海章，吏部郎中童佑，員外郎舍倫，交與奏事治儀正存柱、藍翎來保轉奏。

本日奉旨：依議。欽此。

（譯自内務府滿文奏銷檔）

按： 李斗《揚州畫舫録》卷上，《城南録》云：『行宫在（高旻）寺旁。初為垂花門，門内建前、中、後三殿，後照房。左宫門前為茶膳房。茶膳房前為左朝房。門内為垂花門、西配房、正殿，後照殿。右宫門入書房、西套房、橋亭、戲臺、看戲廳。廳前為閘口亭。亭旁廊房十餘間，入歇山樓。廳後石版房、箭廳、萬字亭、臥碑亭。歇山樓外為右朝房。前空地數十弓，乃放煙火處。郡中行宫以塔灣為先。係康熙間舊制。』行宫舊址，予昔年亦曾數去調查，當時尚可見戲樓遺址。後排房中，滿置木刻雕版，云曹寅當年刻書之版，亦在其中，惜未能加以細檢。

讀此摺，可知曹寅『通政使司通政使』職銜，是由捐修寶塔灣行宮所得。

江寧織造曹寅奏刊刻全唐詩集摺

康熙四十四年五月初一日

江寧織造·通政使司通政使臣曹寅謹奏：

臣寅恭蒙諭旨刊刻全唐詩集，命詞臣彭定求等九員校刊。臣寅已行文期於五月初一日天寧寺開局，至今尚未到揚，俟其到齊校刊，謹當奏聞。

又聞四月二十三日，有翰林院庶吉士臣俞梅赴臣寅衙門口傳上諭，命臣俞梅就近校刊全唐詩集。欽此。奏請聖旨，欽遵咨行江蘇巡撫臣宋犖，移咨吏部、翰林院衙門。俟刊刻完日，該衙門一并具本奏聞。

硃批：知道了。

江寧織造曹寅奏校刊全唐詩摺

康熙四十四年七月初一日

江寧織造·通政使司通政使臣曹寅謹奏：恭請聖安。

奉旨校刊全唐詩翰林彭定求等九員，俱於五月內到齊，惟汪士鋐尚未到。臣即將全唐詩及統簽，按次分與，皆欣歡感激，勤於校對。其中凡例，欽遵前旨，除一二碎細條目與衆翰林商議，另具摺請旨外。臣細計書寫之人，一樣筆迹者甚是難得，僅擇其相近者，令其習成一家，再為繕寫，因此遲誤，一年之間恐不能竣工。再中晚唐詩，尚有遺失，已遣人四處訪覓，添入校對。臣因掣鹽往來儀真、揚州之間，董理刻事，隨校隨寫，不敢少怠，謹此奏聞。

硃批：知道了。凡例甚好。

江寧織造曹寅奏報全唐詩集本月內可以刻完摺

康熙四十五年七月初一日

江寧織造·通政使司通政使臣曹寅謹奏：恭請聖安。

遵旨校刊全唐詩集，目下刊刻祇剩五百餘頁，大約本月內可以刻完，八月內校對錯字畢，即可全本進呈。共計有十二套，除春間所進二套外，又校對得六套，謹裝訂進呈御覽，伏求聖訓俯鑒錯誤，指示臣等，使得刊改歸正，以成一代之書。

再，衆翰林同臣公具一摺，敬求御制詩序，闡獎唐賢，昭垂萬世，使間氣英靈，永傳不朽。臣等草形蟻質，亦獲掛名其間，已列銜具公本叩求。

所有衆翰林有病及告假者，俱令回本籍，無事者俱在揚州校刊。編修汪繹素有血症，在詩局陡發舊恙，即令回籍調養，於五月內身故，臣已為料理營護後事訖。目下在揚州校刊者，彭定求、楊中訥、汪士鋐、徐樹本、俞梅共五人。

謹此奏聞，伏乞睿鑒。

硃批：　刻的書甚好，等細細看完，序文完時，即打發去。

江寧織造曹寅覆奏奉到口傳諭旨摺

原附康熙四十五年七月初一日進全唐詩集摺内

江寧織造・通政使司通政使臣曹寅謹奏：

六月二十五日，臣在揚州於新任杭州織造・郎中臣孫文成前，恭請聖安。蒙聖旨令臣孫文成口傳諭臣曹寅：　三處織造，視同一體，須要和氣，若有一人行事不端，兩個人説他改過便罷，若不悛改，就會參他。不可學敖福合妄為。欽此欽遵。

臣寅免冠叩首，感激涕零，謹記訓旨，刻不敢忘。從前三處委實參差不齊，難逃天鑒。今蒙聖訓，臣等雖即草木昆蟲，亦知仰感聖化，況孫文成係臣在庫上時，曾經保舉，實知其人，自然精白乃心，共襄公事。臣寅遥望行在，焚香九叩謝恩。

理合具摺奏聞，謹具摺上奏。

硃批：　知道了。

按：曹、李兩家是親戚，李煦之妹（曹寅繼妻李氏，實非李煦之妹，考已詳前），是曹寅的繼妻。有人認為孫文成也可能與曹家有姻親關係，可能是康熙的保姆、曹璽之妻孫氏的娘家。再加上原蘇州織造馬桑格也可能與曹家有姻親關係，或以為曹顒之妻馬氏，可能就是出自馬桑格家。因此這曹、李、孫、馬，就是『連絡有親』的四家，也可能就是《紅樓夢》裏所寫的『賈、史、王、薛』四家的創作素材，這當然尚無實證，録以存考。

江寧織造曹寅奏謝復點巡鹽并奉女北上及請假葬親摺

康熙四十五年八月初四日

江寧織造·通政使司通政使臣曹寅謹奏：恭請聖安。

八月初四日接邸抄，蒙恩復點曹寅巡視兩淮鹽課，臣寅謹設香案，望闕叩頭謝恩訖。臣以家奴，兩承欽命，祗切惶悚，惟有竭誠盡力，清完鹽課，以仰報皇恩於萬一。

今年正月太監梁九功傳旨，著臣妻於八月上船奉女北上，命臣由陸路九月間接敕印，再行啓奏。欽此欽遵。竊思王子婚禮，已蒙恩命尚之杰備辦，無誤筵宴之典，臣已堅辭。惟是臣母冬期營葬，須臣料理，伏乞聖恩準假，容臣辦完水陸二運及各院司差務，捧接敕印，由陸路暫歸，少盡下賤烏哺之私。

至於兩淮鹽課重大，所有敕印，或遵舊例交與督撫，或命臣李熙十月照舊報滿，重複代印；或遵舊例，命鹽道護理，伏請聖訓，臣謹遵行。臣寅曷勝激切感悚之至。

朱批：知道了。

按： 曹寅於本年復點鹽差，其長女於十一月二十六日嫁鑲紅旗王子納爾蘇，曹寅嫡母孫氏病故，曹寅請假回京葬母。

江寧織造曹寅奏報起程日期並進刻對完全唐詩摺

康熙四十五年九月十五日

江寧織造·通政使司通政使臣曹寅謹奏：恭請聖安。

臣寅前具摺請假，蒙御批：知道了。又奏事儍子傳旨：著曹寅十月内來，敕印交與李煦。欽此。臣聞命之下，感激涕零。臣謹候敕印到時，待十月十三日李煦錢糧報滿，交付明白，即從揚州拜本起程。今有刻對完全唐詩九十套，進呈御覽。其餘俱已刻完，月内對完，即行刷印進呈，合並奏聞。

朱批：知道了。

按： 曹寅關於刻《全唐詩》的奏摺前後共見七摺，今録四摺。《全唐詩》刊刻，開局始於康熙四十四年五月初一日，完成於康熙四十五年九月十五日，前後僅一年又四個月。當時詩局即設在天寧寺，今天寧寺尚存。一九七五年，予為校注《紅樓夢》事去揚州，適值拆除天寧寺，乃請之地委專員錢承芳先生，建議勿拆，并加修繕。得到錢先生同意，此寺纔得保全，至今已全面修繕，改為揚州市博物館。

江寧織造曹寅奏王子迎娶情形摺

康熙四十五年十二月初五日

江寧織造·通政使司通政使臣曹寅謹奏：恭請聖安。

前月二十六日，王子已經迎娶福金過門。上賴皇恩，諸事平順，並無缺誤。隨於本日重蒙賜宴，九族普沾，臣寅身荷天庥，感淪心髓，報稱無地，思維惝怳，不知所以。

伏念皇上為天下蒼生，當此嚴寒，遠巡邊塞，臣不能追隨扈蹕，仰奉清塵，泥首瞻雲，實深慚汗。臣謹設香案九叩，遵旨於明日初六起程赴揚辦事。

所有王子禮數隆重，庭闈恭和之事，理應奏聞，伏乞睿鑒。

硃批：知道了。

按：此摺可與康熙四十五年八月奉女北上摺對看。

江寧織造曹寅奏聞悉十八阿哥薨逝及異常之變摺

康熙四十七年九月二十五日

江寧織造・通政使司通政使臣曹寅謹奏：恭請聖安。

臣於本月二十二日得邸報聞十八阿哥薨逝，續又聞異常之變，臣身係家奴，即宜星馳北赴，誠恐動駭耳目，反致不便。二十三日以來民間稍稍聞知，皆緞布兩行脚力上下之故。將軍總督嚴禁盜賊，目下江南太平無事，米價已賤。伏乞皇上少寬聖懷。臣寅不勝激切瞻仰之至。

硃批：知道了。

原注：此摺内所稱之『異常之變』，當係指康熙廢其太子允礽一事。現將《康熙實録》内有關記載摘録以備參考：

『康熙四十七年，戊子，九月，甲戌，朔。上駐蹕鷲和洛。乙亥，諭扈從諸大臣等：自十八阿哥患病以來，朕冀其痊愈，晝夜療治，今又變症，諒已無濟。……是日上駐蹕布爾哈蘇臺。……丁丑，上召諸王大臣、侍衛、文武官員等齊集行宫前，命皇太子允礽跪。上垂涕諭曰：朕承太祖、太宗、世祖弘業，四十八年於兹，兢兢業業，軫恤臣工，惠養百姓，惟以治安天下為務。今觀允礽不法祖德，不遵朕訓，惟肆惡虐衆，暴戾淫亂，難出諸口。朕包容二十年矣，乃其惡愈張。……若以此不孝不仁之人為君，其如祖業何！諭畢，上復痛哭僕地，諸大臣扶起。上又諭曰：太祖、太宗、世祖之締造勤勞與朕治平之天下，斷不可以付此人。俟回京昭告於天地宗廟，將允礽廢斥。……衆皆叩首流涕，奏曰：皇上所見，至聖至明，諭旨所言皇太子諸事，一一皆確實，臣等實無異辭可以陳奏。』

『皇子允祄薨。』

『己丑。上回宫，詣皇太后宫問安。先是拘執廢皇太子允礽時，沿途皆直郡王允禔看守，至是抵京，設氈帷居允礽於上駟院旁。』

江寧織造曹寅奏為婿移居並報米價摺

康熙四十八年二月初八日

江寧織造·通政使司通政使臣曹寅謹奏：恭請聖安。

臣家奴賫摺子回南，伏聞聖體全安，下慰億萬蒼生之望，凡屬臣民，無不歡忻舞蹈，慶祝無疆。再，梁九功傳旨，伏蒙聖諭諄切，臣欽此欽遵。

臣愚以為皇上左右侍衛，朝夕出入，住家恐其稍遠，擬於東華門外置房移居臣婿，並置莊田奴僕，為永遠之計。臣有一子，今年即令上京當差，送女同往，則臣男女之事畢矣。興言及此，皆蒙主恩浩蕩所至，不勝感仰涕零。但臣係奉差，不敢脱身，泥首闕下，惟有翹望天雲，撫心激切，叩謝皇恩而已。

目下江南、揚州各處雨水調勻，蔬麥大長，百姓俱安生樂業，惟米價新年稍貴，每石一兩二三錢不等，將來春水積聚，各處客商船隻運行，價或可平。謹將江寧、揚州正月晴雨録恭呈御覽，伏乞睿鑒。

硃批：　知道了。江南米價，有人來必入奏摺奏聞。熊賜履近日如何？

按： 此摺所言之『女』，係曹寅次女，嫁侍衛某，由曹顒送妹入京，曹顒並即在京當差。摺中説『臣男女之事畢矣』，則可見曹寅確實只有兩女一男，更無其他子女。

兩江總督噶禮奏覆訪查兩淮虧欠庫銀情形摺

康熙四十八年十二月初六日

江南江西總督奴才噶禮①謹具摺奏，為遵旨查奏事。

竊奴才頃以陛辭禮入覲時，奉旨：兩淮鹽差，來年更换彼等。這些人在彼有益與否之處，著爾查明，具摺來奏。欽此欽遵。奴才訪查得，兩淮鹽運使李斯佺②虧欠庫銀二百二十萬餘兩，又預收商

---

① 噶禮（？—一七一四），棟鄂氏，正紅旗滿洲人。初由蔭生授吏部主事，歷任至康熙三十八年（一六九九年）授山西巡撫；四十八年晉兩江總督，五十一年以江南科場案與巡撫張伯行互控，被革職。後因與其弟、妻謀害其母事發，被勒令自殺。

② 李斯佺（？—一七一〇），字松客，山東長山縣人。歷任江南高淳縣知縣、四川茂州知州、户部員外郎、刑部郎中、雲南大理府知府；康熙四十五年（一七〇六年）任兩淮鹽運使，後遷湖廣鄖襄道，經曹寅、李煦奏請留任，特旨允准；四十九年卒於任内。

賈稅銀七十萬餘兩，亦虧欠之，共計虧欠銀三百萬兩。其中，曹寅、李煦侵用者多，李斯佺及為首商人程衛高、相敬遠、王宙時等侵用者亦有之。奴才思之，曹寅、李煦出差之年得銀六十七萬兩，又從織造衙門鹽差內每年獲銀十三萬兩，共計得銀八十萬兩，李斯佺每年已得銀十八萬餘兩。曹寅、李煦、李斯佺仰沾皇恩，每年得銀許多。復據定例，鹽引每張止行鹽三百六十斤，而今官員、商家等夾帶私鹽，每引餘五百斤，其中又得利，且自前年始派取各商家銀四十萬兩，去歲、今年每年又派取銀二十萬餘兩，名為補庫，實仍虧欠。此皆曹寅、李煦、李斯佺及為首商家程衛高等肆意侵用國帑，終不能補完，且緩一年，復致多虧欠數十萬兩，似於錢糧無益。又運使庫為李斯佺所管，虧欠國帑三百萬兩。錢糧關係重大，故奴才不敢不據實具摺覆奏，伏乞聖鑒。謹奏請旨。

硃批：爾這奏的是。皇太子、諸阿哥用曹寅、李煦等銀甚多，朕知之甚悉，曹寅、李煦亦沒辦法。現曹寅尚未到京城，俟到來後，其運使庫銀虧欠與否之處，朕問畢再頒旨於爾。

《康熙朝滿文奏摺全譯》

按：此摺有助於我們瞭解曹寅、李煦每年得銀情況，但更值得注意的是康熙的硃批：『皇太子、諸阿哥用曹寅、李煦等銀甚多，朕知之甚悉，曹寅、李煦亦沒辦法。』這說明曹寅、李煦的錢的去處，而此類去處，又無法入賬。故要算清曹寅、李煦的虧空，實在是難事。

江寧織造曹寅奏進晴雨録摺

康熙四十九年九月初二日

江寧織造・通政使司通政使臣曹寅謹奏：恭請聖安。

臣閲邸抄，伏蒙聖恩復差臣巡視兩淮，臣謹設香案，望闕叩頭。竊念臣庸愚下賤，屢沐天恩，粉骨碎身，難以圖報，惟有祇悚自矢，以罄愚忱而已。江南太平無事，晚稻收割將次全完，食米之價賤至七錢，山東大收，豆麥甚賤。

謹將八月晴雨録恭呈御覽，並恭謝天恩，伏乞睿鑒。

硃批：知道了。兩淮情弊多端，虧空甚多，必要設法補完，**任内無事**方好，不可疏忽。千萬小心，小心，小心，小心！

按：康熙硃批『兩淮情弊多端，虧空甚多，必要設法補完，任内無事方好』，簡直已是向曹寅發出緊急警告。但鹽課虧空，實是歷年積弊所成，加之康熙南巡由曹寅接駕四次，以及諸方應酬勒借（如太子允礽就曾向曹寅先後索銀五萬兩），無法堵截，實已是不治之症！終致在康熙死後，在曹頫身上潰決，一敗塗地，『落了片白茫茫大地真干浄』！

江寧織造曹寅奏設法補完鹽課虧空摺

康熙四十九年十月初二日

江寧織造·通政使司通政使臣曹寅謹奏：恭請聖安。

本月初一日摺子回南，伏蒙御批：兩淮情弊多端，虧空甚多，爾須設法補完，不可疏忽。欽此。臣跪讀之下，不勝驚悚感泣，謹設香案叩頭謝恩。竊念臣從幼豢養，包衣下賤，屢沐天恩，臣雖粉身碎骨，難報萬一。今年兩淮，荷蒙皇上特將兩淮新徵於李煦任內緩徵一百萬兩，以此餘力，即可以補納舊欠。臣於三月抵揚，即會院道傳命諸商，令其上緊督催補清舊欠，以仰副天心。臣歸江寧，卧病累月，近聞運司病故，李煦在彼，不知督催已納多少。容臣到任，查驗明白，務必盡心竭力，設法督催清楚，以仰全皇上浩蕩之弘恩。江南太平無事。

謹將九月晴雨抄録呈覽，伏乞睿鑒。

硃批：知道了。爾病比先何似？

按： 此摺可與上摺合看，事實上曹寅的巨大虧空，已無法補清（其中還包括兩淮鹽商的虧空），僅僅是因為康熙的憐全照顧，未曾潰決。

江寧織造曹寅奏設法補完鹽課虧空摺

康熙五十年三月初九日

江寧織造·通政使司通政使臣曹寅謹奏：

本月初八日摺子回南，伏蒙御批：兩淮虧空近日可曾補完否？新任運司如何？欽此。臣跪讀之下，仰見皇上軫念兩淮，垂警愚昧，至深至切，臣敢不據實上陳，以副聖念。

竊自去年二月蒙聖恩將李煦任內帶徵一百萬兩，至十月十三日交代與臣，新舊共該存庫銀二百八十六萬二千餘兩。臣自到任後，即與署道滿都並力催徵，已完過九十萬兩，現在上納尚該銀一百九十餘萬兩。易完者十分之九，不能完者十分之一，皆有通河保狀，即不能完，衆商人為之攤補，非比有司地丁漕項懸欠，或少緩惰不徵，即成實在虧空，難以追賠。臣與運道催徵，今年滿任之時，可以補完八分，若盡數催徵，亦可全完。但臣今年新錢糧正雜帶徵各項，多於往年，共該徵銀二百三十八萬餘兩，連前商欠共銀五百二十餘萬兩，如一時並責令其全完，商力恐有不繼。去年皇上如此洪恩，若已故運司李斯佺不因病憒，則今年竟可清楚。至於臣身內債負，皆係他處私借，凡一應差使，從未掛欠運庫錢糧，臣自黃口充任犬馬，蒙皇上洪恩，涓埃難報，少有欺隱，難逃天鑒。況兩淮事務重大，日夜悚懼，恐成病廢，急欲將錢糧清楚，脱離此地，敢不竭螻蟻之誠，以仰體聖明。所有錢糧細數，另開一單，以備御覽。

署道滿都，實心辦事，所有漏規，分毫不取，培商裕課，深有裨益。新運司李陳常尚未到任，俟其到任後，臣觀察真實，再當具奏。

硃批：虧空太多，甚有關係，十分留心，還未知後來如何，不要看輕了。

按：此摺說『臣身內債負，皆係他處私借，凡一應差使，從未掛欠運庫錢糧』。則可見曹寅虧欠，均非因私。又說『日夜悚懼，恐成病廢，急欲將錢糧清楚，脱離此地』。可見當時曹寅已被巨額虧空壓得喘不過氣來，急欲『脱離此地』，但終於至第二年七月就急病去世了。曹寅之死，實為虧空所累，而此虧空，大部是康熙南巡所致，小部是鹽商所欠貸款，其次是宮中太子、阿哥、太監等的勒索。此摺并李煦報告曹寅賠償情形摺，可見曹寅虧空致死等實情。

江寧織造曹寅奏報江南科場案摺

（一）

康熙五十年十月初二日

江寧織造·通政使司通政使臣曹寅謹奏：恭請聖安。

今歲江南浙江盡屬豐年，大田秋收，新米價值六七錢不等。今年豐收，則來年無虞，百姓謳歌，太平優遊無事。

惟是今年江南文場秀才等，甚是不平，皆云皇上洪恩廣額，原為振拔孤寒，今中者甚是不公，顯有情弊，因而揚州秀才擾攘成群，將左必蕃祠堂盡行拆去，後傳聞是副主考趙晉所為，始暫停息，督撫俱有參章。目下已拿二人，俱是富商之子。傳聞榜中不通文理者尚多。

所有地方情形，并九月份晴雨録，理合一并奏聞，伏乞睿鑒。

硃批：朕安。

（二）

康熙五十一年三月二十七日

謹奏：臣自二月二十六日到揚州，迄今一月，臣留心打聽張鵬翮與赫壽所審吴泌、程光奎之事。吴泌買舉，祇追問李奇夫妻金子下落，意在就李奇撞木鐘，以結吴泌之事。程光奎祇認夾帶，以結程光奎之事。至於左必蕃、趙晉二人及房考等，俱未細問。衆論以為張鵬翮外則調停總督撫院了結此案，而本意則不欲重傷主考、房考，以塞科甲僥幸之路。赫壽亦因循可否，以觀成敗。總督噶禮實無包攬賣舉之事，護庇葉九思事或有之。解任之後，雖有人衆保留，皆以下官吏粉飾曲全，殊無真愛戴之者。巡撫張伯行實因糧道參處，自己亦詿誤調用，當封印之際，預聞京信，兩個紛爭，以有此疏，欲復噶禮之仇，亦非為科場持公起見也。解任之後，亦有人衆保留，率多秀才，亦皆以下官吏粉飾曲全，殊無真愛戴之者。

衆人議論，皆云江南百姓蒙天恩視如赤子，屢免錢糧，時加撫恤，督撫二臣不體貼聖衷，安靜保護，徒博虛名，各為己私，互起朋黨，殊無大臣之體。張鵬翮身為大臣，理宜秉公持正，力決是非，而反周旋主考、房考，曲全兩造，遷延時日，不能無私。自去年至今，已經四月，每日吊開單審，並不對口，並不再問程光奎之事，祇審吳泌一案，並不問主考、房考如何字眼關節，祇問原出首撞歲（鐘）之人。目下聞光棍李奇當審鞫之際，頗多放肆之語，謂衆人合謀，將金子誣陷於彼，以脱安撫藩司，蔓延無辜，總無斷決。兩江官吏，俱集揚州聽審，地方遼闊，數月之久，未必不誤事宜。又蘇州買舉之事，尚未審録；馬逸姿承審人命一案，亦尚未審録，如此遲延，必至秋冬方能完結，持平者衆論如此。

其為噶禮為張伯行者，各言各是，臣不敢聽信。

謹據地方實在情形，採擇上聞。

硃批：再打聽，再奏。

（三）

康熙五十一年四月初三日

謹奏：科場事自進摺後，數日來所審仍是吳泌買舉，不問字眼是誰與的，亦不問主考、房考，祇問撞木鐘及出首之人。大約以撞木鐘結吳泌之事，保留總督。京口將軍馬三奇奏，江南已見邸抄。臣到時，保留總督及保留巡撫者，各衙門俱有呈紙，為總督者大半，為巡撫者少半。其鄉紳及地方有名者，兩邊俱着名保留。兵為總督者多，秀才為巡撫者多，或是偏向，或是粉飾，或是地方公祖借保留完其情面，或是屬官各報答上司之情，紛紛不一，目下寂無言説矣。

昨日欽差才傳説，不干惹科場事的官員，俱回去料理地方事，及至進見，祇打發署蘇按察司回江寧，北按察司回安慶，因執審之期漸近，恐其誤限期也。謹此具奏。

硃批：知道了。再打聽。

（四）

康熙五十一年四月二十二日

謹奏：探得張鵬翮、赫壽、梁世勳所審科場之事，賄買舉人吳泌及光棍李啓（奇）等，俱擬絞罪。夾帶舉人程光奎，并主考趙晉、房考方名、王曰俞，及藩司馬逸姿之家人軒三等，俱擬僉妻流三千里為軍。正主考左必蕃，先擬問徒，今擬革職。但主考、房考，始終不曾嚴問，亦未得通同字眼及受賄之口供。從前延緩，原欲出脱主考、房考之罪，想因外論紛紛，故臨期商量，以揆此改入此罪。外邊人又議論以為如主考、房考，賄賣事真，罪不止如此之輕，如無賄賣情弊，罪不宜如此之重；即藩司馬逸姿家人軒三，如果賷緣賄賣，亦應重擬，如無賷緣情弊，即應無罪，何以一概混擬糊塗了事，未免人心不服。總之張鵬翮之意，不肯明審以破面目，留為日後告覆之地。其蘇州舉人席玕，審係夾帶，革去舉人枷責，馬士龍革去舉人無罪，其餘三人仍準會試。但席玕與程光奎均認夾帶，一則擬流，一則枷責，事同罪異，不知何意。

又督撫互參一案，總督噶禮問降一級留任，巡撫張伯行革職問徒，外論謂此二人均有不平，降革不一。又沈必耀命案，衹照臬司焦映漢原審，略更改一二，即行定罪，并未細問。聞此案亦有未妥，人心不服悦服，張鵬翮因以日子太久，故將數案潦草了局。總漕赫壽勸其再一研審，務得實供，張鵬翮不允，已於本月二十日拜本起身往福建審事去矣。如此大案，審整半年，并未審出真情，以揆此二字結案，此番張鵬翮在江南聲名大損，人人説其糊塗徇私。安徽巡撫梁世勳因張伯行有言，總未同審，每日在公館静坐養病，於本稿成時始去一會，已回江寧執審。

署總督郎廷極與總漕赫壽在瓜洲會審俞化鰲糧船一案未回。謹此奏聞。

硃批：可笑。

（五）

康熙五十一年五月初三日

謹奏：打聽張鵬翮、赫壽所審科場及督撫互參一案。程光奎始終衹認夾帶，意在就夾帶以完程光奎之事，不干連主考、房考。吳泌買舉，衹就李啓（奇）身上追究［金］子下落，不干連主考、房考，意在就撞木鐘以結此事。不意本月十六日五更，涇縣知縣陳天立自縊身故，陳天立乃句容縣供出以『其實有』三字來查吳泌卷子之人。張伯行原參疏內著其弊迹，今忽然自縊身故，物議以為或有逼勒身亡，以圖滅口者。細訪涇縣陳天立，因三日前審事，見刑訊句容縣知縣，反招不認前語，當夜回寓，即行自縊。有看守官通判當時救下，次日即稟明張鵬翮、赫壽。彼時吩咐看守官：他不過嚇人，不要理他，好好看守等語。至第三日五更，即在床上自縊而亡。聞張鵬翮、赫壽已行文安徽巡撫，令其細問自縊原由。據陳天立家屬報稱，因係病發自縊者。連日關門商議未定。

蘇州舉人已經復試，聞舉人席玕復試文字與科場原卷筆迹不對，席玕已供認夾帶，鎖禁，其餘四人發江都縣看守，亦未定斷。

再，所審噶禮、張伯行二人互參一案，每日在內對口，各人自寫口供，兩邊俱未見面，難於輸服。揆張鵬翮、赫壽之意，於察明京口將軍代奏保留摺子之內，先請聖旨，始行定局。謹此奏聞。

硃批：衆論瞞不得，京中亦紛紛議論，以為笑談。審事也不是這樣審的理，但江南合省都甚没趣了，想比(必)滿洲恨不得離開這差纔好。再打聽，再奏。

康熙五十一年五月二十二日

(六)

謹奏：打聽所審督撫互參一案，張伯行參噶禮包攬賣舉得銀五十萬之説，審過毫無迹據。噶禮所參張伯行各款，俱有舊案，亦近挾憤，彼此互賴，均難輸服。揆張鵬翮、赫壽之意，大約要各問一個不是，候聖旨定斷。程光奎、吴泌買舉之事，程光奎已認夾帶，惟吴泌所供『其實有』三字，關節情弊，尚無着落。聞房官供：我們做房官，祇憑閱文，送進有何情弊，須問主考知道。聞主考供：字眼情弊，都是他們房官知道。今涇縣知縣陳天立已自縊身故，無從追究，大約祇就李啓（奇）撞木鐘，略及藩司馬逸姿及家人軒三，問一罪名，了結此案。

蘇州舉人席玕供認夾帶，現行監禁，其餘四人俱發江都縣取保。

再，沈必耀人命一案，已經質審，聞大約仍照前任按察司焦映漢所審于準、馬逸姿、糧道李玉堂，有失入之罪，亦尚未定案。

外邊議論祇以不問主考房官及光棍李奇為有私心，説趙晋係有囑託，又係審事大人密友，其意恐審出，壞漢人仕進之名，故不窮究。大約不過以揆此兩字，了結公事。好惡之口，紛紛不一。目下赫壽往邵伯、瓜洲兩處，催趕糧船，祇張鵬翮閉門静坐，隔一二日唤三案内一二人問數語，又復關門不見動静，意似遮掩衆人耳目，以寫本為名，大約是候察明保留本至京有信，始行上本。謹此奏聞。

硃批：知道了。再打聽奏來。

按：江南科場案，自康熙五十年九月初九（舊曆）爆發至第二年十月初始告結束，其間又糾葛着江蘇巡撫張伯行與兩江總督噶禮互參，案情複雜，牽涉面廣，又有滿漢之間的矛盾，弄得康熙亦極為頭痛。曹寅連上六摺，較為客觀求實，於康熙處理此案不無幫助。

此案於《清實録》中亦有詳載。兹録《清史編年》中三段文字，以助瞭解此案。

《清史編年》第三卷康熙五十年九月初九日甲子（十一月十八日）

江南鄉試，正主考官左必蕃，副主考官趙晋。本日榜發，因主考官徇私受賄作弊，士論大嘩。二十四日，諸生數百集玄妙觀，擡擁五路財神直入學宫。有作打油詩諷考官者，其中有『左邱明兩目無珠，趙子龍一身是膽』之語。或以紙糊貢院之匾，改『貢院』二字為『賣完』。江寧織造曹寅摺奏：今年文場秀才等甚是不平，中者甚是不公，顯有情弊，因而揚州秀才擾攘成群，將左必蕃祠堂盡行拆去。江南鄉試主考官、副都御史左必蕃疏報：撤闈後聞輿論宣傳，有句容知縣王曰俞所薦之吴泌、山陽知縣方名所薦之程光奎皆不通文理之人，臣不勝駭愕。有旨命該部嚴察。

康熙五十一年二月初四日丁巳（三月十日）

張伯行、噶禮互參案開始。初，噶禮任兩江總督，歷次疏劾罷斥江蘇巡撫于準。布政使宜思恭、按察使焦映漢、督糧道賈樸、知府陳鵬年等。及巡撫張伯行抵任，復以事忤噶禮，張伯行乞休未准，及發辛卯年江南科場不公事。有旨命張鵬翮前往察審。本日，張伯行疏參噶禮得銀五十萬兩，徇私賄賣舉人，言其『擅長威福，賣官賣法，復賣舉人，可謂惡貫滿盈，貪殘暴横』。噶禮疏參張伯行誣告，並劾張伯行於進剿海賊時『違旨逗留，挾私斃命』，『縱盜殃民』，『徇私作弊』，《南山集》在蘇州印行三千部，並不追問等七罪。有旨命將二人均解任，交張鵬翮及漕督赫壽確審。總督印務由江西巡撫郎廷極署理，江蘇巡撫印務由浙江巡撫王度昭署理。本日，康熙帝謂九卿等曰：『噶禮有辦事之才，用心緝拿賊盜，然其操守則不可保。張伯行為人老成，操守廉潔，然盜劫伊衙門附近人家，尚不能查拿。』『據張伯行疏參云：噶禮得銀五十萬兩，未必全實，亦未必全虛。即噶禮所參張伯行之事，亦必有兩三款是實。』又云：『此案察審實難，若以滿大臣審，則以為徇庇滿洲，若命漢大臣審，則以為徇庇漢人。至張伯行題參疏內連及張鵬翮者，意欲審理此案時使張鵬翮回避，故朕仍令張鵬翮前往，從公審理。』

康熙五十一年十月初五日乙卯（十一月三日）

吏部議復尚書穆和倫等察審後，擬張伯行革職，噶禮免議。得旨：『張伯行居官清正，天下之人無不盡知，允稱廉吏，但才不如守，果係無能。噶禮雖才具有餘，辦事敏練，而性喜生事，并未聞有清正之名，伊等互參之案皆起於私隙，聽信人言所致，誠為可恥。』又曰：『滿漢俱係朕之臣子，朕視同一體，並不分別，無知之輩且謂朕為何不護庇噶禮。朕乃天下之主，凡事惟順理而行，豈可止護庇滿洲！』

次日，康熙帝於九卿等面奏此案時，又言：『噶禮辦事歷練，至其操守，朕不能信，若無張伯行，則江南地方必受其朘削一半矣。』『朕為天下主，自幼學問、研究性理等書，如此等清官朕不為保全，則讀書數十年何益？而凡為清官者亦何所倚恃以自安乎？』又曰：『如蕭永藻、富寧安、張鵬翮、趙申喬、施世綸、殷泰、張伯行，此數人皆清官，朕皆愛惜保全。』『至陳鵬年稍有聲譽，學問亦優，噶禮之欲害之也久矣。張伯行聽信陳鵬年之言，是以噶禮與之不和，曾將陳鵬年虎丘詩二首奏稱內有悖謬語，朕閱其詩，并無干礙。』『爾等諸臣皆能體朕保全清官之意，使為正人者無所疑懼，則人俱欣悦，海宇長享昇平之福矣。』『滿洲大臣毋謂朕偏向漢人，朕至公無私之心，天下共見，斷不肯讓美於古人，自幼所學者此，以所學見諸行事者即此也。』本月十二日，有旨：噶禮著革職，張伯行著革職留任。旨既下，江蘇士子寫貼於門曰：『天子聖明，還我天下第一清官。』①

江寧織造曹寅奏《佩文韻府》已開工刊刻摺

康熙五十一年四月初三日

江寧織造·通政使司通政使臣曹寅謹奏：恭請聖安。

江南麥田茂秀，顆粒甚好，豐收可必，雨暘時若，米價如常，百姓安樂無事。謹將麥樣恭呈御覽。

再，《佩文韻府》已於三月十七日開工刊刻，正在遴選匠手，已得一百餘人，願來者衆，好者難

---

① 見《清史編年》第三卷。中國人民大學出版社一九八八年版。

得，容俟遴選齊全，計工定日，務期速成，以仰副皇上普濟困學之至意。孫文成會議過，即回杭州辦紙，臣在局中料理。一有綱領，臣等公同奏聞。

所有江寧三月份晴雨録，理合一並具奏。伏乞睿鑒。

按：《佩文韻府》於康熙五十一年由曹寅主持開工刊刻，後不幸曹寅於本年七月二十三日病故，後此書即由李煦、孫文成主持刊刻，至康熙五十二年九月，此書刊刻完成。康熙硃批説：『此書刻得好的極處。』

蘇州織造李煦奏曹寅病重代請賜藥摺

康熙五十一年七月十八日

臣李煦跪奏：

江寧織造臣曹寅於六月十六日自江寧來至揚州書局料理刻工，於七月初一日感受風寒，卧病數日，轉而成瘧，雖服藥料理，日漸虚弱。臣在儀真視掣，聞其染病，臣隨於十五日親至揚州看視。曹寅向臣言：我病時來時去，醫生用藥不能見效，必得主子聖藥救我。但我兒子年小，今若打發他求主子去，目下我身邊又無看視之人。求你替我啓奏，如同我自己一樣。若得賜藥，則尚可起死回生，實蒙天恩再造等語。

臣今在揚看其調理，但病勢甚重，臣不敢不據實奏聞，伏乞睿鑒。

硃批：爾奏得好。今欲賜治瘧疾的藥，恐遲延，所以賜驛馬星夜趕去。但瘧疾若未轉泄痢，還無妨。若轉了病，此藥用不得。南方庸醫，每每用補濟（劑），而傷人者不計其數，須要小心。曹寅元肯吃人參，今得此病，亦是人參中來的。金鷄拿（原係滿文）專治瘧疾。用二錢末酒調服。若輕了些，再吃一服，必要住的。住後或一錢，或八分，連吃二服，可以出根。若不是瘧疾，此藥用不得，須要認真。萬囑，萬囑，萬囑，萬囑！

蘇州織造李煦奏頒賜藥餌未到曹寅即已病故摺

康熙五十一年八月二十一日

臣李煦跪奏：

八月十八日，臣家人賫回報曹寅患病奏摺，臣恭設香案跪讀御批，蒙萬歲俯念曹寅病重，須賜金鷄拿聖藥。而宸衷又以路遠遲延，特命馳驛南回，限九日到揚州。天心之垂慈，隆恩之破格，至矣極矣。無如曹寅福分淺薄，聖藥未到，遽爾病故。而伏念天恩之高厚，誠亘古之所未有。不但曹寅感泣泉下，即臣煦犬馬私心不勝感激，隨望闕叩頭，恭謝天恩訖。一面宣示賜藥恩旨於曹寅之子連生。而連生感激涕泣。即望闕叩頭，但身居下賤，無由自達，求臣代奏。理合一併奏聞，伏乞聖鑒。

硃批：知道了。

蘇州織造李煦奏請代管鹽差一年以鹽餘償曹寅虧欠摺

康熙五十一年七月二十三日

臣李煦跪奏：

江寧織造臣曹寅與臣煦俱蒙萬歲特旨，十年輪視淮鹾。天恩高厚，亘古所無，臣等雖肝腦塗地，不能報答分毫。乃天心之仁愛有加，而臣子之福分淺薄。曹寅七月初一日感受風寒，輾轉成瘧，竟成不起之症，於七月二十三日辰時身故。當其伏枕哀鳴，惟以遽辭聖世，不克仰報天恩為恨。又向臣言江寧織造衙門歷年虧欠錢糧九萬餘兩；又兩淮商欠錢糧，去年奉旨官商分認，曹寅亦應完二十三萬兩零，而無貲可賠，無産可變，身雖死而目未瞑。此皆曹寅臨終之言。

臣思曹寅寡妻幼子，拆骨難償，但錢糧重大，豈容茫無着落。今年十月十三日，臣滿一年之差，輪該曹寅接任，臣今冒死叩求，伏望萬歲特賜矜全，允臣煦代管鹽差一年，以所得餘銀令伊子並其管事家人，使之逐項清楚，則錢糧既有歸着，而曹寅復蒙恩全於身後，臣等子子孫孫永矢犬馬之報效矣。伏乞慈鑒。臣煦不勝悚惶仰望之至。

硃批：曹寅於爾同事一體，此所奏甚是。惟恐日久爾若變了，祇為自己，即犬馬不如矣！

兩淮鹽政張應詔奏陳兩淮鹽課餘銀始末摺

康熙五十九年六月二十日

巡視兩淮鹽課監察御史臣張應詔謹奏：

竊兩淮歲額錢糧二百餘萬，所關至重。臣蒙聖恩擢視兩淮，盡革陋規積弊，期裕商力，為國課萬年久遠之計。今奉户部行查臣任内戊綱所得餘銀若干，協解兵餉若干，解交某處若干，現存庫若干，查明具題。等因。奉此。

該臣查得，淮商按引辦課，並無餘銀，鹽差衙門除應得經解費外，別無應得之項，從前亦無餘銀名色。自曹寅、李煦兼任鹽差，始稱在應得銀内解送江、蘇織造銀二十二萬七千餘兩，又銅觔脚費銀五萬兩，實俱商人照引派納，並非鹽差解送。此外，因事派商完補，亦皆指稱應得。如曹寅、李煦因補歷年積欠借帑等項，則稱所得銀二十四萬兩；李陳常因補江、蘇織造虧空，則稱三十一萬七千兩；李煦丙丁兩綱，又奏餘銀四十四萬九千兩。前後多寡懸殊，非果有一定餘銀為鹽差應得可知。且查李煦報完織造虧空疏稱：此後淮商惟辦正供及織造額銀，再無補虧之項。等語。則係派商代補，非鹽差應得之銀愈明矣。兩淮止此商力，多加派之餘銀，即虧額辦之正課，是以戊子則緩運三十萬，己丑則帶課一百萬，癸巳則又緩運八十五萬，丁酉則拖壓五十七萬。因餘銀而虧額課，臣何敢再蹈前轍？況李煦所奏四十四萬餘兩，現止交庫二十三萬餘兩，其餘懸欠未交，虛而無實。各商力不能支，一時逃亡七八家。今歲行鹽，明歲消乏，至於上廑宸衷，臣又何敢不思補救？兩淮當積困之後，惟仰體皇仁，撫恤商艱，俾專力行鹽辦課。戊戌一綱，計運丁酉殘鹽、戊巳緩運共九十餘萬，戊戌新鹽一百餘萬，織造、銅觔照舊完解，完辦錢糧較之歲額實已加多。各商感戴天恩，又踴躍捐餉一十六萬兩，現在貯庫候撥。今己亥新綱，更培商力，以專辦運，庶數百萬課餉可以無誤。

臣所得經解餘銀，已經題明候解，更無絲毫應得餘剩銀兩。歷蒙皇上恩遇非常，務竭愚誠，矢報萬一，不敢一字欺隱，而微末孤臣，又不敢冒昧具題。謹將歷差餘銀始末、兩淮現在情形，備具密摺，據實奏明，伏乞聖鑒。

硃批：此摺所奏，甚是明白，當具題。

《康熙朝漢文硃批奏摺彙編》

荃

《宗譜》：璽次子，原任內務府司庫，誥授奉直大夫。

《氏族通譜》：曹荃，原任司庫。

《曹璽傳》，康熙二十三年未刊稿本《江寧府志》卷十七：（上略）仲子宣，官蔭生，殖學具異才。（下略）

《曹璽傳》，康熙六十年刊《上元縣志》卷十六：（上略）（寅）偕弟子猷講性命之學，尤工於詩，伯仲相

濟美。（下略）

按：曹荃原名『宣』，最早是由周汝昌考證出來的，但迄今未得到文獻資料的證實，直至後來我與李華同志發現了康熙二十三年未刊稿本《江寧府志》上的《曹璽傳》，傳文明確說：『仲子宣』，這樣曹荃的原名『宣』終於被證實。曹宣，字子猷，號筠石，又號藏園。因避康熙玄燁的諱，故改名『荃』。

又曹宣應生於康熙元年（一六六二年）二月十二日。其生年是據康熙二十九年四月初四日《總管內務府為曹順等人捐納監生事咨户部文》：『三格佐領下南巡圖監畫曹荃（宣）：情願捐納監生，二十九歲。』逆推其生年，應生於康熙元年。其生日是據曹寅《楝亭詩鈔》卷三：《支俸金鑄酒槍一枚寄二弟生辰》詩『百花同日著新緋』自注『生辰同花生日』。按舊曆二月十二日為花生日，即『花朝』。故知曹宣應生於康熙元年的二月十二日。

曹宣（荃）實際上是曹雪芹的嫡親祖父。曹宣共有四個兒子，曹頫是曹宣的第四個兒子，其他三個兒子，一個叫曹順，是老大。《內務府奏曹寅辦銅尚欠節銀應速完結并請再交接辦摺》說：『據曹寅弟弟之子曹順呈稱：我伯父曹寅』，『現既據曹寅弟弟之子曹順呈稱：我伯父曹寅』，按『曹寅弟弟之子』當然就是曹宣（荃）之子。另一個就是曹寅在詩裏提到的《途次示侄驥》的『驥』，是老二。『驥』是小名，正名是『頎』。康熙二十九年四月初四日《總管內務府為曹順等人捐納監生事咨户部文》說：『三格佐領下南巡圖監畫曹荃之子曹頎。』再有一個是桑額，《內務府總管赫奕等奏帶領桑額連生引見摺》說：『原任物林達曹荃之子桑額，郎中之子連生，曾奉旨，著具奏引見。』『曹荃之子桑額，録取在寧壽宮茶房。』這裏明確説『曹荃之子桑額』，并且是『録取在寧壽宮茶房』。這個『桑額』，即曹顔，是老三。這樣算來曹宣（荃）的四個兒子是：曹順、曹頔（即『驥兒』）、曹顔（即『桑額』）、曹頫。

這裏要指出周汝昌在《紅樓夢新證》（第四十七頁）裏説：

堂伯　桑額，宣子。寧壽宮茶上人。

康熙五十年四月初十日内務府總管赫奕等奏：因奉旨，帶領原任烏林達曹荃之子桑額，郎中曹寅之子連生引見。引見後桑額録取在寧壽宮茶房。至雍正五年閏三月十七日内務府有審擬桑額等逮捕曹頫家人一案請旨摺，内引桑額供詞云：康熙六十年為莊親王（胤禄）茶上人。此案議準，桑額枷號兩月，鞭責一百，追還債務，發往打牲烏喇充打牲夫。此與李煦之獲罪適在同時，并早於曹頫。據引見時列名次序，桑額當略長於連生（顒）。

周汝昌在這裏把兩個『桑額』合而為一，認為在寧壽宮當茶上人的曹頫之兄的桑額，也就是發往打牲烏喇的桑額。這個案件，就是曹頫的哥哥桑額串通番役蔡二格設計陷害其弟曹頫的家人吴老漢。其實這完全是誤解，把整個案件的人物關係完全弄錯了，把兩個同名的桑額當做了一個人。為了徹底弄清這個問題，現在我把《内務府奏審擬桑額等設計逮捕曹頫家人吴老漢一案請旨摺》（雍正五年閏三月十七日）全文引録於下，然後再作分析：

總管內務府謹奏：為請旨事。

案查審理內府佐領・管轄番役處值年郎中鄂善、常保稟送桑額與索住合謀，央煩番役蔡二格等設計逮捕吳老漢一案

據蕭林供稱：我原係江寧織造府庫使。有桑額等之家人，名叫吳老漢者，於康熙五十八年，將我的紅花四十包給價四百兩買妥，但祇給五十兩，其餘銀兩拖欠未結。去年十月十四日，我在御河橋遇見吳老漢，和他吵鬧時，被番役逮捕等語。

據吳老漢供稱：我係曹頫之家人。並無購買蕭林紅花、拖欠銀兩情事。有名叫桑額之人，因欠我於康熙六十年賣人參銀三千一百餘兩未還，我到桑額家去催索時，蕭林曾來我面前，幫助桑額央求，我未答應。我已上年紀，而且有病。去年十月十四日，桑額向我說，正陽門外有一好大夫，我們就一齊去看了。回來時，桑額說，你進正陽門回家去罷，我進宣武門，順便到旁處去，說完就去了。我進正陽門，來到御河橋，蕭林攔住我坐的車，把我從車裏揪出來，番役們就把我套上鐵鏈了。至於蕭林如何央煩番役們逮捕我之處，我不知道等語。

遂將此究訊蕭林，供稱：我原認識吳老漢是實。他並無欠我賣紅花的銀兩之事。去年十月初十日，我主人的弟弟索住，把我叫到他家。索住認識的名叫桑額者，向我說，我欠吳老漢三千餘兩銀

子，已經還他，可是他還向我催索，你到御河橋去，等看吳老漢坐的車來到後，你就說他欠你的銀子，把他從車裏揪出來，和他吵鬧，番役們來了，就可逮捕他了。在這上頭，我照顧給你盤纏。一切上有我知道。我一時糊塗，聽了他的話，依着他所教的行了是實等語。

索住供稱：我在家養病，桑額來看我，向我說，吳老漢到我家催債，羞辱吵鬧，我很受不了。阿哥若疼我，命你哥哥的家人蕭林，與吳老漢鬥毆，使番役逮捕他。關於蕭林和番役們的盤纏，都由我出。阿哥，你這樣疼愛，我不能忘，一定幫助阿哥有好處。我一時聽了他的話，把我表弟番役蔡二格，叫到我家。我與桑額向蔡二格說了後，逮捕了吳老漢。這是我的死期到了，我還有何說呢等語。

（下略）（原書以下未譯——引者注）

桑額供稱：我在莊親王荼上人的時候，於康熙六十年交付織造官員售賣的人參中，因欠了曹頫的家人吳老漢賣人參的銀兩，吳老漢催債，常在我家裏坐着，不留情面地辱罵吵鬧。我被迫與索住商議，央煩番役蔡二格，設計逮捕吳老漢是實等語。

又將桑額、吳老漢對質，清算欠銀之數。將桑額陸續償還者銷除後，現在實欠銀一千三百十五兩。

臣等議得：審理桑額與索住合謀，央煩番役蔡二格設計逮捕吳老漢一案。據吳老漢供稱（原注：文同一七八頁，略。引者按：是指《關於江寧織造曹家檔案史料》一書的頁碼）等語。查律載：凡人若合謀設計，故意哄騙，使捕旁人，陷致獲罪者，應與犯罪者同罪，處以杖流。桑額欠吳老漢銀兩，而因吴老漢常往其家催索，竟爾向索住關説，央煩番役蔡二格，計捉吴老漢者，甚是可惡。因此，議將桑額枷號兩月，鞭責一百，發往打牲烏拉充打牲夫；（原注：中略）桑額所欠之銀一千三百十五兩，應向桑額於枷號期内催取，俟償完吴老漢時，再行發配。為此，謹奏請旨。等因繕摺。

總管内務府事務·和碩莊親王臣允禄、吏部尚書·協理兵部尚書事務·内務府總管查弼納、内務府總管李延禧、散秩大臣·委署内務府總管常明、茶飯房總管·包衣護軍統領兼副都統·署内務府總管永福，交與奏事·一等侍衛納蘇圖等轉奏。

奉旨：依議。管理番役官員，查出這一案件，很好，應予記録獎賞。案件若查的好，即應記録獎勵。如果伊等所屬番役，有設計捕人惡劣行為，而伊等若不查出，即連伊等一併治罪，則伊等始知留心奮勉也。欽此。

以上這個奏摺，比較完整地講述了『桑額與索住合謀，央煩番役蔡二格等設計逮捕吴老漢一案』的詳情。現在需要弄清楚的是這個案件裏的桑額，是否就是曹頫的胞兄桑額。

按前引康熙五十年四月初十日《内務府總管赫奕等奏帶領桑額連生引見摺》裏説：『奉旨，曹荃之子桑額，録取在寧壽宫茶房。』按寧壽宫，就是現在故宫東路寧壽門裏皇極殿後面的一所宫殿，現在是經常展出歷代書畫的地方，這就是説曹頫的哥哥桑額是在皇宫裏的寧壽宫當茶上人。而這件案件裏的桑額，自己供稱：

『我在莊親王茶上人的時候，於康熙六十年交付織造官員售賣的人參中，因欠了曹頫的家人吳老漢賣人參的銀兩。』據此，則這個桑額，是莊親王的茶上人。莊親王是康熙的第十六子允祿，也就是此案的審理者。據朱一新《京師坊巷志稿》說：

皇城周十八里有奇。（一統志）前明悉為禁地，民間不得出入。我朝建極宅中。四聰悉達，東安、西安、地安三門以內紫禁城以外，牽車列，集止齊民，稽之古昔，前朝後市，規制允符。《舊聞考》：順治十五年四月丙戌，內三院覆示宗人府疏言：皇城為皇上宸居，諸王在內居住，所屬人員，往來出入，難以稽察，應遷居於外。從之。（《志稿》卷上）

同書『太平倉』條引《嘯亭續録》說：

承澤親王府，在太平倉。謹案：王諱碩塞，太宗五子，以功封，世襲，追謚裕；子博果鐸襲封，後改號莊，薨無嗣。聖祖以十六子莊恪親王允祿為後。

按：『太平倉』在西城西皇城根附近，平安里南毛家灣北面。也就是說是在當時的皇宮的外面。同此可見，曹頫的胞兄桑額是在紫禁城內今故宮東路寧壽宮內當茶上人，這個案件裏的桑額是在紫禁城外太平倉莊親王府裏當茶上人，一個是在宮裏當差，一個是在宮外當差，怎麼可能是一個人呢？

另外，吴老漢是『曹頫之家人』，那末，曹頫就是他的主子，而作為曹頫的胞兄的桑額，就是吴老漢的主子的哥哥，他們之間也存在着主奴關係。在奏摺裏，我們從吴老漢對桑額的稱呼以及索住和桑額的供稱中所反映的人事關係來看，這個案情中的桑額，決不可能是吴老漢的主子曹頫的哥哥，這是十分明顯的事。但是有一點要注意，這個奏摺一開頭説：『有桑額等之家人，名叫吴老漢者。』這裏的桑額，則與下面的桑額不同，不是一個人；這個桑額，倒確是曹頫的哥哥，正因為他是曹頫的哥哥，所以纔説『有桑額等之家人』云云，實際上這句話也等於説：『有曹頫等之家人。』所以後文吴老漢自己就説：『我係曹頫之家人。』除了這一處外，這個奏摺中所提到的桑額，都是另一人，而不是曹頫的哥哥。

那末，這樣的同名的情況，有没有可能呢？完全可能。這種情況在當時並不少見，例如：雍正十一年七月二十四日《內務府總管允禄為旗鼓佐領曹頎等身故請補放缺額摺》裏，在已故的旗鼓佐領裏有一名叫桑額，原文説『世佳保補桑額之佐領』，『桑額補常阿之佐領』。前一個桑額是已經死了的桑額，後一個桑額是活着的桑額并且要去補任佐領，由此可見當時叫桑額的人是很多的，因此這種重名也是很平常的事。但是後人不瞭解這種情況，卻往往容易因同名而誤為一人，上述這個逮捕吴老漢案裏的桑額就是一例。

總管內務府為曹順等人捐納監生事咨户部文

康熙二十九年四月初四日

總管內務府咨行户部。

案據本府奏稱：

三格佐領下蘇州織造・郎中曹寅之子曹順，情願捐納監生，十三歲；

三格佐領下蘇州織造・郎中曹寅之子曹顔，情願捐納監生，三歲；

三格佐領下南巡圖監畫曹荃，情願捐納監生，二十九歲；

三格佐領下南巡圖監畫曹荃之子曹顒，情願捐納監生，二歲；

三格佐領下南巡圖監畫曹荃之子曹頔，情願捐納監生，五歲；

都虞司所屬住玉田縣鑲黄旗鷹户劉勳之子劉成章，情願捐納監生，六歲，北京漢人；

都虞司所屬住玉田縣鑲黄旗鷹户張文芳之子張曇，情願捐納監生，十八歲，北京漢人；

翰錫管領下住蔡村收豆人季秀之子兆兒，情願捐納監生，十七歲，北京漢人。等因。

將此等人名各繕一緑頭牌并擬將此送部等情具奏。奉旨：知道了。欽此。

為此咨行。

內務府總管飛揚武、班第著筆帖式苟色送去。交付員外郎和隆。①

按： 此件為一九八四年首次公布，咨文原件有兩處錯誤，有的則需要說明，現對咨文作一簡要疏理。

（一）三格佐領下蘇州織造·郎中曹寅之子曹順，情願捐納監生，十三歲。

按： 曹順是曹宣的長子，康熙四十八年四月十三日《內務府奏曹寅辦銅尚欠節銀應速完結并請再交接辦摺》說：『據曹寅弟弟之子曹順呈稱：我伯父曹寅』，『現既據曹寅弟弟之子曹順呈稱：我伯父曹寅』。文中兩次提到『曹寅弟弟之子曹順』。又兩次提到『我伯父曹寅』，則曹順原是曹宣之子自無可疑。但據考，曹順曾於康熙二十五年春（時曹順虛歲九歲）過繼給曹寅為嗣子，至康熙四十六七年間又回歸曹宣本支②。此咨文時間是康熙二十九年，當時曹順尚是曹寅的嗣子，故尚可稱『曹寅之子曹順』。

又按： 曹順之回歸曹宣本支，是因曹寅生了曹顒。但康熙五十三年底或五十四年初，曹顒突然在京病故，曹寅仍然無嗣，按理曹順仍應過繼給曹寅。但康熙卻親自過問過繼之事，且指示：『他們弟兄原也不和，倘若

---

① 見《歷史檔案》一九八四年第一期，歷史檔案雜志社出版。

② 見朱淡文《曹順考》。《紅樓夢研究》第三九五頁，臺灣貫雅出版社一九九〇年版。

使不和者去做其子，反而不好。』① 按其時曹宣已於康熙四十四年病故，至此曹寅、曹宣上一輩的兄弟倆俱已不在，故『他們兄弟原也不和』只能是指曹順原與曹顒不和，故康熙不讓曹順再去繼承曹寅，因另選曹頫。

（二）三格佐領下蘇州織造·郎中曹寅之子曹顏，情願捐納監生，三歲。

按： 曹寅只有一個兒子即曹顒，這在本書前曹寅名下《江寧織造曹寅奏為婿移居並報米價摺》內已敘明。可參閱。此處曹顏之名初見，當是與下文曹荃誤書。曹顏，是曹宣第三子，滿名桑額，這在前面亦已有考。

（三）三格佐領下南巡圖監畫曹荃，情願捐納監生，二十九歲。

按： 曹荃原名『宣』，因避康熙『玄』字的音諱，故改名為『荃』。曹荃於康熙二十八年隨康熙第二次南巡，歸京後，即任南巡圖監畫。

① 見康熙五十四年正月十二日《內務府奏請將曹頫給曹寅之妻為嗣并補江寧織造摺》。中華書局《關於江寧織造曹家檔案史料》一九七五年版。

(四)三格佐領下南巡圖監畫曹荃之子曹顒，情願捐納監生，二歲。

按：曹顒是曹寅之獨子，前已叙明。此處係誤書。

(五)三格佐領下南巡圖監畫曹荃之子曹頔，情願捐納監生，五歲。

按：曹頔之名初見，據考，是曹荃的第二子，小名『驥兒』。

宜

《宗譜》：爾正子，原任護軍參領兼佐領，誥授武功將軍，生子頎。

《氏族通譜》：原任護軍參領兼佐領。

《八旗通志》卷五《旗分志》五：正白旗滿洲都統包衣第一參領所屬十七佐領。第二旗鼓佐領，亦係康熙三十四年編立。初以馬虎管理，馬虎故，以員外郎駱雅圖管理，駱雅圖往守陵寢……四黑故，以護軍參領曹宜管理。

蘇州織造李煦奏曹宜奉佛到揚仍着伊往普陀安置摺

康熙四十七年三月二十九日

（上略）二月十八日曹宜奉佛自張家灣開船，於三月二十八日到揚州，一路平安無事。管理杭州織造臣孫文成於二十九日清晨到揚迎佛，臣煦與曹寅、孫文成商議，仍着曹宜跟隨孫文成前去普陀安置佛畢，具摺回奏。（下略）

江寧織造曹寅奏佛船已到普陀摺

康熙四十七年四月初三日

（上略）今本月初三日，臣家人先回報稱：孫文成與臣弟曹宜送至南海，於閏三月十四日到普陀山。海中太平無事，過海之時，風恬浪静，即登彼岸。所有備細，俟安位停妥，慶贊圓滿，孫文成與臣弟曹宜到日，再當具列詳奏。（下略）

署内務府總管允祿等奏請補放内府三旗參領等缺摺

雍正七年十月初五日

（上略）尚志舜佐領下護軍校曹宜，當差共三十三年，原任佐領曹爾正之子，漢人。（下略）

内務府總管允祿等奏請補放正白旗護軍參領缺摺

雍正十一年七月二十四日

正白旗護軍參領噶爾明、鄂英輝病故，為補放此等缺額，將侍衛委署護軍參領那勤、福勒敦，鳥槍護軍參領曹宜、鄂勒吉拜等名，各繕一緑頭牌，由總管内務府事務和碩莊親王（下略）帶領引見。

奉旨：以那勤、曹宜補放護軍參領。欽此。

五、第十三世

顒

（按：《五慶堂曹氏宗譜》正本『顒』字作『顋』，缺末兩筆。）

《宗譜》：寅長子，内務府郎中，督理江南織造。誥授中憲大夫，生子天佑。

《氏族通譜》：曹顒，原任郎中。

《曹璽傳》，康熙六十年刊《上元縣志》卷十六：（上略）孫顒，字孚若。嗣任三載，因赴都染疾，上日遣太醫調治，尋卒。上嘆息不置，因命仲孫頫復繼織造使。（下略）

內務府總管赫奕等奏帶領桑額連生等引見摺

康熙五十年四月初十日

（上略）又具奏：原任物林達曹荃之子桑額、郎中曹寅之子連生，曾奉旨：著具奏引見。欽此。現將桑額、連生之名，各繕綠頭牌，由內務府總管赫奕、保住具奏，帶領引見。（下略）

江西巡撫郎廷極奏請以曹寅之子曹顒仍為織造摺

康熙五十一年八月二十七日

江西巡撫奴才郎廷極謹奏：為奏聞事。

竊照江寧織造臣曹寅在揚州府書館病故，已經具疏題報。今有江寧省會士民周文貞等，并機户經紀王聘等，經緯行車户項子寧等，緞紗等項匠役蔣子寧等，絲行王楷如等，機户張恭生等，又浙江杭嘉湖絲商邵鳴皋等，紛紛在奴才公館，環繞具呈，稱頌曹寅善政多端，吁懇題請以曹寅之子曹顒仍為織造。此誠草野無知之見，天府重務，皇上自有睿裁，豈臣下所敢妄為陳請，奴才亦何敢遽以入告，因身在地方，目睹輿情，亦足徵曹寅之生前實心力事，上為主子，下為小民也。謹據實具摺奏聞，奴才曷勝冒昧悚惶之至。

硃批：知道了。

曹寅之子連生奏曹寅故後情形摺

康熙五十一年九月初四日

曹寅子奴才連生謹奏：　為感沐皇仁，矜全身命，恭謝天恩事。

竊奴才祖孫父子，世受國恩，涓埃未報，奴才故父一生叨沐聖主浩蕩洪恩，出管江寧織造二十餘年，復四差鹽務，遭逢異數，疊加無已。方圖矢誠報效，上答高厚，不意壽命不延，遽辭聖世。奴才年當弱冠，正犬馬效力之秋，又蒙皇恩憐念先臣止生奴才一人，俾攜任所教養，豈意父子聚首之餘，即有死生永别之慘，乃得送終視殮者，皆出聖主之賜也。奴才父病亟時，自知疾篤，故面託李煦代奏，求賜聖藥，李煦摺回，傳示御批，仰荷皇上天高地厚之恩，從古未有，不料先期逝世，辜負聖心，九泉之下，飲泣何窮。至父病臨危，頻以天恩未報，垂淚諄諭，命奴才盡心報國，又以所該代商完欠及織造錢糧，槌胸抱恨，口授遺摺，上達天聽。氣絶經時，目猶未瞑。奴才傷心慟哭，不知所措。

九月初三日，奴才堂兄曹頎來南，奉梁總管傳宣聖旨，特命李煦代管鹽差一年，著奴才看着將該欠錢糧補完，倘有甚麽不公，復命奴才摺奏。欽此欽遵。跪聆之下，奴才母子不勝惶悚恐懼，感激痛哭，搏顙流血，謹設香案，望闕叩頭謝恩。竊思奴才伶仃孤苦，舉目無親，負彌天之罪戾，萬死何辭。乃蒙皇上格外洪慈，不即伏斧鑕，重沛恩綸，昊天罔極，一至於此。不特故父名節得荷矜全，奴才身家性命，實蒙恩賜，即粉骨碎身，肝腦塗地，莫能仰報萬一。惟有率領全家長幼，朝夕焚香頂祝，生生世世，圖效犬馬，銜結無窮。

奴才包衣下賤，自問何人，敢擅具摺奏，緣奉聖旨格外洪恩，螻蟻感激之私，無由上達，謹冒死繕摺恭謝天恩，伏乞睿鑒。奴才不勝泣血頂戴激切屏營之至。

硃批：知道了。

內務府總管赫奕等奏請補放江寧織造摺

康熙五十一年十月十五日

奏為江寧織造·郎中曹寅病故，請補放其缺事。（下略）

奉旨：曹寅在織造任上，該地之人都説他名聲好，且自督撫以至百姓，也都奏請以其子補缺。曹寅在彼處居住年久，并已建置房產，現在亦難遷移。此缺著即以其子連生補放織造郎中。欽此。

（下略）

內務府奏請補放連生為主事掌織造關防摺

康熙五十二年正月初九日

總管內務府謹奏：為遵旨議奏事。

康熙五十二年正月初五日，奏事治儀正傻子、員外郎雙全傳諭：曹寅前因勤勞，給予兼銜；今其子連生，雖補父缺，但可否即任父職，抑給主事之職？如何之處，爾内務府總管理應具奏請旨，着即議奏。欽此欽遵。

查曹寅係由廣儲司郎中補放織造郎中，後因勤勞，兼攝通政使司通政使銜。奉旨，曹寅前因勤勞兼銜，今連生雖補其父缺，可否即任父職？所諭甚是。因此，請放連生為主事，掌織造關防。為此，謹奏請旨。

内務府總管赫奕，署内務府總管；佐領馬齊，署内務府總管。郎中海章，繕摺交奏事治儀正傻子、員外郎雙全轉奏。

奉旨：依議。連生又名曹顒，此後著寫曹顒。欽此。

内務府總管赫奕、署内務府總管馬齊諭：交各該管施行。

江寧織造曹顒奏謝繼承父職摺

康熙五十二年

江寧織造・主事奴才曹顒謹奏：恭請萬歲聖安。

竊奴才包衣下賤，年幼無知，荷蒙萬歲曠典殊恩，特命管理江寧織造，繼承父職。又蒙天恩加授主事職銜，復奉特旨改換奴才曹顒學名，隆恩異數，疊加無已，亘古未有。奴才自問何人，輒敢仰邀聖主洪恩，一至於此。今奴才於二月初二日已抵江寧莅任，恭設香案，望闕叩頭謝恩，接印視事訖。竊念奴才祖孫父子，世沐萬歲浩蕩之恩，身家性命，皆出聖主之所賜，雖捐糜頂踵，粉骨碎身，莫能仰報高厚於萬一。惟有凜遵聖訓，矢公矢慎，冰兢自持，竭誠報效，以仰副萬歲矜全之至意。謹繕摺恭謝天恩，伏乞聖鑒。奴才不勝激切感戴之至。

硃批：朕安。

蘇州織造李煦奏代理鹽差所得餘銀盡歸曹頫補帑摺

康熙五十二年十一月十二日

臣李煦跪奏：

竊我萬歲如天如地之仁，軫念曹寅身後錢糧，特命臣代理鹽差一年，將所得餘銀盡歸曹寅之子曹頫，清完所欠錢糧。如此弘慈，真亘古之所未有也。今臣於十月十二日已完代理一差之事，謹遵旨意，不敢自圖己私，凡一應餘銀，臣眼同兩淮商人，親交曹頫。而計所得之銀，共五十八萬六千兩零。內解江、蘇二織造錢糧二十一萬兩，解江、蘇二織造買辦修理機房自備船隻水脚錢糧共五千兩，解江寧織造衙門備辦誥命神帛養匠錢糧一萬二千兩零，代商人完欠歸收運庫二十三萬兩，又解補江寧織造衙門虧欠九萬二千兩零，共五十四萬九千兩零。臣俱眼同曹頫解補請完訖，尚餘銀三萬六千餘兩，俱曹頫收受。

竊念曹寅、曹頫父子，仰荷聖主格外洪恩，上以彌補錢糧，下以保全妻子。不特曹寅感泣地下，曹頫母子頂戴生全，臣與曹寅親戚共事，見其仰荷隆恩，善全身後，臣寤寐之間，時為感激涕零也。臣代理已畢，曹頫補帑已完，理合具摺奏聞，伏乞睿鑒。臣煦臨奏不勝悚惶感戴之至。

硃批：　知道了。

江寧織造曹頫奏李煦代任鹽差補完虧欠摺（附單一件）

康熙五十二年十一月十三日

江寧織造·主事奴才曹頫謹奏：　為恭謝天恩事。

竊奴才父寅去年身故，荷蒙萬歲天高地厚洪恩，憐念奴才母子孤寡無倚，錢糧虧欠未完，特命李煦代任兩淮鹽差一年，將所得餘銀為奴才清完所欠錢糧。皇仁浩蕩，亘古未有。今李煦代任鹽差已滿，計所得餘銀共五十八萬六千兩零，所有織造各項錢糧及代商完欠，李煦與奴才眼同俱已解補清完，共五十四萬九千六百餘兩。謹將完過數目，恭呈御覽。尚餘銀三萬六千餘兩，奴才謹收貯。

竊念奴才祖孫父子世沐主恩，涓埃莫報。自奴才父故後，奴才母子孤苦伶仃，子然無倚；且又錢糧虧欠，粉身莫贖。乃蒙萬歲破格天恩，俾錢糧得以清補全完。不特奴才母子身家性命得荷矜全，奴才故父九泉之下，亦得瞑目。如此昊天罔極之恩，雖肝腦塗地，亦難報高厚於萬一。奴才母子相依感激痛哭，惟有朝夕焚香頂祝萬壽無疆。奴才隨後即起身赴闕，恭謝天恩。

謹先具摺奏聞，伏乞聖鑒。奴才不勝感激頂戴之至。

硃批：知道了。

附單

李煦代任鹽差一年，浄得餘銀五十八萬六千兩零。內：一解江、蘇織造銀二十一萬兩，一解江寧年例神帛銀一千九百二十兩，一解江寧備制神帛銀三千兩，一解江寧備制誥命銀五千兩，一解江寧養匠銀二千七百兩，一解江蘇織造買辦銀兩千兩，一解江、蘇織造自備船隻水脚銀二千兩，一解江、蘇織造修理機房銀一千兩，一代商完欠歸運庫銀二十三萬兩，一補江寧織造虧欠銀九萬二千兩零。以上解補過銀共五十四萬九千六百二十兩零，尚餘銀三萬六千四百兩零。

江寧織造曹頫奏請進鹽差餘銀摺

康熙五十二年十二月二十五日

江寧織造·主事奴才曹頫謹奏：竊奴才父寅故後，奴才母子孤苦伶仃，身家性命已同瓦解，仰荷萬歲如此天恩，得以保全。今錢糧俱已清補全完，奴才一身一家，自頂至踵，皆蒙聖主再生之德。又屢蒙聖訓，不敢絲毫浪行花費。奴才仰賴天恩，可以過活。所有鹽差任內餘剩銀三萬六千兩，奴才無有費用之處。奴才臨行之時，母諭諄諄，以奴才年幼，并無一日效力犬馬，乃沐萬歲天高地厚洪恩，一至於斯，殺身難報，將此所得餘銀，恭進主子添備養馬之需，或備賞人之用，少申奴才母子螻蟻微忱。伏乞天恩賞收，不特奴才母子感沐恩榮，奴才父寅九泉之下，亦得瞑目。奴才曷勝恐懼感戴激切叩頭之至。

硃批：當日曹寅在日，惟恐虧空銀兩不能完，近身没之後，得以清了，此母子一家之幸。餘剩之銀，爾當留心，況織造費用不少，家中私債想是還有，朕祗要六千兩養馬。

蘇州織造李煦奏請再派鹽差以補虧空摺

康熙五十三年七月初一日

臣李煦跪奏：

竊臣與曹寅蒙萬歲隆恩，輪視淮鹺，殊榮異數，亘古未有。今十年差期已滿，臣煦何敢再有非分之求。但臣蒙豢養數十年，莫非宏恩覆庇，而自今以後，將有不得保全身家之懼，若不據實陳奏，以求聖恩，是徒蹈欺主之重罪，并負豢養之弘慈，此臣煦之所以不容不瀝誠籲請也。

臣巡視淮鹽，每年所得餘銀，供江寧、蘇州現年織造錢糧，并備辦差使，以及日逐盤費外，又代商人清補歷年積欠。而兩淮庫項俱已清楚，惟蘇州織造衙門向有虧空，勢遂不能兼顧。今鹽差已滿，臣別無指望，雖粉身碎骨，終不得弭補蘇州織造虧空，而錢糧關係，臣心萬分惶懼，是以望闕叩頭，再求天恩於格外。

伏思巡鹽所得餘銀，每年約五十五、六萬兩不等，內應發江蘇現年織造錢糧二十一萬兩，代補商人積欠二十三萬兩，除此以外，存剩者止十萬餘兩矣。今江蘇現年織造錢糧照常應付外，至於補商欠之二十三萬兩，自丙戌綱起沿及今年，已經補完在庫，明年無可再補。倘臣荷蒙殊恩，再賞差數年，則此二十三萬兩臣不敢私自入己，請允臣每年解送進京，以備我萬歲公項之用。其存剩之十萬餘兩，臣思曹寅虧空雖補，其子將來當差尚慮無銀，而臣於存剩之十萬餘兩內，應幫助曹顒辦差銀若干兩，伏候批示遵行。其幫助曹顒之外所餘銀兩，臣當陸續補蘇州織造虧空，并辦臣現年差使，而叩求萬歲之曲賜恩全，保臣身家。臣惟有生生世世永矢犬馬之報效也。臣煦臨奏不勝激切悚惶之至。

硃批：此件事甚有關係，輕易許不得。況虧空不知用在何處，若再添三四年，益有虧空了。

（宮中·李煦奏摺）

上諭著李陳常巡視鹽差一年清補曹寅李煦虧欠

康熙五十三年八月十二日

上駐蹕阿那達嶺。未時，上御行宫。

大學士松柱、學士查弼納、關保以摺本請旨。

覆請都察院題：兩淮鹽差，今歲屬曹寅兼管之年，曹寅已故，將曹寅之子管理織造府事主事曹顒職名，開列請旨，伏候上裁一疏。

上曰：兩淮鹽課原疏內，止令曹寅、李煦管理十年，今十年已滿，曹寅、李煦逐年虧欠錢糧，共至一百八十餘萬兩；若將鹽務令曹寅之子曹顒、李煦管理，則又照前虧欠矣。此不可仍令管理。先是總督噶禮奏稱，欲參曹寅、李煦虧欠兩淮鹽課銀三百萬兩，朕姑止之。查伊虧欠課銀之處，不至三百萬兩，其缺一百八十餘萬兩是真。自簡用李陳常為運使以來，許多虧欠銀兩，俱已賠完；并能保全曹寅、李煦家產，商人等皆得免死，前各任御史等虧欠錢糧，亦俱清楚。又，兩淮運使一年應得銀七萬兩，李陳常將此項銀蠲免一年，止取銀五千兩，故商人等無不心服也。

問起居注・左都御史揆叙曰：李陳常居官如何？

揆叙奏曰：李陳常居官好，無人不稱道之。

上曰：李陳常居官甚好，於鹽務實能效力，以李陳常為監察御史，着巡視兩淮鹽課一年。其江寧、蘇州織造兩處地方應解銀兩，仍照曹寅、李煦舊額解送，所有贏餘，俱着清補曹寅、李煦及衆商人虧欠銀兩。李陳常原係九卿舉出之人，這運使員缺，着九卿務簡如李陳常者保舉。

（內閣・起居注册）

蘇州織造李煦奏安排曹顒後事摺

康熙五十四年正月十八日

奴才李煦跪奏：

曹頫病故，蒙萬歲天高地厚洪恩，念其孀母無依，家口繁重，特命將曹頫承繼襲職，以養贍孤寡，保全身家。仁慈浩蕩，亘古所無，不獨曹寅父子妻孥死生啣結，普天之下莫不聞風感泣，仰頌天恩。奴才與曹寅父子誼屬至親而又同事多年，敢不仰體聖主安懷之心，使其老幼區畫得所。

奴才謹擬曹頫於本月內擇日將曹顒靈柩出城，暫厝祖塋之側，事畢即奏請赴江寧任所。蓋頫母年近六旬，獨自在南奉守夫靈，今又聞子夭亡，恐其過於哀傷。且舟車往返，費用難支。莫着令曹頫前去，朝夕勸慰，俟秋冬之際，再同伊母將曹寅靈柩扶歸安葬，使其父子九泉之下得以瞑目，以仰副萬歲佛天垂憫之至意。

再，江寧織造虧欠未完，又蒙破格天恩，命李陳常代補清完。奴才回南時，當親至江寧，與曹頫將織造衙門帳目，徹底查明，補完虧空，此皆皇恩浩蕩之所賜也。奴才愚昧，不敢擅便，謹具摺奏請聖訓遵行。

硃批：是。

（宮中·李煦奏摺）

按：（一）曹顒又名『連生』，這一點在康熙五十二年正月初九日的康熙硃批裏，我們早已知道了，但曹顒的字叫『孚若』，這是最近的發現。過去吳世昌同志曾考證『顒』字的出典說：『見《小雅·六月》：「其大有顒。」』現在我們查出『顒』字并不是用的《詩·小雅·六月》的『顒』字，而是用的《易·觀卦》。原文是：『覲，盥而不薦，有孚顒若。』

(二) 曹顒的死，雖然我們從李煦、曹頫等的奏摺裏可以看出曹顒是死在北京的，但缺乏明文記載，這次發現了康熙六十年刊《上元縣志》上的《曹璽傳》，明文記載：『嗣任三載，因赴都染疾，上日遣太醫調治，尋卒，上嘆息不置。』這樣曹顒『因赴都染疾』而死的問題就十分清楚了。

(三) 康熙五十四年正月十八日《蘇州織造李煦奏安排曹顒後事摺》説：『奴才謹擬曹頫於本月內擇日將曹顒靈柩出城，暫厝祖塋之側』，『俟秋冬之際，再同伊母將曹寅靈柩扶歸安葬，使其父子九泉之下得以瞑目。』從上引文句來看：(1) 曹顒是『暫厝祖塋之側』，要等曹寅的靈柩扶歸纔一起安葬；(2) 其祖塋離京城當不甚遠，玩其『出城暫厝』等語氣不像是在遠處；(3) 其祖塋的可能性所在地，我認為可能是在通縣張家灣範圍內，因曹頫上康熙的奏摺裏説到『通州典地六百畝，張家灣當鋪一所』，特別是一九六八年在張家灣原曹家大墳出土曹雪芹墓石一塊，上刻『曹公諱霑墓壬午』七字，這個『曹家大墳』，應即是曹家祖墳。

(四) 譜文説顒『生子天佑』。這個『天佑』，應該就是康熙五十四年三月初七日曹頫《代母陳情摺》裏所説的『奴才之嫂馬氏，因現懷妊孕已及七月』，『將來倘幸而生男，則奴才之兄嗣有在矣』的這個遺腹子。有的研究者認為曹天佑就是曹顒的遺腹子曹霑，也就是曹雪芹。我認為在没有確切的證據的情況下，這還只能是一種猜測，不能作為定論。我個人仍保留雪芹是曹頫之子的舊觀點。説詳見下十四世曹天佑。

(五) 曹寅在江寧織造任上和兩淮鹽差任上留下的巨額虧空，從康熙五十一年七月二十三日《蘇州織造李煦奏請代管鹽差一年以鹽餘償曹寅虧欠摺》、康熙五十一年九月初六日《蘇州織造李煦奏蒙準代管鹽差一年償還曹寅欠項摺》、康熙五十二年十一月十二日《蘇州織造李煦奏代理鹽差所得餘銀盡歸曹頫補帑摺》、康熙五十二年十一月十三日《江寧織造曹頫奏李煦代任鹽差補完虧欠摺》及附單、康熙五十二年十二月二十五日《江寧織造曹頫奏請進鹽差餘銀摺》等材料來看，應該是全部虧欠補完了；不僅補完了，而且還『餘銀三萬六千四百兩零』，曹頫并將此款進康熙，康熙還親批：『曹寅在日，惟恐虧空銀兩不能完，近身没之後，得以清了，此母子一家之幸。餘剩之銀，爾當留心，況織造費用不少，家中私債想是還有，朕祇要六千兩養馬。』上述這些材料，歷歷分明地說明『虧空銀兩』『得以清了』了，但奇怪的是到了康熙五十三年八月十二日，又有《上諭著李陳常巡視鹽差一年清補曹寅李煦虧欠》的事，而且在這個摺子裏，又明確地說：『自簡用李陳常為運使以來，許多虧欠銀兩，俱已賠完。』但到了康熙五十五年十月二十一日《蘇州織造李煦奏謝再監察兩淮鹽課一年摺》裏，李煦又說：『今年聞李陳常代補之外，尚有未補二十八萬八千餘兩。但此項一日未完，奴才寸心即一日不安。』則可見仍未補完。一直到康熙五十五年十一月十八日，李煦在奏摺裏又說：『奴才當以二十八萬八千餘兩補完積欠，其所剩二萬九千餘兩解部充餉。但奴才得以餘銀清楚未完積欠，皆由我萬歲格外之天恩，而奴才與曹頫雖世世犬馬未足以云報也。』康熙五十六年七月十三日李煦又在奏摺裏說：『奴才謹遵照二十八萬八千兩零之數，日下已經全完，聽候部文撥解。』『再，奴才今年任内補欠已完，而將來巡鹽御史無欠可補，其差内餘銀應行解部，合并聲明。』特别是康熙五十六年十月十九日《上諭曹寅李煦清還歷年積欠著交部議叙》的摺子裏，又明確地說：『復請户部議復李煦所奏江寧、蘇州織造衙門所欠銀兩，今已照數全還，此後商人但交正項錢糧及織造所用額銀，并無欠項等因』，『曹寅、李煦將歷年積欠俱已清還，着交部查全完錢糧官員議叙之例具奏。』根據以上這許多文獻資料來看，曹寅的虧空錢糧，應該説確是『將歷年積欠，俱已清還』了。但是，到了雍正二年正月初七日曹頫在《江寧織造曹頫奏謝准允將織造補庫分三年帶完摺》裏，又説：『竊奴才前以織造補庫一事，具文咨部，求分三年帶完。』『奴才實係再生之人，惟有感泣待罪，祇知清補錢糧為重，其餘家口妻孥，雖至饑寒迫切，奴才一切置之度外，在所不顧。凡有可以省得一分，即補一分虧欠，務期於三年之內清補全完。』特别是到了雍正五年十二月二十四日雍正下令查抄曹頫的家產時，其罪名仍然是『行為不端，織造款項虧空甚多』。可見這筆虧空仍未『清了』。對於這種幾次三番説『虧空銀兩』『得已清了』而又幾次三番説『織造款項虧空甚多』，直到最後還是以這項『罪名』被抄家敗落的這種奇怪現象怎麼去理解呢？我的理解是：在曹寅任上虧空銀兩確是很多，這是事實，但後來經過多次的賠補，理應是補完了，否則怎麼能説他『得已清了』呢？之所以後來仍説他『虧空甚多』的原因，從經濟上來説，可能當時有一大批款項是曹寅時發放給鹽商的，也就是《上元縣志·曹璽傳》裏所説的『疏貸內府金百萬，有不能償者，請豁免』，以及康熙五十六年十月十九日上諭裏所説的『此後商人但交正項錢糧及織造所用額銀，并無欠項』，所謂現在『并無欠項』者，也就是説過去曾有『欠項』也。當時曹寅發放出去的銀兩數量很大，可能有的當時是算『豁免』了，但後來又不承認了或者又查出貸出去的新款項了，這些款項一并算在曹寅的賬上，因此一會兒説『清了』了，一會兒又查出新賬，又不算『清了』了，這種可能性也是存在的；從政治上來説，在雍正上臺以後，曹家本屬於康熙的親信，但曹家與怡親王允祥交甚厚，從雍正二年曹頫請安摺上雍正的批諭可以看得很清楚，而怡親王是雍正最信任的人，所以雍正元年李煦被抄家而曹頫仍能任江寧織造。但雍正對曹頫本人的印象并不好

（見雍正五年雍正對噶爾泰的批諭），所以到雍正五年底，終因『騷擾驛站案』又併發出『織造虧空案』，終於仍因『虧空』而抄家敗落。抄家的結果曹頫已一無所有，從曹家被抄以後，雍正把曹家南京的房產全數賞了隋赫德而没有像李煦一樣用曹頫的家產來頂『虧欠』，從這一點來看，也可見當時曹家的敗落，經濟問題并不是根本問題。

頫

《宗譜》：寅次子，內務府員外郎，督理江南織造，誥授朝議大夫。

《氏族通譜》：曹頫，原任員外郎。

《曹璽傳》，康熙六十年刊《上元縣志》：（上略）因命仲孫頫復繼織造使。頫字昂友，好古嗜學，紹聞衣德，識者以為曹氏世有其人云。

《楝亭詩鈔別集》：《辛卯三月聞珍兒殤，書此忍慟，兼示四侄寄東軒諸友》其二：『予仲多遺息，成材在四三。承家望猶子，努力作奇男。』

按：曹頫是曹宣的第四子，曹寅詩題所説的四侄，和詩中『四三』的『四』都是指曹頫。

内務府奏請將曹頫給曹寅之妻為嗣并補江寧織造摺

康熙五十四年正月十二日

總管内務府謹奏：　為請旨事。

康熙五十四年正月初九日，奏事員外郎雙全、物林達蘇成額、奏事張文彬、檢討楊萬成，交出曹顒具奏漢文摺，傳旨諭内務府總管：　曹顒係朕眼看自幼長成，此子甚可惜。朕所使用之包衣子嗣中，尚無一人如他者。看起來生長的也魁梧，拿起筆來也能寫作，是個文武全才之人。他在織造上很謹慎，朕對他曾寄予很大的希望。他的祖、父，先前也很勤勞。現在倘若遷移他的家産，將致破毁。李煦現在此地，着内務府總管去問李煦，務必在曹荃之諸子中，找到能奉養曹顒之母如同生母之人纔好。他們弟兄原也不和，倘若使不和者去做其子，反而不好。汝等對此，應詳細考查選擇。欽此。本日李煦來稱：　奉旨問我，曹荃之子誰好？我奏，曹荃第四子曹頫好，若給曹寅之妻為嗣，可以奉養。奉旨：　好。欽此。等語。臣等欽遵。查曹顒之母不在此地，當經詢問曹顒之家人老漢，在曹荃的諸子中，那一個應做你主人的子嗣？據稟稱：　我主人所養曹荃的諸子都好，其中曹頫為人忠厚老實，孝順我的女主人，我女主人也疼愛他等語。

臣等敬維聖主不棄奴才等微勞，普施恩澤，推及婦孺子孫，亦必撫育成全，決不使其家業破毁，所施恩澤，不僅其一家感受鴻恩，得以成全養育者，數之不盡。即推及臣等之身及所有聞知之人，亦皆不勝贊譽奇恩，無不感激者也。因此遵奉仁旨，詳細考查，曹荃諸子中，既皆曰曹頫可以承嗣，即請將曹頫給曹寅之妻為嗣，并補放曹頫江寧織造之缺，亦給主事職銜。為此，謹奏請旨。等因繕摺。內務府總管兼工部尚書赫奕、署理內務府總管事務·佐領馬齊、署理內務府總管事務·郎中海章，交與奏事員外郎雙全、物林達蘇成額、奏事張文彬、進士齊呼倫轉奏。

奉旨：依議。欽此。

曹頫奏謝繼任江寧織造摺

康熙五十四年三月初七日

江寧織造·主事奴才曹頫謹奏：為恭謝天恩事。

竊奴才於二月初九日，奏辭南下，於二月二十八日抵江寧省署，省覲老母，傳宣聖旨。全家老幼，無不感激涕零，叩頭恭祝萬壽無疆。奴才謹於本月初六日上任，接印視事，敬設香案，望闕叩頭，恭謝天恩。竊念奴才包衣下賤，黃口無知，伏蒙萬歲天高地厚洪恩，特命奴才承襲父兄職銜，管理江寧織造。奴才自問何人，驟蒙聖主浩蕩洪恩，一至於此。奴才惟有矢公矢慎，遵守成規，盡心辦事，上以圖報王恩，下以奉養老母，仰副萬歲垂憫孤孀，矜全骨肉之至意。謹具摺奏聞，伏乞聖鑒。奴才不勝感激惶悚之至。

硃批：知道了。

江寧織造曹頫代母陳情摺

康熙五十四年三月初七日

江寧織造・主事奴才曹頫謹奏：為皇仁浩蕩，代母陳情，恭謝天恩事。

竊奴才母在江寧，伏蒙萬歲天高地厚洪恩，將奴才承嗣襲職，保全家口。奴才母李氏聞命之下，感激痛哭，率領闔家老幼，望闕叩頭。隨於二月十六日赴京恭謝天恩，行至滁州地方，伏聞萬歲諭旨，不必來京，奴才母謹遵旨仍回江寧。奴才之嫂馬氏，因現懷妊孕已及七月，恐長途勞頓，未得北上奔喪，將來倘幸而生男，則奴才之兄嗣有在矣。本月初二日，奴才母舅李煦前來傳宣聖旨，奴才母跪聆之下，不勝感泣，搏顙流血，謹設香案，望北叩頭謝恩。竊念奴才祖孫父子，世沐聖主豢養洪恩，涓埃未報。不幸父兄相繼去世，又蒙萬歲曠典奇恩，亘古未有。奴才母子雖粉身碎骨，莫能仰報高厚於萬一也。

謹具摺代母奏聞，恭謝天恩，伏乞聖鑒。奴才母子不勝激切感戴之至。

硃批：知道了。

蘇州織造李煦奏宣示曹頫承繼宗祧襲職織造摺

康熙五十四年三月初十日

臣李煦跪奏：

竊臣與曹頫叩辭行在南回，路上聞臣妹曹寅之妻李氏，感激萬歲命曹頫承繼襲職隆恩，特起身進京叩謝。臣一聞此信，隨同曹頫各差家人飛騎止住，所以臣妹已至滁州仍回江寧矣。

臣煦於三月初二日到江寧織造署内，即向臣妹宣示恩旨：主子俯念孀居無依，恐你一家散了，特命曹頫承繼宗祧，襲職織造，得以養贍孤寡，保全身家。目下不必進京，俟秋冬之際，率領曹頫將曹寅靈柩扶歸安葬。

臣煦敬將萬歲佛心垂憐至意，天語叮嚀諭旨，一一傳宣。臣妹李氏跪聽之下，感激涕泣，遂恭設香案，率領曹顒之妻馬氏望闕叩頭謝恩。一面囑伊子曹頫具摺奏謝矣。

曹頫於三月初六日上任受事，理合一併奏聞，伏乞睿鑒。

硃批：知道了。

江寧織造曹頫復奏家務家產摺

康熙五十四年七月十六日

江寧織造·主事奴才曹頫跪奏：恭請萬歲聖安。

七月十四日奴才家奴賫捧摺子回南，蒙御批：你家中大小事為何不奏聞。欽此。奴才跪讀之下，不勝惶悚恐懼，感激涕零。

竊奴才自幼蒙故父曹寅帶在江南撫養長大，今復荷蒙天高地厚洪恩，俾令承嗣父職。奴才到任以來，亦曾細為查檢，所有遺存產業，惟京中住房二所，外城鮮魚口空房一所，通州典地六百畝，張家灣當鋪一所，本銀七千兩，江南含山縣田二百餘畝，蕪湖縣田一百餘畝，揚州舊房一所。此外並無買賣積蓄。奴才問母親及家下管事人等，皆云奴才父親在日費用很多，不能顧家。此田產數目，奴才哥哥曹顒曾在主子跟前面奏過的，幸蒙萬歲天恩，賞了曹顒三萬銀子，纔將私債還完了等語。

奴才到任後，理宜即為奏聞，因事屬猥屑，不敢輕率。今蒙天恩垂及，謹據實啓奏。奴才若少有欺隱，難逃萬歲聖鑒。倘一經察出，奴才雖粉身碎骨，不足以蔽辜矣。奴才不勝惶恐感戴之至。

硃批：知道了。

蘇州織造李煦奏李陳常代補曹寅虧欠不足求賜矜全摺

康熙五十五年二月初三日

竊臣至江寧織造衙門，傳宣萬歲命李陳常代補虧欠恩旨，曹頫母子即望闕叩頭謝恩，舉家皆感激涕零也。

臣李煦跪奏：

今户部行文已到，而臣接閱部文之後，有應再奏於聖主之前者。竊臣煦從前查曹寅虧欠，原有三十七萬三千兩零。因壬辰綱臣代曹寅任內，商人有應繳之費十一萬兩，扣存未收。既有此宗現銀可抵，則曹寅實欠二十六萬三千兩零，所以臣煦前摺内奏曹寅虧欠之數止二十六萬三千兩零而不奏三十七萬三千兩零也。在李陳常奉旨代補欠項，原係陳常自己任内餘銀，今部議請將曹寅未收之商費十一萬兩，即抵算在臣煦所奏曹寅二十六萬三千餘兩虧欠數內，是曹寅名下少收商費十一萬兩，即多出虧欠十一萬兩矣，曹頫母子拆骨難完。除曹頫具摺泣奏外，臣煦冒死再奏，伏求萬歲俱賜矜全，則曹寅一門永銜結於生生世世矣。

再，李陳常摺內，將商人應繳之費十一萬兩折去平色，止算九萬九千五百餘兩，而其實當時結算商人未繳之費，原算十一萬兩。合並奏明，伏乞聖鑒。臣煦臨奏不勝悚惶戰慄之至。

兼兩淮鹽課李煦奏鹽餘完欠解部并解費請賞作養廉摺

康熙五十五年十一月十八日

奴才李煦跪奏：

竊鹽差一年，餘銀除發織造錢糧二十一萬兩公項外，應得餘銀三十一萬七千兩。奴才當以二十萬八千餘兩補完積欠，其所剩二萬九千餘兩解部充餉。但奴才得以餘銀清楚未完積欠，皆由我萬歲格外之天恩，而奴才與曹頫雖世世犬馬未足以云報也。

奴才再有奏聞者，凡商人向年捆鹽出場，皆起於五月，以暑天捆鹽，不至出滷消耗。但五月方開手捆運，未免時日已遲，一年額運之鹽，恐不能趕完。李陳常欲挽遲為速，即改為正二月開捆，然流滷消耗，難免虧折。而商人衆議每一引多帶五斤，以備消耗，情願於正項錢糧之外，每引另出五分。奴才反覆思量，於衆商原為有益，而公務又得早完，此事可以不革除。淮北商人資本微薄，與江都山清八縣食鹽商人，俱不出外。查淮南一百三十三萬官引，每引五分，約計六萬六千兩零。奴才不敢私自入己，容差滿之日，親賫進呈，以備公項之用。再，鹽臣衙門另有經解費一萬六千兩，求恩賞奴才與曹頫兩處為養廉之資。奴才未敢擅便，伏候批示遵行。

硃批：是。

（宫中・李煦奏摺）

蘇州織造李煦奏巡鹽任内補欠已完聽部撥解摺

康熙五十六年七月十三日

奴才李煦跪奏：

竊江寧、蘇州織造衙門虧項，蒙萬歲天恩，着前鹽臣李陳常代補。除補過五十四萬二千兩外，仍有二十八萬八千兩零未完，奉旨令接任御史代補在案。

上年奴才又蒙特旨巡視鹽課，是既赦從前虧空錢銀之重罪，又復賞巡視鹽課之殊榮。恩頒望外，感激無地。奴才謹遵照二十八萬八千兩零之數，目下已經全完，聽候部文撥解。除另疏題明外，理合繕摺奏聞。而我萬歲天高地厚之弘恩，奴才無可報效，惟祝聖壽無疆，以稍盡犬馬之下忱也。再，奴才今年任内補欠已完，而將來巡鹽御史無欠可補，其差内餘銀應行解部，合並聲明。奴才跪奏不勝慚感悚惕之至。

（宫中·李煦奏摺）

硃批：知道了，好。

上諭曹寅李煦清還歷年積欠着交部議叙

康熙五十六年十月十九日

上駐蹕湯泉。巳時，上御行宮。（中略）

大學士馬齊等以摺本請旨。

覆請户部議覆李煦所奏江寧、蘇州織造衙門所欠銀兩，今已照數全還，此後商人但交正項錢糧及織造所用額銀，并無欠項等因，將還完銀兩，候部撥充軍餉，每年應交銀兩，嚴行運使，令其全交一疏。

上曰：錢糧全完官員，有無議叙之例？曹寅①、李煦將歷年積欠俱已清還，着交部查全完錢糧官員議叙之例具奏。

（內閣·起居注册）

---

① 原文如此。

硃批著曹頫奏聞地方大小事件

原批於康熙五十七年六月初二日曹頫請安摺尾

朕安。爾雖無知小孩，但所關非細，念爾父出力年久，故特恩至此。雖不管地方之事，亦可以所聞大小事，照爾父密密奏聞，是與非朕自有洞鑒。就是笑話也罷，叫老主子笑笑也好。

江寧織造曹頫奏謝准允將織造補庫分三年帶完摺

雍正二年正月初七日

江寧織造奴才曹頫跪奏：為恭謝天恩事。

竊奴才前以織造補庫一事，具文咨部，求分三年帶完。今接部文，知已題請，伏蒙萬歲浩蕩洪恩，准允依議，欽遵到案。竊念奴才自負重罪，碎首無辭，今蒙天恩如此保全，實出望外。奴才實係再生之人，惟有感泣待罪，祇知清補錢糧為重。其餘家口妻孥，雖至饑寒迫切，奴才一切置之度外，在所不顧。凡有可以省得一分，即補一分虧欠，務期於三年之內，清補全完，以無負萬歲開恩矜全之至意。謹具摺九叩，恭謝天恩。奴才曷勝感激頂戴之至。

硃批：祇要心口相應，若果能如此，大造化人了！

江寧織造曹頫請安摺

雍正二年

江寧織造奴才曹頫跪奏：恭請萬歲聖安。

硃批：朕安。你是奉旨交與怡親王傳奏你的事的，諸事聽王子教導而行。你若自己不為非，諸事王子照看得你來；你若作不法，憑誰不能與你作福。不要亂跑門路，瞎費心思力量買禍受。除怡王之外，竟可不用再求一人拖累自己。為甚麽不揀省事有益的做，做費事有害的事？因你們向來混帳風俗慣了，恐人指稱朕意撞你，若不懂不解，錯會朕意，故特諭你。若有人恐嚇詐你，不妨你就求問怡親王，況王子甚疼憐你，所以朕將你交與王子。主意要拿定，少亂一點，壞朕聲名，朕就要重重處分，王子也救你不下了。特諭。

内務府奏請將少賣人參銀兩由孫文成曹頫均賠并嚴催李煦虧空之銀摺

雍正二年六月三十日

内務府謹奏，為遵旨議專題。

據雍正二年閏四月二十六日，奏事雙全等為織造處郎中孫文成等條陳賣參摺，傳旨：人參在南省售賣，為何如此價廉？先年售價如何？著問内務府總管等。欽此。欽遵。是日經查具奏：康熙五十三年、五十四年、六十一年，崇文門監督尚志杰等賣參價，均較孫文成等賣價昂貴。等因具奏。奉旨：將此查明具奏。欽此。欽遵。

查得，康熙六十年三處織造孫文成等攜賣參價，較五十三年於京城賣參價，少賣銀三萬六千八十二兩六錢三分。攜參至南省售賣，理應價貴，今未得售高價，反而不如京城之賣價者，顯然隱價。現將孫文成等賣參銀五萬一千八百十五兩九錢三分二釐五毫，交江南布政使將此銀咨行户部，照數解送內庫，等因具奏外。少賣之三萬六千八十二兩六錢三分銀內，由孫文成、曹頫、李煦均分，將孫文成、曹頫償還之銀二萬四千五十五兩八分六釐，咨行户部，交該布政使由每年伊等應領之錢糧內照數扣取。將扣取之銀數亦報户部，由户部解送內庫。

李煦現京城家産雖完，卻有按人供給之銀，限期一年，交付該佐領，嚴催李煦收回給人之銀，將此虧欠一萬二千二十七兩五錢四分三釐銀償交廣儲司。若仍不催交完解，將李煦治以重罪。

為此，謹奏請旨。

辦理內務府總管事務・和碩莊親王臣允禄，內務府總管兼散秩大臣臣常明，內務府總管臣賴保、臣李延禧。

硃批：所議雖是，爾等先并未查出；朕下旨，雖補收此銀兩，亦無味。將已交付銀解送，免增收。爾等知無恥耶！

《雍正朝滿文硃批奏摺全譯》

按：從硃批看，此賣參事件是雍正親自下旨的，原先『并未查出』。但查處此案，并未查明原買主是誰，實際賣價多少，有無情弊。只是按往年京城參價折賠。所以此案只是奉旨遵辦，并未查明實情。

兩江總督查弼納奏報會同欽差清查曹頫虧空等事摺

雍正二年十月二十七日

江南江西總督臣查弼納謹奏，為奏聞事。

臣奉旨會同查看京口運河，又會同欽差大臣李周望、塞楞額前往清查織造曹頫虧空錢糧，於雍正二年十月初八日自江寧起程，先至揚州，會見欽差大臣等，恭請聖安。旋赴鎮江，會同漕運總督張大有、河道總督齊蘇勒、署理巡撫何天培等，以查看河道。至查看情形，并修閘挖河等情，臣等業已具摺另行具奏。於十七日，臣返回揚州，已會同欽差大臣李周望等清查曹頫虧空錢糧。至清查情形，由欽差大臣李周望等另行具奏外，臣於本月二十六日返回臣衙門。

再，臣於沿途看得，由於雨水調匀，小麥均已出齊，蔬菜亦是甚好。雖沿海地方被災而歉收，以致米價昂貴，但我聖主旋以殊恩，特諭安徽、山東、河南三巡撫採米運至江南平糶，百姓聞此而無不感戴欣喜。此項米穀一經運至，米價自然趨於平和。且聖主恤民之意通天，上下兩江各府州屬地普得雨水，又冬雨充足，頗有利於小麥，春收必定較好。如此以來，民心必將更安。

為此具摺，差派臣標下千總何錫宗、兵丁孫保，謹賫捧奏聞。

臣衙門筆帖式蘇海書。

硃批：知道了。爾之操守名聲，多為下降，似有不信自己之勢。既不信己，則信何人？亦難望朕信。

《雍正朝滿文硃批奏摺全譯》

怡親王允祥等題為報銷江寧織造錢糧等事本

雍正三年九月二十七日

總理户部事務和碩怡親王允祥等謹題，為報銷織造錢糧、人匠食米事。該臣等查得，管理江寧織造·內務府員外郎曹頫將解過雍正元年、二年分上用、官用、户工二部派織緞紗并駕衣、奉先殿制帛、誥敕等項用過價值銀兩數目，并康熙六十一年、雍正元年分支給過匠糧米石，造册具題前來，據册開：

一、解過雍正元年分上用緞紗、倭緞九百二十六疋件，緞紗領袖七十付，又寧紬、粧緞一百五十五疋件，紕纓絨綫共五百七十斤，共用工料箱槓等項銀一萬五千九兩二錢三分零；又官用緞紗共八百二十疋，大小手帕八百個，通草片五十斤，氣風燈一百五十個，共用料工等銀六千一百十八兩四錢七分零；又江寧、蘇州、杭州三處公解祁陽等葛布共二百疋，五彩經袱十四個，經蓋一百四十塊，連四等紙二萬三千張，內江寧織造用過工料銀共五百九十四兩六錢四分零；又江寧、杭州二處八辦緞五十二幅，綉粧緞十四塊，內江寧織造用過工糧銀二千八百兩七錢四分零；又陸路解過上用阿哥緞紗袍褂共一千三百十二疋件，又鮮紅紕纓五十斤，并大紅折纓絨等項，并修理機張等項，共用過料工銀一萬八千八百十兩二錢三分零。等語。

查先經內務府將收過緞紗等項數目并銀兩細款，開單移送臣部在案。今與該織造所送册內查對，均屬相符，應准開銷。

又解過養心殿匠役工食銀二千一百七十兩。等因。臣部以前次工食銀兩曾否解交之處，移查內務府，回稱已據江寧織造曹頫解送查收。等語。亦毋庸議。

一、解過內務府廣儲司歷年存貯緞紗九百八十五疋，共用料工銀一萬六千九百九十九兩二錢四分零；解過户部歷年存貯緞紗三千八百八十八疋，共用料工等銀二萬八千八十二兩五錢七分。等語。

查先經該織造先於據實聲明案內聲明，此項緞疋原因派單甚遲，恐誤解期，每年預備絲斤、顔料先為織辦存貯，其顔色花樣不符者即存留套搭。今庫內現存緞疋合銀四萬五千八十一兩八錢二分零，仰祈行令解部，以抵虧空歷年餘剩銀兩之數。等因。臣部以前項緞疋亦係應用之物，行令該織造盡行解部，酌量以抵部派之用，仍將用過工料細數造册核銷，等因具題，奉旨『依議』。欽遵行之在案。今據該織造解過內務府歷年存貯上用緞紗九百八十五疋件，准內務府收過數目咨覆；又解過臣部歷年存貯緞紗三千八百八十八疋，俱經付庫查收。應該工料銀四萬五千八十一兩八錢二分零，與上年册内核對相符，應准開銷。

一、工部派織雍正二年分駕衣一百八十八件，奉先殿制帛四段，綫羅四十五疋，誥敕二千道，共用過料工箱槓等項銀七千二百三十一兩五錢四分零；又養匠銀二千七百兩。等因。隨經移查工部去後，今准工部咨稱：制帛、綫羅、誥敕等項俱照數解交，用過料工價值並給發養匠銀兩與册開數目相符；其雍正二年七月内駕衣一百八十八件，因分兩不符，駁令核減。等語。查制帛、綫羅、誥敕等項，工部既稱與册開數目相符，應毋庸議。其駕衣一百八十八件，應俟工部准銷之日，報部查核。

又給修理袍舡水手工食銀一千兩，據該織造疏稱：現在咨部撥款。等語。查前項修理袍舡銀兩已據該織造咨請撥補，臣部查係歷年應織之項，已經行文安撫（按：指安徽巡撫）於司庫現存銀内動給在案。應毋庸議。

再，該織造疏稱：解過上用、官用緞紗并廣儲司、户部緞紗等項，共銀八萬八千四百十五兩一錢五分零，遵照於織造虧空剩餘銀内動用除銷。等語。查據實陳明事案内，應存餘剩銀十九萬兩，今除銷過八萬八千四百十五兩零外，尚餘銀十萬一千五百八十餘兩，應俟雍正二年上用、官用緞匹題補之日查核。

一、支給過康熙六十一年并雍正元年匠役口糧，凡經該織造題銷康熙六十一年緞疋案内并未將匠役口糧造入，業經臣部行令該織造另繕黄册具題在案。今據該織造將康熙六十一年四月起，至雍正元年三月終止，共各項匠役二千六百八十三名，又新添匠一百八十名，支過米共九千六百八十六石八斗七升；又雍正元年四月起，至雍正二年三月終止，共各項匠役二千七百七十六名，支過米共九千七百六十八石六斗七升，俱係按款動給。等語。

查歷年題銷匠糧案內，各項匠役俱係二千六百八十三名，今康熙六十一年分除舊數之外多匠役一百八十名，雍正元年分多匠役九十三名，其多添匠役之處，從前並未報明。事關動支錢糧，不便核銷，應令該織造聲明到日，再議可也。

謹題請旨。

雍正三年九月二十七日題，本月二十九日奉旨：依議。

（户科史書）

按： 這是迄今為止第一次見到怡親王允祥題為報銷江寧織造錢糧等事的文本。怡親王允祥與曹家關係比較親密，見雍正二年雍正在曹頫請安摺上很長的硃批。現在又見到怡親王允祥為江寧織造錢糧等事的題本。題本中對所列各項所作批語，大都為『均屬相符，應准開銷』，『亦毋庸議』，『應准開銷』等語，有的項則題『應俟工部准銷之日，報部查核』，有的則批『事關動支錢糧，不便核銷，應令該織造聲明到日，再議可也』等等，批語均較平實，請旨後也是『奉旨依議』。此本是雍正三年九月二十七日，離曹頫的抄家只有一年多時間了。現在傳下來的《紅樓夢》抄本己卯本，避怡親王允祥和弘曉的諱，可證確是怡親王府的抄本，其底本來源，極可能是直接來自曹家，則己卯本之價值可知，今見此怡親王允祥題為報銷江寧織造錢糧等事的題本，雖係怡親王允祥主管户部，題本此件仍是秉公辦事，但亦可見當年曹頫虧空錢糧等事，怡親王亦必詳知也。

雍正五年正月十八日巡視兩淮鹽課噶爾泰奏：

……訪得曹頫年少無才（行間硃批：原不成器），遇事畏縮，織造事務交與管家丁漢臣料理。臣在京見過數次，人亦平常（硃批：豈止平常而已）。

上諭蘇州織造高斌不必回京仍著曹頫將緞疋送來

雍正五年五月二十二日

奏事員外郎張文彬等傳旨，諭內務府總管等：本年係高斌回京之年，奏請另派官員署理其缺，高斌著不必回京，仍著曹頫將其應進緞疋送來。欽此。

總管內務府事務·和碩莊親王、內務府大人等諭：將此交廣儲司，急速咨行蘇州、江寧織造，以免遲誤。

（譯自內務府滿文上傳檔）

內務府奏御用褂面落色請將曹頫等罰俸一年摺

雍正五年六月二十四日

總管內務府謹奏：為遵旨查覆事。

雍正五年閏三月二十九日，奏事員外郎張文彬等傳旨：朕穿的石青褂落色，此緞係何處織造？是何官員、太監挑選？庫內許多緞疋，如何挑選落色緞疋做褂？現在庫內所有緞疋，若皆落色，即是織造官員織得不好，倘庫內緞疋有不落色者，便是挑選緞疋人等，有意挑選落色緞疋，陷害織造官員，亦未可定。將此交與內務府總管等嚴查。欽此欽遵。

查石青緞疋，每年係蘇州、江寧織送，做皇上服用褂面，俱用江寧織送之石青緞疋。今將現在庫內所有石青緞疋，交與派出查廣儲司庫之郎中鄂善、員外郎立住等，逐一查看，俱皆落色。江寧織造・員外郎曹頫等，係專司織造人員，織造上用石青緞疋，理宜敬謹將絲紕染造純潔，不致落色，乃並不敬謹，以致緞疋落色不合。應將江寧織造・員外郎曹頫、司庫八十五，各罰俸一年；將庫使張保住，俟進送緞疋等物來京之時，鞭責五十；筆帖式巴圖、庫使四格，係新補，及病故之筆帖式雅爾泰，均毋庸議。再，蘇州織造・郎中高斌等織送石青緞疋，雖不供御服之用，現今織送石青緞疋，俱致落色，亦屬不合。應將郎中高斌、司庫那爾泰，各罰俸六個月；將筆帖式常德、衣拉氣、庫使麻色、常泰，各鞭責三十。其織造處織送石青緞疋，俱各落色，應將挑選緞疋之衣庫官、四執事、執事侍及針綫頭目婦人等，均毋庸議。為此謹奏請旨。

總管內務府事務・和碩莊親王臣允祿、署理兵部尚書印務・內務府總管查弼納、內務府總管李延禧、散秩大臣・委署內務府總管常明、茶飯房總管・包衣護軍統領兼副都統・委署內務府總管永福。

奉旨：依議。欽此。①

（內務府・奏案）

上諭織造差員勒索驛站著交部嚴審

雍正五年十二月初四日

山東巡撫塞楞額奏，杭州等三處織造運送龍衣，經過長清縣等處，於勘合外，多索夫馬、程儀、騾價等項銀兩，請旨禁革一摺。

奉諭旨：朕屢降諭旨，不許欽差官員、人役騷擾驛遞。今三處織造差人進京，俱於勘合之外，多加夫馬，苛索繁費，苦累驛站，甚屬可惡！塞楞額毫不瞻徇，據實參奏，深知朕心，實為可嘉！若大臣等皆能如此，則衆人咸知儆惕，孰敢背公營私？塞楞額着議叙具奏。織造人員既在山東如此需索，其他經過地方，自必照此應付。該督撫何以不據實奏聞？着該部一一察議具奏。織造差員現

①原注：此行是據滿文奏銷檔譯補的。

在京師，着內務府、吏部，將塞楞額所參各項，嚴審定擬具奏。

（內閣・起居注册）

上諭著李秉忠綏赫德接管孫文成曹頫織造事務

雍正五年十二月十五日

內閣奉上諭：（上略）杭州織造孫文成年已老邁，李秉忠着以按察司銜管理杭州織造事務。江寧織造曹頫審案未結，着綏①赫德以內務府郎中職銜管理江寧織造事務。（下略）

（內閣・起居注册）

上諭著江南總督范時繹查封曹頫家産

雍正五年十二月二十四日

奉旨：江寧織造曹頫，行為不端，織造款項虧空甚多。朕屢次施恩寬限，令其賠補。伊倘感激朕成全之恩，理應盡心效力；然伊不但不感恩圖報，反而將家中財物暗移他處，企圖隱蔽，有違朕恩，甚屬可惡！著行文江南總督范時繹，將曹頫家中財物，固封看守，并將重要家人，立即嚴拿；

---

① 原注：綏赫德，一作隋赫德。下同。

家人之財産，亦著固封看守，俟新任織造官員隋赫德到彼之後辦理。伊聞知織造官員易人時，説不定要暗派家人到江南送信，轉移家財。倘有差遣之人到彼處，著范時繹嚴拿，審問該人前去的緣故，不得怠忽！欽此。

（譯自内務府滿文上傳檔）

江寧織造隋赫德奏細查曹頫房地産及家人情形摺

雍正六年三月初二日

江寧織造·郎中奴才隋赫德跪奏：為感沐天恩，據實奏聞，仰祈聖鑒事：

竊奴才荷蒙皇上天高地厚洪恩，特命管理江寧織造。於未到之先，總督范時繹已將曹頫家管事數人拿去，來訊監禁，所有房産什物，一併查清，造册封固。及奴才到後，細查其房屋並家人住房十三處，共計四百八十三間。地八處，共十九頃零六十七畝。家人大小男女共一百十四口。餘則桌椅、床杌、舊衣零星等件及當票百餘張外，並無别項，與總督所查册内仿佛。又家人供出外有所欠曹頫銀，連本利共計三萬二千餘兩。奴才即將欠户詢問明白，皆承應償還。

再，曹頫所有田産房屋人口等項，奴才荷蒙皇上浩蕩天恩特加賞賚，寵榮已極。曹頫家屬蒙恩諭少留房屋以資養贍，今其家屬不久回京，奴才應將在京房屋人口酌量撥給。（下略）

内務府咨内閣請照例發給綏赫德織造敕書

雍正六年三月二十九日

總管内務府衙門咨内閣：　為請發給敕書事。

案據江寧織造・郎中綏赫德呈稱：　奉旨補放綏赫德為江寧織造郎中，　已於雍正六年二月初二日接任。惟應發給敕書一張，　尚未發給，　懇請王、　大人咨行該管衙門，　請照例發給。等因前來。查雍正五年十二月十八日，　據吏部咨稱，　由内閣交出，　奉旨：　綏赫德着給内務府郎中銜，　辦理江寧織造事務。欽此欽遵在案。查從前織造官員之敕書，　係由貴衙門發給，　為此知照，　綏赫德之敕書，　亦請照例由貴衙門繕發可也。須至咨者。

總管内務府事務和碩莊親王、　協理内務府總管事務・管理武備院事務・内大臣佛倫、　兵部尚書兼内務府總管查弼納、　内務府總管李延禧、　尚志舜、　散秩大臣・委署内務府總管常明。

(内務府・行文檔)

江寧織造隋赫德奏查織造衙門左側廟内寄頓鍍金獅子情形摺

雍正六年七月初三日

江寧織造・郎中奴才隋赫德跪奏：　為查明藏貯遺迹，　奏聞請旨事。

竊奴才查得江寧織造衙門左側萬壽庵內，有藏貯鍍金獅子一對，本身連座共高五尺六寸。奴才細查原由，係塞思黑①於康熙五十五年遣護衛常德到江寧鑄就，後因鑄得不好，交與曹頫，寄頓廟中。今奴才查出，不知原鑄何意，並不敢隱匿，謹具摺奏聞。或送京呈覽，或當地毀銷，均乞聖裁，以便遵行。奴才不勝惶悚仰切之至。謹奏。

硃批：　毀銷。

曹頫騷擾驛站獲罪結案題本

總管內務府等衙門總管內務府事務和碩莊親王允祿等謹題為遵旨議罪事。

據山東巡撫塞楞額疏稱：　竊惟驛遞之設，原以供應過往差使而應付夫馬，俱以勘合為憑。設有額外多索以及違例應付者，均干嚴例。然亦有歷年相沿，彼此因循，雖明知為違例而究莫可如何者，不得不為我皇上陳之。臣前以公出，路過長清、泰安等驛，就近查看夫馬，得知運送龍衣差使，各驛多有賠累。及詢其賠累之由，蓋緣管運各官俱於勘合之外，多用馬十餘匹至二十餘匹不等，且有轎

注：①見《關於江寧織造曹家檔案史料》一書第二一三頁：《內務府總管允祿等奏訊過李煦及赫壽家人為胤禩買女子并送銀兩情形摺》原雍正四年三月，胤禛（雍正）將其政敵、亦即其弟胤禩（玄燁第八子）改名為ᠠᡴᡳᠨᠠ，漢譯（按：應作漢文『音譯』）為『阿其那』。同年五月，胤禛又將其另一政敵、其另一弟胤禟（玄燁第九子）改名為ᠰᡝᠰᡥᡝ，漢譯（按：應作漢文『音譯』）為『塞思黑』。據清乾隆時官修的《五體清文鑒》和《清文總匯》，以ᠠᡴᡳᠨᠠ解釋為『討厭』之意。ᠰᡝᠰᡥᡝ為『夾冰魚』，意謂已經凍死的魚。

夫、槓夫數十名，更有程儀騾價銀兩以及家人、前站、厨子、管馬各人役銀兩，公館中伙飯食、草料等費。每一起經過管驛州縣，所費不下四五十金。在州縣各官，則以為御用緞匹，惟恐少有遲誤，勉照舊例應付，莫敢理論；在管運各官，則以為相沿已久，罔念地方苦累，仍照舊例收受，視為固然。臣思御用緞疋，自應敬謹運送，不可少有貽誤。但於勘合之外，亦不可濫用夫馬，且程儀騾價尤為無稽。臣查訪既確，若不據實奏聞，殊負我皇上愛惜物力培養驛站之聖心。伏祈皇上敕下織造各官，嗣後不得於勘合之外多索夫馬，亦不得於廪給口糧之外多索程儀騾價。倘勘合内所開夫馬不敷應用，寧可於勘合内議加，不得於勘合外多用，庶管驛州縣不致有無益之花銷，而驛馬驛夫亦不致有分外之苦累矣。謹將應付過三起差使用過夫馬銀錢數目另單呈覽。為此謹奏。雍正五年十一月二十四日題。十二月初四日奉旨：朕屢降諭旨，不許欽差官員人役騷擾驛遞。今三處織造差人進京，俱於勘合之外多加夫馬，苛索繁費，苦累驛站，甚屬可惡。塞楞額毫不瞻徇，據實參奏，深知朕心，實為可嘉。若大臣等皆能如此，則衆人咸知儆惕，孰敢背公營私。塞楞額着議叙具奏。織造人員既在山東如此需索，其他經過地方自必照此應付，該督撫等何以不據實奏聞？着該部一一察議具奏。織造差員現在京師，着内務府、吏部將塞楞額所參各項嚴審定擬具奏。欽此。再，查巡撫塞楞額所奏應付三路送緞人員馬匹銀錢數目單内開：一起杭州織造府筆帖式德文，管運龍衣進京，勘合内填用馱馬十匹，騎馬二匹。每站除照勘合應付，外加馬十七八匹不等。每州縣送程儀、騾價二十四兩，家人、前站、管馬、厨子等共銀九兩、十三兩不等。俱交舍人馮姓經手。公館中伙飯食、草料共錢十餘千、二十餘千不等。一起蘇州織造府烏林人麻色，管運龍衣進京，勘合內填用馱馬十九匹、騎馬二匹。每站除照勘合應付，外加馬十三匹。每州縣送程儀、騾價二十兩、二十四兩不等，家人、前站、管馬、厨子等共銀九兩、十三兩不等。俱交承差李姓經手。公館中伙飯食、草料共錢十餘千、二十餘千不等。一起江寧織造府曹頫，督運龍衣進京，勘合內填用馱馬十四匹、騎馬二匹。每站除照勘合應付，外加馬二十三、五匹不等，又轎夫十二名、槓夫五十七名。每州縣送程儀、騾價二十四兩、三十二兩不等，家人、前站、管馬、厨子等共銀十兩、十四兩不等。俱交方姓經手。公館中伙飯食、草料共錢二十餘千、三十餘千不等。等語。即審詢由旱路送緞疋之江寧織造員外郎曹頫、杭州織造筆帖式德文、蘇州織造烏林人麻色：『你們解送緞疋於沿途州縣支取馬匹等物，理應照勘合內數目支取，乃不遵循定例，於勘合外任意加用沿途各站馬匹槓夫騾價銀兩草料等物，是怎麼説？』據曹頫供：『從前御用緞疋俱由水運，後恐緞疋潮濕，改為陸運驛馬馱送，恐馬驚逸，途間有失，於是地方官會同三處織造官員定議，將運送緞疋於本織造處雇騾運送，而沿途州縣酌量協助騾價、盤纏。歷行已久，妄為例當應付，是以加用夫馬，收受程儀，食其所具飯食，用其所備草料，俱各是實。我受皇恩，身為職官，不遵定例，多取驛馬銀兩等物，就是我的死罪，有何辯處』等語。筆帖式德文、烏林人麻色同供：『我二人俱新赴任所，去年初經陸運緞疋，以為例當應付，冒昧收受，聽其預備。這就是我們死期到了，又有何辯處』等語。訊問曹頫家人方三、德文舍人馮有金、麻色承差李姓家人祁住等，『巡撫塞楞額奏稱：「沿途、驛站所給銀兩俱係你們經手，每站給過若干，共得過銀若干？」據同供：「沿路驛站所給銀兩俱係我們經手是實，所給數目多少不等，俱有賬目可查」』等語。隨將賬目查看，內開曹頫收過銀三百六十七兩二錢，德文收過銀五百十八兩三錢二分，麻色收過銀五百零四兩二錢。

該臣等會議得：山東巡撫塞楞額奏稱，運送緞疋員外郎曹頫等，於勘合外加用沿途州縣各站馬匹、騾價、程儀、槓夫、飯食草料等物一案，審據曹頫供稱：『從前御用緞疋俱由水運，後恐潮濕，改為陸運驛馬馱送，又恐馬或驚逸，途間有失，是以地方官會同三處織造官員定議，將運送緞疋於本織造處雇騾運送，沿途州縣酌量協助騾價、盤纏。歷行已久，妄為例當應付，是以多支馬匹，收受程儀，食其所具飯食，用其所備草料，俱各是實。我受皇恩，身為職官，不遵定例，冒取驛馬銀兩等項，就是我的死罪，有何辯處』等語。筆帖式德文、烏林人麻色同供：『我二人新赴任所，去年初經陸運緞疋，以為例當應付，冒昧收受，聽其預備。就是我們死期到了，又有何辯處。』等因。俱已承認。隨將沿途索取銀兩賬目核算：曹頫收過銀三百六十七兩二錢，德文收過銀五百十八兩三錢二分，麻色收過銀五百零四兩二錢。查定例『馳驛官員索詐財物者革職』等語。但曹頫等俱係織造人員，身受皇上重恩，理宜謹慎事體，敬守法律，乃并不遵例，而運送緞疋沿途騷擾驛站，索取銀錢等物，殊屬可惡。應將員外郎曹頫革職，筆帖式德文、庫使麻色革退。筆帖式、庫使均枷號兩個月，鞭責一百，發遣烏喇，充當打牲壯丁。其曹頫前站家人方三、麻色家人祁住、德文舍人馮有金，雖聽從曹頫等指令，而借前站為端，騷擾驛途，索取銀錢，亦屬可惡。應將方三、祁住、馮有金各枷號兩個月，方三、祁住鞭責一百，馮有金責四十板。其曹頫等沿途索取銀兩，雖有賬目，不便據以為實。應將現在賬目銀兩照數嚴追令交廣儲司外，行文直隸、山東、江南、浙江巡撫，如此項銀兩於伊等所記賬目有多取之處，將實收數目查明，到日仍着落伊等賠還可也。臣等未敢擅便，謹題請旨。①

雍正六年六月二十一日

大連圖書館王多聞校點

江寧織造隋赫德為陸續償還公助熊賜履之子生息本銀事致內閣典籍廳移會

雍正七年七月初一日

欽命管理江寧織造・內務府郎中兼管龍江關稅務・加一級隋〔赫德〕為移知事。

案照康熙六十一年五月初八日，前任織造曹〔頫〕任內准貴廳移會前事內開：奉旨：大學士熊賜履二子，家甚清寒，商議作何扶助。查得五科取中門生王鴻緒等，已公同助銀一千一百二十五兩及典房一所，又公助銀一千三百五十五兩，其非門生王琰、王頊齡等共助銀八百三十兩，先後共銀三千三百一十兩。除付過熊志契等銀一千一百二十五兩，實存銀二千一百八十五兩。議將此項交與江寧織造，令其生息。等因具奏，奉有諭旨。蒙中堂諭移知貴織造，即着家人賫文來京，收領此項實存銀兩生息，按月給利。等因。準此。

① 載《紅樓夢學刊》一九八七年第一期。

查此項銀兩，案經前任曹〔頫〕家人收領過同朝及五科取中門生公助銀一千五百六十五兩，又續准文送到浙江學院馬〔豫〕銀六十兩、福建總督滿〔保〕銀二百兩、福建學院阿〔珥賽〕銀六十兩、江西學院徐〔昂發〕銀一百兩。以上共實收銀一千九百八十五兩，俱係前任曹〔頫〕收領生息，每年利銀三百兩，分為四季交付，當經備移貴廳在案。

今前任曹〔頫〕緣事解任，而此項本銀尚未清完，現據熊志夔、熊志契差令家人催索。所有前項本銀一千九百八十五兩，本府已經代付過銀三百兩，尚欠銀一千六百八十五兩，現在陸續補償，以完此項。除俟完日另文知照外，但此案原係貴廳移行，相應移會。為此合移貴廳，煩為查照，轉呈中堂，仍望示復施行。須至移會者。

右移內閣典籍廳。

雍正七年七月初一日移。

（內閣移會）

刑部為知照曹頫獲罪抄沒緣由業經轉行事致內務府移會

雍正七年七月二十九日

刑部為移會事。

江南清吏司案呈：

先據署蘇撫尹〔繼善〕咨稱：奉追原任江寧織造曹寅名下得過趙世顯銀八千兩一案，隨經飭令上元縣遵照勒追去後。今據該縣詳稱：具詳織造，隨批開，前任織造之子曹頫已經帶罪在京，所有家人奉旨賞給本府，此外并未遺留可追之人。等情。查曹寅應追銀兩，原奉部文在於伊子名下追繳。今一年限滿，既據查明伊子曹頫現今在京，又無家屬可以着追，上元縣承追職名似應繳免。等因咨部。

本部以曹寅名下應追銀兩，江省既無可追之人，何至限滿始行詳報，明屬玩延，行文該旗作速查明曹頫是否在京，并江省有無可追之人，咨復過部，以憑着追。仍令該撫將承追不力職名補參，并知會辦理趙世顯事務之王、大人等在案。

今於雍正七年五月初七日，准總管內務府咨稱：原任江寧織造・員外郎曹頫，係包衣佐領下人，准正白旗滿洲都統咨查到府。查曹頫因騷擾驛站獲罪，現今枷號。曹頫之京城家產人口及江省家產人口，俱奉旨賞給隋赫德。後因隋赫德見曹寅之妻孀婦無力，不能度日，將賞伊之家產人口內，於京城崇文門外蒜市口地方房十七間半，家僕三對，給與曹寅之妻孀婦度命。除此，京城、江省再無着落催追之人。相應咨部。等因前來。

據此，應將內務府所咨曹寅之子曹頫京城及江省家產人口，俱經奉旨賞給隋赫德緣由，知會辦理趙世顯事務之王、大人等可也。

雍正七年七月二十九日

（內務府來文）

刑部為知照查催曹寅得受趙世顯銀兩情形事致内務府咨文

雍正七年十二月初四日

刑部為飭查交代等事。

江南清吏司案呈：

據署蘇撫彭〔維新〕咨稱：原任江寧織造曹寅得受趙世顯銀八千兩一案，奉部令將承追不力職名補參。查曹寅之子曹頫亦任江寧織造，業已帶罪在京，所遺家人奉旨賞給現任織造隋赫德，在江省實無可追之人，理合咨復。至奉取承追不力職名，係上元縣前任知縣唐際運，相應開報。等因。咨達前來。查議處文職事隸吏部，應將原咨送吏部議。

至曹寅名下未完銀兩，先據署蘇撫尹〔繼善〕以曹寅之子曹頫帶罪在京，所有家人奉旨賞給織造隋赫德，江省實無可追之人。等情咨部。本部轉咨内務府，復稱曹寅之子曹頫京城及江省家産人口俱經奉旨賞給隋赫德緣由到部。業經本部知會辦理趙世顯事務之王、大人處，再行知會。俟王、大人等定議過部，再行知照該撫可也。

雍正七年十二月初四日

（内務府來文）

内務府奏將應予寬免欠項人員繕單請旨摺

雍正十三年十月二十一日

總管内務府謹奏：為謹遵恩詔事。

查雍正十三年九月初三日恩詔内載：八旗及總管内務府五旗包衣佐領人等内，凡應追取之侵貪挪移款項，倘本人確實家産已盡，著查明寬免。再，輪賠、代賠、著賠者，亦著一概寬免。欽此。

雍正十三年九月二十四日，上諭總理事務兼理户部事務和碩果親王等：查恩詔内有將著賠款項寬免一項，今既正在查辦，除應寬免之項，自不宜追取外，但在不應寬免之項内，又有應予寬免者，一時辨别不清，難免牽連，實非朕宣諭施恩之本意。著將此曉諭，一概暫停追取，俟查明辨别後，將不應寬免者，著再勒限追取。欽此。

又奉上諭：八旗入官之房地，原由父皇交付八旗官員辦理，但伊等不能體會聖意，竟未據情辦理，既無益於國計，反致苦累旗人，此朕所深知者。且有降諭後，將應豁免項内，因該旗先已查報，復行追取入官者。其中弊端甚多，著交該部切實查明具奏後，再行降旨。欽此。

雍正十三年十月十二日，上諭總理王、大臣：朕前曾降旨，著將一切追取款項，暫停追取，俟查明辨别後，再行定奪。現在八旗官兵人等内，若有因欠款由其本人錢糧俸銀及其子孫之錢糧俸銀坐扣者，著一律暫停坐扣，俟查明後，再行降旨。將此曉諭該部及八旗。欽此。

臣等欽遵將包衣佐領官員人等欠款，抵折入官之房地，倘有在降旨後應予寬免項內，而因該旗先已查報，復行追取入官者，應即查明具奏請旨；再將侵貪挪移等案，除謹遵旨暫停追取，俟查明辦別後，其不應寬免者，應再勒限追取；並將包衣佐領官兵人等內欠款，由其本人錢糧俸銀及其子孫之錢糧俸銀坐扣者，一律遵旨暫停坐扣外，其分賠、代賠、著賠案內未完款項，現既恭逢恩詔，應即分繕案由具奏，請旨寬免。除將以前報出之房地人口抵交欠款，已經查收者勿庸議外，現在報出之房地人口內，凡為指作補償欠款所提出之私債，俱應遵恩詔寬免。惟所録之私債內，除旗人外，又有應向民人追取之項，是否與旗人一併寬免之處，應候旨遵行。再，滿漢官員人等所欠應交内庫之官款及包衣佐領下人、旗民人等之代賠、分賠案件，若有由各該管處陸續查送呈報者，臣等查核清楚，如果符合恩詔，仍應依例開列案由具奏，請旨寬免。為此，將現在查出應予寬免之欠項人名、款數，另繕漢文單，一併恭呈御覽。等因繕摺。

總理事務兼總管內務府事務和碩莊親王，學習辦理總管內務府事務和碩和親王，領侍衛內大臣兼管理內務府總管事務果毅公訥親，領侍衛內大臣·兼內務府總管常明，內大臣兼户部尚書·內務府總管海望，署理工部尚書事務·內務府總管來保，兼侍郎銜·內務府總管丁皂保。

總理事務王、大臣閱過，交與奏事郎中張文彬等轉奏。

本日奉旨：著將此次查奏之分賠、代賠、著賠等案，俱予寬免。應向民人追取之案，亦著一併寬免。欽此。

（譯自內務府滿文奏銷檔）

漢文單列後〔注〕

一件、康熙四十四年修理暢春園太濮借欠庫銀案内（中略）分賠花名銀數漢摺。

一件、雍正六年六月内，江寧織造·員外郎曹頫等騷擾驛站案内，原任員外郎曹頫名下分賠銀四百四十三兩二錢，交過銀一百四十一兩，尚未完銀三百二兩二錢；原任筆帖式德文分賠銀五百十八兩三錢二分，交過銀八十七兩，尚未交銀四百三十一兩三錢二分。

〔注〕除有關曹家的外，其餘各件均略。

内務府奏查各處呈報賠款案均符恩詔請予寬免摺

雍正十三年十二月十六日

總管内務府謹奏：為謹遵恩詔事。

查雍正十三年十月二十一日，臣衙門為查分賠、代賠、著賠等案奏稱：倘有滿漢官員人等所欠應交内庫之官款，及包衣佐領下人、旗民人等之代賠、分賠案件，若有由各該管處陸續查送呈報者，查明如果符合恩詔，仍應依例具奏，請旨寬免等因在案。現查由各處送來呈報之分賠案十一件，著賠案十五件，（中略）既均符合恩詔，謹依例開列案由，具奏請旨。（中略）等因繕摺。

總理事務兼理總管内務府事務和碩莊親王，學習辦理總管内務府事務和碩和親王，領侍衛内大臣兼管理内務府總管事務果毅公訥親，領侍衛内大臣・兼内務府總管・管理上駟院事務常明，内大臣兼户部尚書・内務府總管海望，署理工部尚書事務・内務府總管來保，内務府總管赫奕。總理事務王、大臣閲過，交與奏事郎中張文彬等轉奏。

本日奉旨：著俱寬免。欽此。

（譯自内務府滿文奏銷檔）

漢文單列後：

分賠十一案〔注〕

一件、雍正八年三月内，正黄旗漢軍都統咨送，原任散秩大臣佛保收受原任總督八十饋送銀五千兩，筆帖式楊文錦饋送銀四千四百兩，原任織造曹寅家人吴老漢開出饋送銀一千七百五十六兩。（下略）

一件、雍正十三年七月内，鑲黄旗滿洲都統咨送，原任織造郎中曹寅家人吴老漢供出銀兩案内，原任大學士兼二等伯馬齊，欠銀七千六百二十六兩六錢。（下略）

一件、雍正十三年十一月内，正黄旗滿洲都統咨送，原任織造・郎中曹寅虧空案内，開出喀爾吉善佐領下原任尚書凱音布收受饋送銀五千六十兩。（下略）

〔注〕與曹家無關的各件均略。

香林寺碑①

欽命江南通省鹽法分巡江寧兼管水利道陞貴州按察使司加級記録卜次方憲準令香林寺現住持僧贖回前僧典賣各處寺産，嚴禁嗣後毋再私相典賣碑

香林寺奉

前織造部堂曹大人買施秣陵關田貳百柒拾餘畝
和州田地壹百伍拾餘畝

檀越李公天士布施　江寧鎮田地貳百壹拾畝
六合縣田地玖拾餘畝

本寺自置　金壇縣田地伍拾伍畝零

以上共計香火田柒百柒拾餘畝

乾隆五十四年前僧當江寧鎮田肆拾捌畝零於傅懷道名下，當價貳百捌拾兩。五十五年前僧賣秣陵關田肆拾叁畝零於常明發名下，賣價叁百貳拾兩。五十六年前僧當江寧鎮田地貳拾肆畝於陳文□名下，當價壹百伍拾兩。五十八年前僧當江寧鎮□地陸畝零於徐天位名下，當價叁拾捌兩。嘉慶元年現

① 此碑現存南京市。

住持僧法慧，查明寺田原額及典賣畝數，稟巡憲方堂斷贖田歸寺，以符原額，並發給印薄二□一□江邑立案，一貯本寺備查，再有典賣者，即予□買盜賣之咎。達禪遵□勒石。嘉慶三年九月　吉旦立

按：曹頫是曹家敗落時悲劇的承受者，他於康熙五十四年三月初六日接任江寧織造以後，到康熙六十一年十月康熙病死以前的這八年，日子還能維持下去，到康熙一死，他的處境立即就發生變化了，到雍正五年十二月二十四日，終於被抄了家，抄家以後的下落，除隋赫德給雍正的奏摺裏説『曹頫家屬蒙恩諭少留房產以資養贍，今其家屬不久回京，奴才應將在京房屋人口酌量撥給』外，查無消息。至於曹頫的『在京房屋』，曹頫於康熙五十四年七月十六日給康熙的奏摺裏曾説到『所有遺存產業，惟京中住房二所，外城鮮魚口空房一所』，這『京中住房二所』究在何處，我們也還未能查明。至於曹頫及其家屬（重要的是其中包括曹雪芹）回京後究竟住的是哪一所『住房』，抑或是另作安排？曹頫後來的踪迹究竟如何？這些情況，除了想象曹頫的下場一定是晚景淒涼外，其他就查無實據了。（按：前幾年，關於曹家的檔案史料又續有發現，於曹頫抄家及抄没以後的情況又稍稍有所進展，當於下文專論。）

上面列舉的這些材料，是現有關於曹頫的材料中的最為重要的部分了。從以上這些材料，我們大致可以明確以下這些問題：

（一）曹頫『字昂友』。按『頫』是『俯』的異體字。與『俯』字音義全同。《易·繫辭上》『仰以觀於天文，俯以察於地理』。這裏與『俯』相對的是『仰』字。按『仰』又同『昂』，讀亦同。《周禮·地官·保氏》

鄭玄注引鄭司農曰：『軍族之容，闞闞仰仰。』這裏的『仰仰』，其音義就全同『昂昂』，為士氣振奮之貌。曹頫字昂友，是用其名的相對的意思，與元代大書畫家趙孟頫，字子昂，是一樣的用法。可見曹『頫字昂友』，《曹璽傳》裏的這句話是完全可信的，而且他的名和字的出處，也同曹顒的名和字的出處一樣，都是取自《易經》。

（二）曹頫給康熙的奏摺裏自己說：『奴才自幼蒙故父曹寅帶在江南撫養長大』，可見曹頫從小一直到他接任江寧織造之職，基本上都是在江寧即現在的南京，並且一直是由曹寅『撫養長大』的。

（三）在現有有關曹頫的材料裏，對曹頫這個人，有兩種截然不同的議論，一種是贊揚曹頫的，如曹寅的詩：『予仲多遺息，成材在四三。承家望猶子，努力作奇男。』稱贊曹頫『成材』，希望他能『承家』，能『作奇男』。可見對他是抱有很大的希望的。再如《曹璽傳》裏的：『頫字昂友，好古嗜學，紹聞衣德，識者以為曹氏世有其人云。』傳記作者對曹頫的稱贊，與曹寅的詩是完全一致的。再如前引內務府康熙五十四年正月十二日的奏摺裏引李煦的話說：『曹荃第四子曹頫好，若給曹寅之妻為嗣，可以奉養。』引曹頫之家人老漢的話說：『我主人所養曹荃的諸子都好，其中曹頫為人忠厚老實，孝順我的女主人，我女主人也疼愛他。』上面這些話，都是很贊揚曹頫的。但是另有一種評論，卻與上面的評論完全相反，如雍正五年正月十八日巡視兩淮鹽課噶爾泰的奏摺裏說『訪得曹頫年少無才，遇事畏縮』，『人亦平常』。雍正則在這些話的旁邊加硃批說『原不成器』，『豈止平常而已』。以上兩種評論，與前面的三種評論豈非截然相反。為什麼對同一個人會發生這樣完全相反的評論呢？我們不能不注意到作出後面兩種完全否定性的評論的評論者，一個是雍正，一個是雍正所信用的噶爾泰，時間是雍正五年正月十八日，也就是到本年年底，雍正就對曹頫下令撤職抄家了，可見後面這種評論，已經是曹家徹底敗落的前奏。上面康熙時代和雍正時代對曹頫的兩種截然不同的評論，實際上反映了曹家在兩個不同時代的截然不同的政治命運。

(四)近年來有一種説法，認為曹頫的字叫『西堂』，又叫『竘堂』。甚至於認為《石頭記》的作者不是曹雪芹而是曹頫即曹西堂。關於《石頭記》的作者可不可能是曹頫的問題，我是絕不相信這種『新奇』的創見的，但兹事體大，在這裏不好展開詳論，當作另文申論，這裏暫且不談。但是曹頫的字叫『西堂』或『竘堂』的問題，卻不能不略加辨析。前面已經説過，曹頫的字叫『昂友』，這個説法是據康熙六十年刊的唐開陶等人纂修的《上元縣志·曹璽傳》，這個説法是完全可信的。那末就算『西堂』或『竘堂』是曹頫的另一個字或號吧，有没有這種可能呢？我認為絕無這種可能。這種説法實在是無稽之談。第一，提出這個説法的根據就是十分脆弱的。提出這種説法的是一本小册子，作者引甲戌本二十八回的批語：

誰曾經過，嘆嘆！西堂故事。

説：

這西堂一名既出現在這裏，指到寶玉門下，那當然就是作者。

『西堂故事』這句話只能被解釋為西堂這個人的故事而不能解釋為曾經在西堂這個地方發生的故事，這樣的『當然』未免太主觀武斷了吧？提出此說者又引同回庚辰本的眉批：

大海飲酒，西堂產九臺靈芝日也，批書至此，寧不悲乎！壬午重陽日。

並且解釋說：

這是說『西堂大海飲酒這件事，就發生在他移栽九臺靈芝草的那天，批書至此，追緬作者往事豈不悲乎』！『產』者生也，產靈芝草之事看來在人心目中印象較深，故批者用彼注此。前批是脂硯於己卯冬月所作，此批係畸笏於壬午重陽所為。己卯冬作者死了十多年，《石頭記》早已在外間流傳，則干礙不大，脂硯纔有意無意地注出了作者字號。後來畸笏批書每每應答脂批，此處即是一例，是進一步注明西堂往日的這種舊事。①

---

① 見黃且《紅樓夢新考》。

這段解釋，實在是『妙解』。我們不知道作者是根據什麽來解釋『西堂産九臺靈芝』就是曹西堂『移栽九臺靈芝草』的。作者緊跟着又解釋説：『「産」者生也。』同一個『産』字，竟作兩種解釋，一會兒是『移栽』，一會兒又是『産者生也』。那末究竟是『移栽』還是『生』呢？莫非是移栽下去馬上就『生』出九臺靈芝來了麽？如果説按照後一個解釋『産者生也』來理解，再按作者的原意把西堂看作是人名，是曹頫的字，那末這位曹西堂不僅能够生産，而且還能一下産出『九臺靈芝草』來，這豈非是海外奇聞嗎！第二，誰都知道，在封建時代，兒子是要避父祖輩的諱的，《紅樓夢新考》的作者引了第五十二回庚辰本的雙行批語：

按四下乃寅正初刻。『寅』此樣（寫）法，避諱也。

作者由此而得出：

由此可知，作書人定是寅子無疑。曹寅有兩子，長子曹顒，次子曹頫。曹顒早死不能寫書，更無法寫出他死後方發生的抄家等事，故斷定《石頭記》作者必是曹頫。①

① 見黄且《紅樓夢新考》。

這個『斷定』也未免有點『斷』得太『定』了。按照避諱的通例，不僅兒子要避父親的諱，孫子也要避祖父的諱，一直要避到七世的上祖，七世以外就可以不避了，這叫做『已祧不諱』。由此可知，根據前引寅字避諱的批語，『斷定《石頭記》作者必是曹頫』，彷彿只有兒子避父親的諱的一種避諱法，不存在孫子避祖父諱的問題，這樣的『斷定』豈不有點『武斷』。

就算只存在兒子避父親諱的一種避諱法罷，那末曹頫一定是要避曹寅的諱的了。我們知道，曹寅自號『西堂掃花行者』，楊鍾羲《雪橋詩話》續集說：

荔軒自稱西堂掃花行者……荔軒歿後，秋屏有『魂遊好記西堂路』。

施瑮在《春日苦雨兼旬，不得出門，雜成志感》第三首的詩末自注說：

鹺使西堂公有春日桃花泉之約，今不克往。

他在《病中雜賦》詩中追懷曹寅說：

『廿年樹倒西堂閉』，又在詩末自注云：『曹楝亭公時拈佛語對坐客云：「樹倒猢猻散」，今憶斯言，車輪腹轉！以琛受公知最深也。楝亭、西堂皆署中齋名。』

現在曹寅的詩集裏，我們就可以查到有關西堂的不少詩題，如：《西堂新種牡丹雨夜置酒限沉香亭三字》、《中秋西堂待月寄懷子猷及諸同人》、《和耦長西堂坐雨》、《西堂飲歸》、《集西堂看菊與潛庵黃理進野分韻得豪字兼懷桐初》、《元夜集西堂》、《西堂集諸同人限薰風南來四字》等等，由此可知，這『西堂』兩字，既是曹寅的書齋名，又是曹寅的號，別人稱曹寅也稱『西堂公』。如果按照《紅樓夢新考》一書的作者的説法，則曹頫與他的父親是同一個號，父子都以『西堂』為號了，這豈不是又一件海外奇聞嗎？

（五）曹雪芹是否是曹頫的兒子，我們的回答是肯定的。但在這部《五慶堂曹氏宗譜》裏，卻未載曹雪芹。關於曹雪芹確是曹頫之子的問題，我們留在後邊來談。

（六）本節所附南京新發現的《香林寺碑》，碑文中提到：

前織造部堂曹大人買施：
秣陵關田貳百柒拾餘畝
和州田地壹百伍十餘畝

這位『前織造部堂曹大人』，肯定是曹璽或曹寅，而且是曹寅的可能性最大。因為曹家自康熙二年由曹璽任江寧織造，直到雍正五年十二月曹頫被抄家，前後共六十五年，其中除去康熙二十四年到康熙三十一年首尾八年由桑格任江寧織造外，其餘五十七年一直由曹璽、曹寅、曹顒、曹頫任江寧織造，而曹寅的任期最長，與江南文人和方外之交也最多，最近在安徽來安縣還發現了一塊他撰寫的《尊勝院碑記》。所以施田香林寺之事，很有可能是曹寅的事，現姑將此碑文録附於曹家最後一個江寧織造曹頫的名下，也即是這件事（施田香林寺）可能發生的時間的最下限。

（七）關於曹頫抄家敗落的原因，八十年代又連續發現了有關曹家的幾種檔案史料，使我們對這一問題有了進一步的具體認識。現在我先把曹頫被罰抄家事件的全部進程，依據文獻資料，作一排列，以見事情的來龍去脈：

1．雍正五年（一七二七年）十二月初四日，『上諭織造差員勒索驛站，着交部嚴審』。這是曹頫騷擾驛站案的始發。在這份『上諭』裏，（1）表彰了塞楞額敢於『據實參奏，深知朕心』，『着議敘具奏』。（2）『織造人員既在山東如此需索，其他經過地方，自必照此應付，該督撫何以不據實奏聞？着該部一一察議具奏。』（3）『織造差員現在京師，着內務府、吏部，將塞楞額所參各項，嚴審定擬具奏。』在這份檔案材料裏，絲毫沒有提及織造虧空等事實。也即是當時曹頫的罪名，與織造任上的經濟虧空無關。

2．在驛站案爆發以後十一天，即雍正五年十二月十五日，『上諭著李秉忠、綏赫德接管孫文成、曹頫織造事務』。在這份『上諭』裏，孫文成是以『年已老邁』被撤換的，曹頫是因『審案未結』被撤換的，仍然未及織造虧空問題。

3．在曹頫被撤去江寧織造以後九天，即雍正五年十二月二十四日，『上諭著江南總督范時繹查封曹頫家產』。在這份『上諭』裏曹頫被查封的罪名就與驛站案毫無關係，具體的罪名就是『行為不端，織造款項虧空甚多』。『將家中財物暗移他處，企圖隱蔽』等等，并且立即『將曹頫家中財物，固封看守，并將重要家人立即嚴拿，家人之財產，亦着固封看守』，『伊聞知織造官員易人時，說不定要暗派家人到江南送信，轉移家財。倘有差遣之人到彼處，著范時繹嚴拿，審問該人前去的緣故，不得怠忽！』這道『上諭』的口氣特別嚴厲，罪名完全是『織造虧空』，『轉移財產』，與驛站案又絲毫無涉。當時曹頫雖已被接管，但行文上還只是說『織造官易人』。連新任織造官是誰都尚未公布，更未到任。查實際上內閣已於雍正五年十二月十八日交出『隋赫德着給內務府郎中銜，辦理江寧織造事務』的『敕書』，雍正下旨查封曹頫，是在敕任隋赫德江寧織造後六天，時隋赫德尚未到任，故先命范時繹查封。可見當時事態之嚴重和緊急。

4．雍正六年（一七二八年）三月二十九日『內務府咨內閣請照例發給綏赫德織造勑書』說：『奉旨補放綏赫德為江寧織造郎中，已於雍正六年二月初二日接任，惟應發給勑書一張，尚未發給，懇請王、大人咨行該管衙門，請照例發給。』『查雍正五年十二月十八日，據吏部咨稱，由內閣交出，奉旨：隋赫德著給內務府郎中銜，辦理江寧織造事務。』這道『咨文』說明曹頫於雍正五年十二月十五日被撤去織造職務後，直到雍正六年二月初二日即隔了一個月又十七天纔由隋赫德去接任江寧織造的，但雍正下旨『隋赫德着給內務府郎中銜，辦理江寧織造事務』則是在雍正五年十二月十八日，也即是在撤去曹頫織造職務後三天，在驛站案事發後十四天。而實際下旨命隋赫德『以內務府郎中職銜管理江寧織造事務』也是十二月十五日，離驛站案的爆發只有十一天。這就是説，在驛站案事發以後雍正已内定撤去曹頫江寧織造之職了。後來簡派遲緩只是公文手續上的事。

5．『江寧織造隋赫德奏細查曹頫房地產及家人情形』，是雍正六年三月初二日的事。看雍正五年十二月二十四日『查封曹頫家產』的『上諭』如此嚴厲火急，隋赫德自不敢稍事遲誤，其時當是在雍正下旨以後數天内。但要分清，范時繹只是『查封』（即一併查清，造册固封），隋赫德纔是正式執行抄家，故抄家的情況由隋赫德上報。值得注意的是所查結果，曹頫資財極其有限，與李煦的抄家清單不可比擬。特别是隋赫德的奏報裏除説明『與總督所查册内仿佛』外，還加了一句『並無别項』。這『並無别項』一句，是否指除清查他的財產外，還要查他經濟以外的政治問題但又無所發現呢？這就值得深思了。

但值得注意的是這個奏報的語氣，已是案情了結的口氣，所以末段説：『再，曹頫所有田產房屋人口等項，奴才荷蒙皇上浩蕩天恩特加賞賚，寵榮已極。曹頫家屬蒙恩諭少留房產以資養贍，今其家屬不久回京，奴才應將在京房屋人口酌量撥給。』從這段文字看，抄家後的房產賞給了隋赫德，家屬人口均回京，並『恩諭少留房產以資養贍』。似乎並未留下别的問題。可以認為織造虧空查抄案已算了結，至於曹頫本人的問題，恐怕還牽涉到驛站案等候處理。

所以曹頫織造虧空案自案發（雍正五年十二月十五日）到隋赫德執行查抄曹頫並上此奏報（雍正六年三月二日），前後共兩個月又十七天。

（八）關於『刑部移會』的問題。『刑部移會』所反映的問題，是在驛站案、織造案以外的另一個問題，這是『曹寅名下得過趙世顯銀八千兩』的遺留問題，與上述兩案都無關。曹寅得趙世顯銀八千兩的問題，也因曹頫已被抄没，『江省實無可追之人』而不了了之。但『刑部移會』卻説明了一個問題，『移會』説：『查曹頫因騷擾驛站獲罪，現今枷號。』則可見曹頫織造虧空案確以抄家而了結。曹頫本人，則因驛站案尚被枷號監押。究竟監押到何時，以後就無明文。但雍正十三年十月二十一日》（按：此時乾隆已即位，雍正已於是年八月二十三日暴死）《内務府奏將應予寬免欠項人員繕單請旨摺》内有蒙寬免人員曹頫及寬免銀額（見前附件）。則可知曹頫至此時纔得寬釋。至於有人認為曹頫得寬釋後，又起復内務府員外郎原職，曹家并再度復興云云，這純屬一種猜測，没有文獻依據。且復職再興等事，不可能没有文獻記録。

總結曹頫敗落，當時同時發作兩案，先是騷擾驛站案，幾天以後又爆發更大的織造虧空案，終至抄家敗落。而織造虧空案晚發先結，以抄没而告終。驛站案則在曹頫抄没後尚未告終，曹頫尚因此而被枷號。正在此時，又發生『刑部移會』所追之曹寅得趙世顯銀八千兩之遺留案，此案因曹頫已經敗落而不了了之。

以上關於曹頫敗落的全部案件進程，已經排列并分析清楚。

現在我們可以來探討曹家敗落的原因了。衆所周知，曹家在曹寅的時代，早已留下了巨額虧空。連康熙都深為此憂慮，要他們盡快補清。曹寅的巨額虧空究竟是如何造成的呢？我認為有三個原因：一是康熙南巡曹寅接駕四次所造成的虧空。二是鹽商歷年所欠的巨額國帑，如康熙四十九年八月二十二日李煦奏李斯佺病危摺，康熙硃批云：『風聞庫帑虧空者甚多，卻不知爾等作何法補完？留心，留心，留心，留心，留心！』同年九月初二日曹寅奏進晴雨録摺，康熙又批云：『知道了，兩淮情弊多端，虧空甚多，必要設法補完，任内無事方好，不可疏忽。千萬小心，小心，小心，小心！』康熙五十年二月初三日，曹寅進晴雨録摺，康熙硃批云：『朕安。兩淮虧空近日可曾補完否？新任運使如何？』康熙五十年三月初九日曹寅奏設法補完鹽課虧空摺康熙又批云：『虧空太多，甚有關係，十分留心，還未知後來如何，不要看輕了。』以上這些硃批，都說明當時兩淮的虧空，康熙完全清楚。這些巨額虧空，當然不是屬於曹寅個人的債務。三是曹寅居官時的開銷，包括宮中、官場的勒索等等。以上這三方面的虧空，實非他個人行為造成的，不是個人奢侈性的揮霍或腐敗。這積重難返的巨額虧空，一直留給了曹顒，又留給了曹頫，最後終成曹家敗落的根本原因。曹家敗落的另一個原因是家庭矛盾，即曹寅與嫡母孫氏及弟弟曹宣之間的矛盾，和下一代曹順和曹頫兄弟之間的矛盾。而這一點，康熙也是清楚的，因此在曹寅死後，選擇承嗣的時候，康熙還特意指出不能讓『不和者』去承嗣，據有的同志考證，所謂曹頫轉移家產等等，就是由於『不和者』的告訐，還甚至可能是誣陷。曹家敗落還有一個原因，即政治原因，也即是康熙的去世，曹家失去了靠山。特别是雍正的上臺，是在激烈的兄弟鬥爭中取得的。為了奪取皇位，康熙的兒子之間早已形成了各個政治集團并展開了殊死的鬥爭，影響所及，大臣之間也各有依附。所以雍正上臺後自必清除政敵，首先是清除了他的兄弟，其次是清除了一批康熙時的大臣。曹家原是康熙的親信和重臣，同時也未發現過曹寅有投附胤禛的活動，所以當康熙去世之後，原先對曹寅十分有利的政治因素，一變而為十分不利的政治因素了。

有的研究者強調經濟因素，有的研究者則強調政治因素，我個人則認為政治是貫穿始終的一種根本性因素，在康熙時期曹家的不敗，是康熙的政治在庇護着，到雍正時期曹家必敗，是雍正的政治不可能庇護他，非但不能庇護他，更是雍正的政治從根本上不利於他了。但雍正畢竟得有堂堂正正的借口，不能赤裸裸地政治處置，於是巨額的織造虧空，就是最好的突破形式了，這就是康熙當年不斷提醒曹寅要『小心、小心』的緣故。這也同時是曹寅時時刻刻提心的最大的禍根。因爲這樣大的虧空捏在別人手裏就足以使自己毁滅，再也不需要其他罪名了，更何況後來又有了驛站案的因由。特别要注意致使曹頫抄没的是織造虧空和所謂的『轉移家財』，並不是因爲驛站案，這就足以説明虧空案的重要性了。而所謂的『轉移家財』這個罪名，必然要有人告訐，雍正本人不可能自己憑空捏造，即使是捏造，也必須假手於人，而這個『人』，有的研究者認爲很大可能就是曹家的『不和者』，我認爲這樣的分析是有一定的道理的，不是無根據的瞎猜。但這種不和的因素，只有到了曹家進入了倒霉的時期，纔能起作用，不是任何時候都能起作用的。所以它在曹家的敗落中，是一根引爆的導火綫。因此曹家的敗落，是這三者互起作用的結果，而政治是根本性的因素，設使康熙還在，這第二、第三兩種因素就會暫時不起作用。

（九）『刑部移會』説明的另一個問題，是曹雪芹在晚年，曾否南歸當尹繼善的幕僚的問題。周汝昌堅持認爲曹雪芹是曾南歸做尹繼善的幕僚的，他的惟一的根據是鄭州博物館所藏的那張『曹雪芹畫像』和畫像上的那段題記。現在事實證明畫像是假的，題記是後造的，連作僞者都已經供認不諱了，所以南歸説的依據就根本不存在了。現在『刑部移會』又提出來曹寅曾得趙世顯銀八千兩，尹繼善是奉追者，要着落曹寅之子曹頫承繳。這樣尹繼善與曹頫、曹雪芹之間，又存在了一層新的關係，一方是奉追欠款，一方是應繳舊款。一方是江蘇巡撫，一方是被罪枷號的罪人。在這種情勢下，難道雪芹還有可能於日後去做尹繼善的幕僚嗎？只要讀讀

《紅樓夢》裏雪芹對賈政的幕僚詹光（沾光）、單聘人（善騙人）等的描寫，就可知道，雪芹對當時的幕僚即清客相公，是何等的厭惡鄙視啊！所以這份『刑部移會』又從正面駁斥了南遊論者的錯誤觀點，還雪芹以清白之身。

頎

《宗譜》：宜子，原任二等侍衛兼佐領，誥授武義都尉。

《氏族通譜》曹頎，原任二等侍衛兼佐領。

《楝亭詩鈔》卷五：

喜三侄頎能畫長幹為題四絶句

墨瀋鱗皴蟄早雷。後生蜂蝶盡知猜。
一家准敕誰修得，壓卷詩從笨伯來。（補之畫梅蜂蝶皆集，高宗謂之准勅惡梅。）
八尺能伸自在身。好花長是要精神。
古來奇雅無多子，偽記龍城作美人。（羅浮事見柳子厚龍城雜記，乃王性之偽作也。）
妙香一樹畫難描。淚灑荒園百草梢。

此日天涯深慶喜，也如歷劫見冰消。（子猷畫梅，家藏無一幅。）

清暘出谷影槎杈。不比前村一兩家。

耐取春工正濃意，何妨桃李共開花。

《八旗畫録》：曹頫，宜子。曹寅《楝亭集》云善畫梅，能為長幹。

署内務府總管馬齊奏請補放茶房總領摺

康熙五十五年閏三月十七日

為茶房總領福壽病故，請補放其缺事。（中略）

奉旨：曹寅之子茶上人曹頫，① 比以上這些人都能幹，著以曹頫補放茶房總領。欽此。

① 《關於江寧織造曹家檔案史料》一書原注云：『按：曹寅只有一子名顒（即連生），顒死後，以曹荃第四子名頫者承嗣，這是在康熙親自主持下進行的，具體情節已見前文。康熙五十一年九月初四日連生摺内也有「奴才堂兄曹頎來南」之句。但在此摺内竟又出現康熙「曹寅之子茶上人曹頎」之旨，滿文譯音又業經查對無誤，不知是何原因。現如實發表，以備參考。』

內務府奏茶房總領曹頎等做茶不合請議處摺

康熙五十八年六月二十五日

總管內務府謹奏：為議處事。

康熙五十八年六月二十三日，副總管太監劉進忠、魏國柱來稱：我等具漢文摺奏，因皇上吃的奶子茶與主子、阿哥們吃的奶子茶不同，已將太監議處，而茶房總領等，既均係有職之人，并未議處，請交內務府總管議處具奏等語。奉旨：著交付。欽此欽遵。經訊茶房總領法通、佛倫、曹頎：汝等將主子、阿哥所吃之奶子茶，理應與皇上吃的一樣，為何做成兩樣？答稱：將主子、阿哥之茶，未與皇上吃的一樣，我等尚有何言回答。

查法通、佛倫、曹頎皆為茶房總領，係專管皇上及主子、阿哥吃茶之人，而將主子、阿哥所吃之茶，未與皇上所吃之茶同樣製作，而竟做成兩樣，甚為不合。因此，請將法通、佛倫、曹頎各降三級，俱罰俸一年。為此，謹奏請旨，等因繕摺。

署理內務府總管事務・郎中海章、會計司員外郎色楞、慎刑司員外郎鍾保，交與奏事雙全、張文彬、洗馬楊萬成轉奏。

奉旨：依議。欽此。（下略）

內務府奏奉旨賞給曹頫房屋摺

雍正三年五月二十九日

總管內務府謹奏：

雍正三年五月二十五日，管理茶飯房事務・散秩大臣佛倫傳旨：著賞給茶房總領曹頫五六間房。欽此欽遵。查燒酒胡同①有李英貴入官之房一所，計九間，灰偏厦子二間，請賞給茶房總領曹頫。為此，連同房樣呈覽請旨。等因繕摺。

總管內務府事務・和碩莊親王允祿，內務府總管兼散秩大臣常明，內務府總管來保、李延禧，交與奏事員外郎張文彬等轉奏。

奉旨：著賞給。欽此。

員外郎桑額送來，諭交與茶房總領曹頫。

---

① 據明張爵《京師五城坊巷胡同集》在『中城』『正陽門裏，順城墻往東至崇文門大街，北至長安大街』欄下有：『宗人府吏部、户部、禮部（中略）、臺基廠西門、詹事府、玉河北橋、皇墻東南角、夾道東安門、旗房燒酒衚衕、錫蠟衚衕。……』按今臺基廠、錫蠟衚衕仍存其名。

又：據清朱一新《京師坊巷志稿》在『東安門外北夾道（內務府武備院所屬亮鐵作、染氈作，俱在東）』條下，依次列：『錫蠟衚衕、燒酒衚衕（井一）、扁擔衚衕、豐順衚衕』等。按此燒酒衚衕，地址與上述『旗房燒酒衚衕』同，可證即同一地點，也即是曹頫受賜房屋之地點。

又同書在『東直門到南小街』下又列『東、西燒酒衚衕』，此地址與前不合，為另一燒酒衚衕，非曹頫受賜房屋處。

賜曹頫等『福』字登記檔

雍正五年十二月二十八日

賜公玉壽（中略）茶房章京馬哈達、曹頫（略）以上一百人，每人御筆紙『福』字一張。高斌

内務府總管允禄為旗鼓佐領曹頫等身故請補放缺額摺

雍正十一年七月二十四日

旗鼓佐領曹頫、徐俊平、尚志舜、李延禧、桑額、烏雅圖身故，佛倫革職，鄭禪寶陞任，為補放此等缺額，將兼在中正殿行走之掌儀司郎中丁松，都虞司員外郎雅爾岱，（中略）奉宸苑員外郎桑額①（中略）各繕一緑頭牌，由總管内務府事務和碩莊親王、内務府總管兼委署領侍衛内大臣・散秩大臣常明（中略）副都統兼侍郎銜・内務府總管丁皂保具奏，帶領引見。

奉旨：以丁松、雅爾岱、世佳保、永保、尚林、伊福、桑額、黑達色補放旗鼓佐領。欽此。

王、大人諭交：以丁松補佛倫之佐領，伊福補徐俊平之佐領，世佳保補桑額之佐領，（中略）桑額補常阿之佐領；以常阿調補曹頫之佐領，以四黑調補烏雅圖之佐領。

---

① 《關於江寧織造曹家檔案史料》一書原注云：『此桑額與本件前面提到已故之桑額，滿文為同一字，是兩人重名，下同。』

按：《五慶堂譜》列曹頎爲曹宜之子，楊鍾羲《雪橋詩話》三集卷四頁十九則説：『子猷故善畫，喜頎能世其業也。』子猷是曹宜（荃）的字，則他把曹頎作爲曹宜的兒子，也即是曹頫的親哥哥。曹頎是曹寅的侄輩，這是曹寅的詩題：『喜三侄頎能畫長幹，爲題四絶句』就表明了的。曹顒於康熙五十一年九月初四日的奏摺裏也稱『奴才堂兄曹頎』，這都是一致的，但這曹寅所稱的『三侄』和曹顒所稱的『堂兄』，對曹宜的兒子或曹宣（荃）的兒子，這兩種稱呼都是適用的，仍難根據這些判斷曹頎究爲誰的兒子。我認爲是曹宜之子，因而《五慶堂譜》是不誤的，其理由是當雍正五年十二月二十四日抄查曹頫的家産，曹頫遭到徹底敗落之時，曹頎卻在曹頫遭到抄查以後的第四天，受到了雍正御筆親書的『福』字的賞賜，在此以前的雍正三年，正當曹頫開始倒霉的時候，曹頎卻得到了『傳旨：著賞給茶房總領曹頎五六間房』，結果卻得到了十一間房子的賞賜，以上兩種截然相反的陞沉變遷，看起來曹頫和曹頎不大像是親兄弟，因爲他没有受到任何牽涉。儘管曹頫是過繼出去的，但這種骨肉關係也難免會有所影響的。現既有《五慶堂譜》的文獻記載，又有兩者之間同時間一陞一沉的不同遭際，那末，把他作爲曹宜的兒子來看待，似乎根據還比較多一些。

至於康熙五十五年閏三月十七日的諭旨裏説：『曹寅之子茶上人曹頎』，又把曹頎作爲曹寅之子。《關於江寧織造曹家檔案史料》一書的原注説：『滿文譯音又業經查對無誤，不知是何原因。』既然滿文譯音已『查對無誤』，那末，曹頎只有一個，就是曹寅的侄子，曹寅詩裏寫得清清楚楚：『喜三侄頎能畫長幹』，曹寅已明確地稱曹頎是三侄，那末當然就不可能是曹寅的兒子，曹寅不至於糊塗得把自己的兒子當作侄子的。由此可證，只可能是那份康熙的諭旨把『曹寅之侄』誤為『曹寅之子』了。周汝昌則認為這個『曹寅之子茶上人曹頎』，『子』字不誤，誤在『頎』字，他認為應作『頫』，音同『頎』，是滿文音同而誤譯，頫的小名就是曹寅詩裏《途次遇侄驥》的『驥』。其他因做茶不合受議處的『頎』和『奉旨賞給曹頎房屋』的『頎』，也都應譯寫作『頫』。只有雍正十一年七月二十四日身故的旗鼓佐領曹頎，纔是真的『曹頎』，也即是曹寅贊賞的『能畫長幹』的三侄。此說是否可通，尚待考定。因為曹頎先當茶上人，後任佐領這種情景，我們還不能斷定它必不可能。若然，則前後幾處曹頎仍可能屬於一人。

六、第十四世

天佑

《宗譜》：顒子，官州同。

按：《五慶堂譜》正本此兩行字墨色稍淡，與前面的墨色和筆迹不同，似為後來補添。又『顒』字此處兩本均未避諱。

《氏族通譜》：曹天祐，現任州同。

按：《五慶堂譜》天佑的『佑』字是『亻』旁，《氏族通譜》的『祐』字是『礻』旁。

《江寧織造曹頫代母陳情摺》說：『……奴才之嫂馬氏，因現懷妊孕已及七月，恐長途勞頓，未得北上奔喪，將來倘幸而生男，則奴才之兄嗣有在矣。……』

按：上述奏摺是康熙五十四年三月初七日，奏摺說曹顒之妻馬氏已懷孕七月，則到本年的六月就應該生產。《宗譜》說：『顒子，官州同。』則曹天佑確為馬氏的遺腹子，其生年應即是康熙五十四年六月前後。其取名『天佑』可能也含有蒙上天保佑得了遺腹子之意。又《氏族通譜》始修於雍正十三年十二月，成於乾隆九年十一月。按此年曹天佑為三十歲，《氏族通譜》說『現任州同』，論其年歲亦大體相當。過去曾一度有人推論曹雪芹可能是馬氏的遺腹子，現在由於《五慶堂譜》的出現，曹雪芹是馬氏遺腹子之說自不能成立。過去我曾推論過曹雪芹應生於康熙五十四年，到乾隆二十七年壬午除夕去世時，虛歲為四十八歲，與張宜泉的『年未五旬而卒』說相符合。但有的同志認為既然馬氏遺腹子不是曹雪芹而是曹天佑，則曹雪芹就不應生於康熙五十四年。這個說法是没有道理的，康熙五十四年難道曹家只能有馬氏一人生產？按曹頫於康熙五十四年三月初六日上任，繼江寧織造職，雖然曹頫的謝恩摺裏曾説『奴才包衣下賤，黄口無知』，康熙五十七年康熙還稱曹頫為『無知小孩』，但我們決不能認為曹頫就是一個『小孩』，就是一個『黄口無知』的人物。要知道前者是曹頫因為自己年輕而謙稱，後者是因為康熙對曹頫的關懷，以一個老人的身份對曹頫的一種愛稱。我們應該想到，康熙能讓他繼任江寧織造，那末，他至少也要有十六七歲或十七八歲，如果他真是一個『黃口無知』的『小孩』，那他怎麽能擔當這樣的重任呢？康熙委派一個『無知小孩』去當江寧織造這樣的重任，儘管封建時代的封建皇帝，常常可以為所欲為，但如果真像這樣辦，恐怕也是説不過去的罷，何況康熙是一個相當能幹有為的人物，而並不是不明事理的昏君。我們再看看康熙五十四年曹頫上任後的謝恩摺，代母陳情摺，復奏家務家産摺，奏捐銀兩以供軍需摺，總督赫壽丁憂百姓環請保留情形摺，二次稻不成實緣由摺等奏摺，也可以看出曹頫并不是一個『無知小孩』，特别是康熙五十五年二月初六日，曹頫遵旨照看熊賜履之子，原摺説：

江寧織造·主事奴才曹頫跪奏：

恭請萬歲聖安。

李煦至江寧傳宣聖旨，著奴才照看前大學士臣熊賜履之子。欽此欽遵。奴才隨親往其家看視，其長子熊志伊，風痰時發，次子志契年九歲，幼子志夔年八歲，現在攻書，俱閉門不交外事，家中粗可過活。奴才先送與銀二百兩，為其家盤費之資。理合具摺奏聞，伏乞聖鑒。

硃批：好。知道了。

看這個奏摺所説的情形，曹頫親自去照看了熊賜履之子，熊賜履一共三個兒子，次子九歲，幼子八歲，長子從李煦的奏摺裏可以得知是四十一歲，曹頫奏報了熊家的一般情況外，還送了二百兩銀子『為其家盤費之資』。從以上這些具體措施來看，這個江寧織造曹頫，決不可能是一個『無知小孩』，『無知小孩』怎麽有可能親自去辦這些事呢？由此，我們推測曹頫此時起碼應是十六七歲或十七八歲這是合乎情理的。按古人早婚，特别是在急需子嗣的情況下，尤其會早婚。前面説過，曹頫是曹寅自小把他帶在江寧織造署撫養長大的，在他繼任江寧織造之前不久已經結婚也是完全有可能的，那末，一個十六七或十七八歲的青年，已經結婚，生了孩子有什麽可奇怪的呢？由此可見，説曹雪芹生於康熙五十四年，是曹頫的兒子是完全説得過去的，並没有什麽根本矛盾，無法説通的地方。①

① 最近承香港程靖宇先生來長函，詳細論述了曹天佑即曹霑即曹雪芹的問題，惜本書版已排好，不能詳引。我認為『天佑』與『霑』，字義上確有關聯，我之所以不敢遽作此設想者，因無更多確切的資料足資論證，故未敢遽作此論也。我認為考證問題，必須有『證』，没有可信的證據，不能遽作論斷，更不能憑臆想，所以我仍保留原有的看法，以待進一步研究。一九八〇年一月十九日馮其庸附記。一九九六年十二月八日又記。

第七章　人物考四

——五房諸人

這裏所説的『五房』，就是曹俊第五個兒子曹信。《五慶堂譜》三世『信』房正本列十五世，副本列十六世。四至九世『名失考』，注明『并九世因播遷，譜失，名俱莫記』。譜上在曹信的名下寫明『遼東五房，俊五子』。『遼東五房』連曹信共十人，并不是這一房的人特少，而是因為這部宗譜是三房修的，當時對三房以外的各房，有的已全然不瞭解，有的知道得不多，但還能知道一點，四房和五房的情況就是如此。

一、第三世

信

《宗譜》：遼東五房，俊五子。

按：黄金著《皇明開國功臣録》（天啓刻本）卷十九《曹信傳》：『曹信，任營軍鎮撫，贈武德將軍飛騎尉，封含山縣男。』這個曹信，不著籍貫，其時代亦應略早於《五慶堂譜》上的曹信，姑録於此，以備查證。

二、第十世

恭誠

《宗譜》：從龍入關，授三等（副本作『二等』）阿思哈尼哈番。累功加封三等精奇尼哈番（原注：漢文子爵）。分隸（副本『分隸』下多『漢軍』兩字）正白旗。誥授榮禄大夫建威將軍，生子熙麟。

《清太宗實録》卷七，天聰四年（明崇禎三年，一六三〇年）庚午：壬辰，先是明華州監軍道張春，四川監紀官邱禾喜，錦州總兵祖大壽，山西總兵馬世龍，山東總兵楊紹基，副將祖大樂、祖可法、張弘謨、劉天禄、曹恭誠、孟弢等，於是月初九日申刻，率兵攻灤州。我領兵大臣固山額真納穆泰、圖爾格、湯古代等，各立汛地，矢石齊發，仍選精鋭出城，繞城轉戰，屢敗明兵。

同書卷十，天聰五年（明崇禎四年，一六三一年）：戊辰，大凌河城内各官，皆與祖大壽同謀歸降，獨副將何克剛不從，大壽執之，令二人掖出城外，於我諸將前殺之，克剛顔色不變，不出一言，含笑而死，城内饑人，争取其肉。大壽遂遣副將四員，遊擊二員來誓，上與諸貝勒對天誓曰：明總兵官祖大壽，副將劉天禄、張存仁、祖澤潤、祖澤洪、祖可法、曹恭誠、韓大勳、（中略）楊名世等，今率大凌河城内官員兵民歸降，凡此歸降將士，如誑誘誅謬，及得其户口之後，復離析其妻子，分散其財物牲畜，天誠降譴，奪吾紀算，若歸降將士，懷欺挾詐，或逃或叛，有異心者，天地亦降之譴，奪其紀算，顯罹國法，如遵守此盟，天地垂佑，壽命延長，世澤久遠，安享太平。大壽等誓曰：祖大壽等率衆築城，遇滿洲國兵，圍困三月，軍餉已盡，率衆出降，傾心歸汗，毫無猜疑。歸順以後，官軍人民家口，俱獲保全，若大壽等違心背盟，天地鑒之，殃及其身，死於刀箭之下，倘汗以計詐害，亦惟汗自知之，誓畢。

同書卷十一，天聰六年（明崇禎五年，一六三二年）：三月戊戌朔，賞大凌河歸降諸將，一等副將張弘謨、祖可法、祖澤潤、祖澤洪、曹恭誠、劉天禄、張存仁，二等副將韓大勳（下略）等緞疋銀兩雕鞍撒袋鞓帶器用等物有差。

同書卷十三，天聰七年（明崇禎六年，一六三三年）：三月，賞新漢軍總兵官麻登雲、馬光遠、王世選，副將祖可法、祖澤潤、祖澤浩、劉君輔、韓大勳、曹恭誠、張存仁（下略）等及都司守備一百五十二員，緞布有差。

同書卷十六，天聰七年：丙戌，都元帥孔有德、總兵官耿仲明來朝。賜大凌河歸降副將祖可法、祖澤潤、祖澤洪（中略）、李雲、曹恭誠、裴國珍等貂鑲朝衣各一件。

同書卷十七，天聰八年（明崇禎七年，一六三四年）：乙丑，賞一等副將祖澤洪、韓大勳、曹恭誠、劉天禄、孫定遼、張存仁等，各男婦四十口、牛十二頭。（下略）署都司曹天壽、署守備顧昌武等，五十五員，各男婦四口，牛一頭。

同書卷三十，崇德元年（明崇禎九年，一六三六年）丙子：以明大凌河各官歸附，仍照原銜分别授職，賜之世襲敕書，錦州副將祖澤潤為三等昂邦章京，准再襲十二次，錦州副將祖可法為一等梅勒章京，准再襲十次，錦州副將祖澤洪為一等梅勒章京，准再襲十次，錦州副將孫定遼為二等梅勒章京，准再襲九次，寧遠副將韓大勳，為二等梅勒章京，准再襲九次，錦州副將曹恭誠為二等梅勒章京，准再襲九次，錦州副將裴國珍，為三等梅勒章京，准再襲八次。（下略）

同書卷五十六，崇德六年（明崇禎十四年，一六四一年）：（上略）丙寅，遣學士羅碩，往赴圍明錦州多羅睿郡王多爾袞，多羅肅郡王豪格軍營，并附大凌河新附官員，公與祖大壽書一函，其書云：大凌河新附官員昂邦章京祖澤潤、梅勒章京曹恭誠、裴國珍、祖澤洪、孫定遼、陳邦選，牛録章京蕭永祚等致書祖大壽將軍，職等自大凌河分袂，十年不能相見矣。憶昔大凌河時，蒙將軍立定主意，共議投順，父母妻子可保萬全，棄暗投明，以圖大業，因共隨將軍親赴大清皇帝行營，得睹天顔，恭聆聖語。彼時將軍謂職等云：是吾輩仁聖之真主，衆皆歡躍，傾心歃血，且以全遼許大清，以安樂許職等，及今十年，果蒙皇上豢養甚厚，始終不怠。職等俱得安全，是職等未負皇上，得受皇上深恩，豈意將軍入錦州，過聽妻孥之蠱惑，負對天之盟誓，跋扈自衛，故舊頓忘，是將軍負皇上，非皇上負將軍，嗟嗟！天鑒甚明，天聽不遠，今錦州之圍，即昔日之凌河，凌河之負盟，致今日之報應，況將軍之肝腸，職等知之熟矣。昔凌河之盟豈假乎？初心是實，至彼方變也。今錦州之守豈真乎？亦無顏再來相見也。自作之孽，將軍自受，料闔城生靈，已為釜中之魚，人將相食，為蹈凌河之轍，職等家眷在錦州者，共計五十九人，皆非負義忘恩之輩，何辜為餓卒充饑之食。職等思及於此，哀懇我皇上俯準職等列名致書將軍，請發各家大小人數，送出圍城，使職等父母妻子得以會合，雖將軍負職等於生前，猶可相見於地下。揆將軍之意，仍慮南朝法令，不肯察發耳。不知既在圍中，南朝法亦難加，將軍妄冀外兵救援，據我國擒獲之兵民，歸降之夷漢，皆曰大小官兵，無不痛恨將軍，昔日斷送凌河，并斷送張春大兵，今日斷送錦城，又斷送我等大兵，不解將軍是何意見，乃令我等束手以待死乎？似此怨言，則援兵之無望也明矣。職等敢以始終明告，勿迷而不悟，自誤以誤職等之妻子也。

《清世祖實録》卷三十一，順治四年（一六四七年）丁亥：以正白旗漢軍曹恭誠管本旗梅勒章京事。

同書卷一百九，順治十四年（一六五七年）丁酉：以致仕三等精奇尼哈番曹恭誠子熙麟，一等阿達哈哈番兼一拖沙喇哈番孫成功子世科，各襲職。

《八旗通志》初集卷八十，《封爵世表》六：三等子曹恭誠：

始　封　曹恭誠。正白旗漢軍，順治七年以投誠授一等阿思哈尼哈番，恩詔加至三等精奇尼哈番，今漢文改為三等子爵。
初次襲　曹熙麟，曹恭誠子，順治十四年襲。
二次襲　曹秉桓，曹熙麟子，康熙五年襲。
三次襲　曹煐，曹秉桓子，康熙四十五年銷去恩詔所得，并降原職，襲三等阿達哈哈番，今漢文改為三等輕車都尉，入世職表。

《八旗通志》初集卷一一二《八旗大臣年表》六《八旗漢軍管旗大臣年表上》：
漢軍，順治四年，正白旗梅勒章京曹恭誠。四月任。
漢軍，順治五年，正白旗梅勒章京曹恭誠。
漢軍，順治六年，正白旗梅勒章京曹恭誠。
漢軍，康熙三十五年，正白旗副都統曹秉桓。三月署。
漢軍，康熙三十八年，正藍旗副都統曹秉桓。十月任。
三十九年，正藍旗副都統曹秉桓。
四十年，正藍旗副都統曹秉桓。四月陞。
四十年，鑲白旗都統曹秉桓。四月任。
四十一年，鑲白旗都統曹秉桓。六月休致。

雍正十一年，正藍旗副都統曹煐。三月任九月革。

《陳邦選致明寧遠總兵書》，見《明清史料》丙編第一本：

陳邦選致明寧遠總兵書

眷侍教生陳邦選頓首拜，邦選叨在尊翁同事之末，久慕總爺丰姿之雅，今日登壇若早，實天才不虛也。松錦一下，諒總爺時為憂心，祖門全降，想總爺常為惕慮，何不隨機應變，保全富貴身家，自古良臣擇主而事，良鳥擇木而棲，棄暗投明，逃滿身之罪案，通權達變，免瓜葛之嫌疑。況我皇上仁聖天縱，有功者受大封於永遠，抗守者必罰處不姑容。總爺少年懸印，聰明自然超群，宜勿持兩可，拜下風速，則功賞出衆，而寧城生靈頂恩於世世矣。豈有松、錦、杏、塔四城不存而寧遠尚得樂太平，仍圖長久者，此必不得之數耳。專此奉瀆。去胡弘先、去裴國珍、去吳三鳳、「曹恭誠、「孫定遼、「吳良輔、「鄧長春、「姜新、去張存仁、去祖可法、「陳邦選。

按：（一）曹恭誠是錦州總兵祖大壽部下的副將。祖大壽先於崇禎四年（天聰五年）在大凌河之役中歸降後金。歸降後又因妻子在錦州，要求回錦州取妻子并勸錦州歸降。祖大壽到錦州後，仍為明守錦州。直至崇禎十五年（崇德七年），錦州、松山、杏山、塔山被圍援絕，錦州糧盡，祖大壽再度歸降後金。而曹恭誠則是在第一次大凌河之役中歸附後金的。

（二）陳邦選、曹恭誠等致書的寧遠總兵，應是當時遠離關外，獨守寧遠孤城的袁崇焕。

三、第十一世

熙　麟

《宗譜》：恭誠子，襲三等子爵。誥授榮禄大夫，建威將軍，生子秉桓。

《清世祖實録》卷一〇九，順治十四年（一六五七年）丁酉：以致仕三等精奇尼哈番曹恭誠子熙麟，（下略）襲職。

《清聖祖實録》卷十八，康熙五年（一六六六年）丁丑，予故三等精奇尼哈番曹熙麟祭葬如禮。

四、第十二世

秉　桓

《宗譜》：熙麟子，襲三等子爵（按：副本多『公中佐領』四字），歷任正白旗、正藍旗副都統，鑲白旗都統（按：副本『都統』上多『漢軍』二字），誥授光禄大夫，生三子，長烘，次焜，三炳。

《清聖祖實録》卷十九，康熙五年（一六六六年）丙午：以故三等精奇尼哈番曹熙麟子秉桓襲職。

《八旗通志》卷十四《旗分志十四》：正白旗漢軍都統第二參領所屬八佐領，第三佐領原係定南王孔有德所屬佐領，初以王守仁管理，康熙二十一年進京，王守仁故，以三等精奇尼哈番曹秉桓管理，曹秉桓故，以三等精奇尼哈番孫蘭管理，孫蘭故，以三等阿達哈哈番曹煐管理，曹煐緣事革退，以户部郎中宜兆熊管理。

五、第十三世

煐

《宗譜》：秉桓長子，降襲阿達哈哈番（漢文輕車都尉）兼公中佐領。誥授宣武都尉。

《八旗通志》卷十四《旗分志十四》：正白旗漢軍都統第二參領所屬八佐領，第三佐領原係定南王孔有德所屬佐領，初以王守仁管理，（中略）曹秉桓故，以三等精奇尼哈番孫蘭管理，孫蘭故，以三等阿達哈哈番曹煐管理，曹煐緣事革退。（下略）

焜

《宗譜》：秉桓次子，康熙丁酉科武舉，襲三等輕車都尉。

《八旗通志》初集卷一二八，選舉表四，武進士，康熙五十六年丁酉科武舉。漢軍正白旗，曹焜，祖曹秉衡，佐領。

按： 曹焜之父是秉桓，祖是熙麟，《通志》選舉表誤。

炳

《宗譜》：秉桓三子，雍正乙卯科舉人，生子國培。

《八旗通志》初集卷四十六《學校志》：按會典八旗挑選貢生，始於康熙十年，至二十四年又舉行一次，其姓名俱無可稽考，今叙列貢生姓名，自康熙三十六年始。

雍正九年選拔　曹炳，正白旗漢軍。

同書卷四十八，《學校志》三：

順天府學八旗歲貢恩貢姓名：

按順天府原册内開，考試八旗案卷，因吳逆時，滿洲、蒙古漢軍貢監生員，各監生員，各隸戎行，停止考試，卷册散失，至康熙二十八年，復準八旗考試以來，所有恩拔歲貢旗分姓名選送，今叙貢生姓名，自二十九年始。

雍正九年歲貢生

曹炳　正白旗漢軍。

《八旗通志》初集卷一二七，選舉表三，雍正十年壬子科副榜：

正白旗　曹炳（漢軍，祖魯佐領①，乙卯舉人）

按：《五慶堂譜》三房也有曹炳，為十三世，與五房十三世的曹炳同名。在《五慶堂譜》正本曹炳上有眉批云：『五房十三世秉桓子炳，雍正乙卯舉人。』則此批與此選舉表內稱曹炳為『乙卯舉人』相合。

《五慶堂譜》遼東五房共十人，以上除曹信外，共考得六人，其中第十世（不算曹良臣，實際上是第九世）曹恭誠與四房第十世（實際上是第九世）曹振彥是同一個時代，但曹振彥歸附後金的時間較早，在大凌河戰役中，曹振彥已是當時屬佟養性節制的後金方面的烏真超哈部隊，而曹恭誠當時還是明朝祖大壽部下的副將，在這次戰役中戰敗歸附的。可見當時遼東曹氏確是大族，五慶堂上祖一系，自曹俊九傳至曹德先、曹仁先、曹義先、曹振彥、曹恭誠，已分佈各地，估計當時他們有可能已經不一定很清楚他們各自的宗派了。

---

① 祖魯乃人名，祖大壽族人。此謂曹炳乃祖魯佐領下人。

第八章　人物考五

——關於曹邦

在《五慶堂譜》『遼東五房』之末，另頁附載了第十世曹邦，第十一世曹忠、曹元，第十二世秉和、秉政、秉泰共六人。在第十世曹邦之前，單行特標：

僅記世次官爵，不知房分，存俟考證。

這一行字，表明了兩方面的思想，一是表明此譜的修撰者已將此六人列入『備考』欄內，即所謂『存俟考證』，這與前面：

派系長房，莫知世次者，存俟訪問。（僅按老譜式照録）

這一行字很不一樣，後者很明確：待訪的這些人是屬『長房』，這些人的譜牒來源則是來自『老譜』，所以這些人就確定無疑是五慶堂上祖的『長房』；但『曹邦』這六個人，撰譜者已不瞭解他們的情況，只能在全部譜文結束後，在譜末標明『存俟考證』，然後把他們列入備考欄內了；二是表明當時的撰譜者還不清楚這六個人的來歷，還不知道他們根本不是遼東曹而是從豐潤遷入遼東的，實際上他們與五慶堂上祖之間是同姓而不是同宗，撰譜者因為不清楚這一點，還以為是同宗，只是『不知房分』，所以仍把這六個人附在譜末。

根據以上情況，要徹底弄明白曹邦與《五慶堂譜》上祖遼東曹究竟有無關係，僅憑這部《五慶堂譜》的上述附録，是不足為證的。幸而關於曹邦其人，還有多處記載：

（一）《五慶堂譜》附録部分之譜文：謹記世次官爵，不知房分，存俟考證。

十 世

邦 順治十八年任内務府員外郎，歸入内務府正藍旗，生二子：長忠、次元。①

---

① 按：曹忠，康熙《豐潤縣志》、光緒《浭陽曹氏族譜》均作『曹重』，只有《八旗滿洲氏族通譜》作『曹忠』，并且與《五慶堂譜》一樣作為曹邦的長子，康熙《豐潤縣志》是作為曹邦的次子的。光緒《浭陽曹氏族譜》世次排列零亂，不可據。我懷疑《五慶堂譜》的譜文有可能參考了《八旗滿洲氏族通譜》，因為譜文的旗籍也與《氏族通譜》同，按正藍旗不屬上三旗，是不能歸入内務府的，凡此之類，以下所列材料裏尚有應予考訂者，因曹邦本人與《五慶堂譜》上祖無關，故不再一一考訂，以省篇幅。

十一世

忠　邦長子，官浙江寧紹臺道，生子秉和。

元　邦次子，官知縣，生子秉政、秉泰。

十二世

秉和　忠子，官同知。

秉政　元子，俱官通判。

秉泰

(二)康熙三十一年羅景泐、曹鼎望編修《豐潤縣志》卷七《國朝》旗下貢生：

曹邦　號柱清，滿洲籍，癸巳特用，由吏部考功司他赤哈哈番陞户部尼堪啓心郎特用。

曹元　字子瞻，任静海縣知縣候補。

曹重　字子鄭，候補八品筆帖式哈番。

曹庶　字子餘，候補八品筆帖式哈番。

曹秉政　字坦公，候補八品筆帖式哈番。

曹玉文　國子監監生。①

曹秉權　國子監監生。

（三）《八旗滿洲氏族通譜》卷八十：

曹邦　正藍旗包衣旗鼓人，世居撫順地方，來歸年分無考。其子曹忠，原任寧臺道；曹元，原任知縣。孫曹秉和，原任同知；曹秉政、曹秉泰，俱原任通判。曾孫阿爾蘇，原任筆帖式；曹景岱，原任縣丞。

（四）乾隆二十年吳慎纂修《豐潤縣志》卷五《淑德》門：

曹邦，字佇清，咸寧里人，穎異好學，智慮過人。明崇禎二年隨清兵出口，及定鼎後，占籍正紅旗。時秦蜀未定，從征屢建奇勳。順治十年授吏部他赤哈哈番，旋擢户部啓心郎，任銓曹則黜陟澄清，司計部則國裕民足。左遷湖廣之慈利縣，再補直隸阜城令，皆有聲。乞養歸里，扶危濟困，喜舍樂

① 按：《五慶堂譜》不載曹玉文，《浭陽曹氏族譜》亦無曹玉文其人，此人是否屬曹邦一支，無考。

施，不能嫁娶者助之，死而無棺者給之。鄉黨親族，靡不蒙其澤云。

(五)光緒三十四年武惠堂《浭陽曹氏族譜》卷一《真定表》：

士淳　字完石，庠生，以子貴，贈通議大夫，户部啓心郎。①

邦　字柱清，由舉人任内閣侍讀學士，户部左侍郎，陞授通議大夫。

重　字子鄭，由例監例試一等五名授内閣撰文中書舍人，恩簡督理浙江通省船政同知，加二級卓異陞四川馬湖府知府，又任湖州知府分巡浙江寧紹臺道按察使司按察使。

秉泰　字履中，由庠生任浙江杭州府同知。

秉政　字坦公，由庠生任監江府同知。

元　字子瞻，由貢生任壽張縣知縣。

秉和　字允公，由庠生任太常寺筆帖式，任兵部職司主事。

---

①　士淳為曹邦之父，見《浭陽曹氏族譜》世系表。族譜卷一：《恩澤續傳》：『士淳，以子邦貴，贈通議大夫、户部啓心郎。』另族譜卷二另有順治十四年頒給曹邦及其父曹士淳之誥命，見本書所引。

同書卷一《文武續傳·文職》：

邦　字柱清，由吏部他赤哈哈番歷任通議大夫、户部啓心郎加一級。

庶　字子餘，由例監候補八品筆帖式。

秉政　字坦公，由例監授理藩院筆帖式。

同書卷二：《北直淑德傳記均入豐潤縣志·曹邦傳》：

按《曹氏族譜》所載，大體上與乾隆《豐潤縣志》相同，但文字上又有多處重要出入，現據乾隆《豐潤縣志》校録於下，圓括號（ ）內為族譜的增文，有着重點者為異文，有尖括號〈 〉者為删去之乾隆《豐潤縣志》原文。

（十二世）諱邦，字柱清，〈咸寧里人〉，穎異好學，知惠過人，於崇禎二年（以各地荒亂，遂赴遼東避兵，因彼地原有族人引薦），隨本朝大兵出口，及定鼎後，占籍正紅旗，隨征屢立奇功，順治十年，受（授）吏部他赤哈哈番，旋擢户部啓心郎，任銓曹則黜陟澄清，司計部則國裕民足。（雖）左遷湖廣之慈利〈令〉，再補直隸（之）阜城〈令〉，皆有聲（稱）。乞養歸里，扶危濟困，喜舍藥〔按：應作『樂』〕施，不能嫁娶者助之，歿〈死而〉無棺者給〈之〉，鄉黨親族，靡不蒙〈其〉澤云。

十三世祖諱重，字子鄭，風度端凝，博通經史，工詩善書，由中書出為浙江海防同知，康熙四十二年奏吏治第一，擢馬湖府，邊鄙聲教，遂如中土，署四川按察司即陞寧紹臺道，晉按察司副，卒於官。

(六) 同書卷二載順治十四年特頒曹邦及其父士淳的誥命：

奉天承運皇帝制曰：襃忠表義，昭代之良規；崇德報功，聖王之令典。特頒恩命，以獎勤勞。爾户部啓心郎加一級曹邦，夙具幹才，授職效用。理事計部，勤慎不懈，歷年宣勞，始終罔替。慶典欣逢，恩命洊加。宜沾新綸，用示勸勵。兹以覃恩，特授爾階通議大夫，錫之誥命。於戲！恩推自近，乃弘奬夫崇階；業廣惟勤，尚克承夫錫命。欽予時命，勵爾嘉猷。制曰：夙夜惟勤，人臣寧遑內顧；優儷無忝，國常豈靳隆章。寵錫服以酎勳，念壼儀之媲美。爾户部啓心郎加一級曹邦妻王氏，克勤內德，宜爾室家，眷良臣靖共之猷，賴淑女匡襄之助。妥襃令範，式沛新綸，兹以覃恩贈爾為淑人。於戲！教爾有官，肅閨門而合好，感恩其內，尚黽勉其同心。祗服殊恩，用昭壼德。

制　誥

順治十四年三月初十日

奉天承運皇帝制曰：揚明顯親，為子者願以令德歸之父；考績褒賢，教孝者宜以高爵作之忠。是用推恩，特申休命。爾曹士淳，乃户部啓心郎加一級曹邦之父，義方有訓，式穀無慚。念爾嗣之勤勞，既克家而報國，俾爾澤之昌大，受錫類以昭仁。茲以覃恩，贈爾為通議大夫户部啓心郎加一級，錫之誥命。於戲！教誨爾子，永無忝於家聲；聿修厥德，尚無負於國恩。欽承寵命，慰爾幽靈。

制曰：恩彰錫命，母道攸同；孝取崇先，子情無異。用申巽命，以表前徽。爾户部啓心郎一級曹邦嫡母潘氏，雖於中道殞殁，而有顯揚，無間於所生，并昭顧後之恩，宜沛褒榮之典。茲以覃恩，贈爾為淑人。於戲！九原如在，永垂彤史之光，大賚用頒，式作黄壚之賁，欽予寵命，慰爾幽真。

制曰：國體勞臣，必遡源而沛澤；家宗哲胤，爰歸善於厥生。盛典維新，壼儀愈著。爾户部啓心郎加一級曹邦生母劉氏，幃範克端，始（胎）教居身教之先；慈訓惟勤，能愛在能勞之後。宜沛貤封，用昭母德，茲以覃恩，封為太淑人。於戲！子情罔極，感顧復而敦孝，國綸普被，念劬勞以疏榮，嘉乃恩勤，頒茲寵賚。

制誥

順治十四年二月初十日

現在我們所能看到的有關曹邦的資料，基本上都集中在這裏了。從上述資料裏，我們可以看到一些明顯的歧異：（1）《五慶堂譜》曹邦屬第十世，《洓陽曹氏族譜》則列入第十二世，從祖父的一輩，一下變成孫子的一輩；（2）康熙《豐潤縣志》作：『曹邦，號柱清。』《洓陽曹氏族譜》同。但乾隆《豐潤縣志》卻作：『曹邦，字佇清。』『柱』與『佇』可能是音近而誤；（3）康熙《豐潤縣志》只說曹邦屬『滿洲籍』，没有説屬什麼『旗』。《八旗滿洲氏族通譜》則說是『正藍旗包衣旗鼓人』，乾隆《豐潤縣志》和光緒《洓陽曹氏族譜》則都說他『占籍正紅旗』；（4）關於他的原籍，《氏族通譜》說他『世居撫順地方』，乾隆《豐潤縣志》則說他是河北豐潤之『咸寧里』，康熙《豐潤縣志》未載他的鄉里，光緒《洓陽曹氏族譜》則又把『咸寧里』三字删去了，只承認他是豐潤人，不明確説是豐潤何鄉何里；（5）關於曹邦去遼東的原因，《氏族通譜》説是『世居撫順地方』，因此不存在去遼東的原因問題。康熙《豐潤縣志》未及此事，乾隆《豐潤縣志》則説是『崇禎二年隨清兵出口』，到光緒《洓陽曹氏族譜》則又説是『於崇禎二年，以各地荒亂，遂赴遼東避兵，因彼地原有族人引薦，隨本朝大兵出口』，這段文字細考可以發現它本身是自相矛盾的，先説是因荒亂遂赴遼東避兵，并且是由於『彼地』（即遼東）的『族人引薦』，既然是由遼東族人引薦後避兵出口了，怎麽又接下去説『隨本朝大兵出口』呢？顯而易見上面加着重點的《洓陽曹氏族譜》後增上去的這段文字是根本與下文矛盾的，這後加的文字很可能是靠不住的。但是歸根到底，曹邦原籍是豐潤人，是於崇禎二年被俘（或作『隨兵』）到遼東去的，這一基本事實是可以肯定的。他的世次，應當是十世，與曹振彦同時，即崇禎初年，也即是後金天聰、崇德到清朝順治時期，看清朝頒賜給他的誥命署順治十四年即可證。如果是十二世，則他應該是與曹寅、曹宣同輩，時代就要到康熙中後期去了，這與他的上述史實是不符的。

上面我們肯定了曹邦是豐潤籍，那末能否由此而證明《五慶堂譜》的祖籍也是豐潤籍呢？我認為不能：（1）《五慶堂譜》的續修者在譜末附録曹邦一支，當時編者的概念裏并不是把曹邦作為豐潤籍而録入家譜的，相反是把他作為遼東籍的，因為從《五慶堂譜》的修撰者的觀念來看，當時他們認為他們的最早的祖宗是曹良臣，他們認為他是揚州人，這當然不是豐潤籍。他們又認為他們入遼之始祖是曹良臣的第三個兒子曹俊，所以譜文特標『即入遼之始祖』。而他入遼以後先是『守御金州，後調瀋陽』，此譜的序文還説曹俊的後人『子孫蕃盛，在瀋陽者千有餘家，號為巨族，而金州、海州、蓋州、遼陽、廣寧、寧遠俱有分住者』。因此從此譜修撰者的觀念來看，他們的祖籍先是揚州，後則是瀋陽、遼陽等地，根本没有涉及豐潤。譜文中涉及豐潤的地方只是因為誤把曹義作為曹良臣的兒子，而曹義後來封了豐潤伯，因而序文中説：『後因遼瀋失陷，闔族播遷，家譜因而失遺，兵火中從前世系宗支，茫然莫記，猶幸豐潤伯處全譜尚存，不意未及繕録，又罹「闖逆」之變——家乘益無徵焉。』這段叙文本身涉及五慶堂曹氏上世的祖宗之一是豐潤伯曹義的問題，這是很錯誤的，這在前面早已考證清楚了。現在要説的是就當時撰譜者的觀念來看，在他們的觀念裏，也絲毫不存在曹邦是豐潤籍，因而五慶堂上祖的籍貫也是豐潤籍的問題。（2）現在根據調查所得的大量史料，證實曹邦確是豐潤籍而不是遼東籍。這一事實只能説明《五慶堂譜》修撰者把他附録入遼東籍的《五慶堂譜》內是完全搞錯了，而決不能根據《五慶堂譜》的這一誤録，轉而反過來證明《五慶堂譜》的始祖的籍貫也是豐潤，這樣的證明方法是以誤證誤，只能愈證愈誤。（3）《五慶堂譜》的上祖的籍貫究竟是什麽地方，這不決定於譜文末尾附録備考的第十世曹邦的籍貫是什麽地方，而決定於《五慶堂譜》始祖真正可考的籍貫是什麽地方。前面已經考證清楚，《五慶堂譜》上的始祖曹良臣及第二世曹泰、曹義，都不是《五慶堂譜》的真正的始祖，因此他們的籍貫安徽安豐（曹良臣）和揚州儀真（曹義）都不是《五慶堂譜》始祖的籍貫，《五慶堂譜》的真正的始祖是曹俊。就是這個曹俊，譜文並未表明他的真正的籍貫（按照譜文所表明的，曹俊的籍貫當然就是曹良臣的籍貫，但這是不真實的），如前所論，有關曹俊的史料極其缺乏，這個曹氏『入遼之始祖』究竟來自何處，尚不可考。但是據《明故孺人曹氏壙記》的記載，這個曹氏即曹俊的女兒，她是『遼陽人』。因此我們至少可以從這一代算起說他們是『遼陽人』了。從這一代到曹雪芹的一代，相隔十三世，時間相距約三百五十餘年；又因此，我們說曹雪芹的祖籍是遼陽，到曹錫遠、曹振彦的時代，大概是先住遼陽，後遷瀋陽（見康熙二十三年未刊稿本《江寧府志·曹璽傳》）這樣的結論，或許不會離事實太遠罷。

這裏還有一個問題，即我們否定了曹良臣、曹泰、曹義與《五慶堂譜》的關係，指出了《五慶堂譜》的真正始祖是曹俊，並且考證了曹俊的時代，上限不能早於永樂，下限不能晚於天順、成化。這樣，是否為曹俊上世的籍貫有可能是河北豐潤，也即是曹俊有可能是『永樂初』『卜居於遼東之鐵嶺衛』的端廣的後代呢？在資料極其缺乏的情況下，對這個問題，不能過早地判斷，既不能絕對排斥這種可能性，也不能完全肯定這種可能性，現在我只是分析一下前一種可能性所遇到的問題。問題之一是如果曹俊是端廣的後人，則最大的可能也只能是端廣的兒子。如是這樣，則『入遼之始祖』就應該是端廣，而不應該是曹俊，譜文明寫曹俊是『入遼之始祖』，則可見曹俊是入遼的第一代，因而就與端廣聯繫不起來；問題之二是端廣到遼東是落脚於鐵嶺，但《五慶堂譜》的序言裏提到了一連串遼東的地名卻偏偏沒有提到鐵嶺，在曹俊的譜文裏提到了金州、瀋陽，卻同樣没有提到鐵嶺，這樣曹俊入遼以後的地點又與端廣入遼後的地點聯繫不起來；問題之三是端廣的入遼，我想象是貧困中的遷徙，既不是商賈，也不是謫宦，但無論是商賈或者謫宦，都不可能突然之間官運亨通，一朝發迹，第二代就當指揮使、懷遠將軍的，因為按明制，指揮使是世襲官，曹俊的譜文也是説『世襲指揮使』，端廣剛到鐵嶺，其後人何從『世襲指揮使』呢？由於以上這些問題存在，所以我們現在還不能斷然地把曹俊與曹端廣聯接起來，把瀋陽、遼陽、鐵嶺與豐潤統統聯接起來。因此，我仍然認為曹俊本人的原籍，也不可能是河北省的豐潤縣。

第九章　關於《浭陽曹氏族譜》

一、《浭陽曹氏族譜》源流表

我們現在看到的《浭陽曹氏族譜》是光緒三十四年武惠堂刻的，在此譜第二卷的末尾，有一張《曹氏歷代修譜源流》表，現引録於下：

曹氏歷代修譜源流表

第次	修譜年代	修譜人
1	元至正五年（一三四五年）創修	三世孫子義
2	明宣德元年（一四二六年）捐俸刻板 協修	六世孫榮之 六世孫柳之 七世孫九成
3	正德十年（一五一五年）重修 議式 贊修	九世孫觀源 九世孫觀淮 觀峒 十世孫日昕 日化
4	萬曆四十三年（一六一五年）議修 贊修	十二世孫欽賢 十三世孫明試 明揚 十四世孫文煥

5	清順治九年（一六五二年）重修刻板 督修 纂修 贊修	十四世孫文珩 十五世孫思皇 十二世孫欽聘 十三世孫明□ 明揚 十四世孫文煥 十四世孫文明 文林 文鼎 十六世孫安世
6	康熙九年（一六七〇年） 議修 監修	十四世孫文鼎 文珩 十五世孫思皇 思獻 十三世孫鼎望 首望
9	光緒三十四年（一九〇八年）重修刻板 監修	二十世孫振川 宗海 振澧

備注	
	一、第七次是『道光丁巳』有十九世孫振鄴叙文，但道光無丁巳，應是誤刻。 二、第八次是光緒五年，有十九世孫蓬齡乞清華李玉堂撰叙文。以上兩次表内均未列，是據書後叙文補的。

上面這張表，從元至正五年（一三四五年）創修到光緒三十四年（一九〇八年）重修，中間相隔五百六十三年。從這張表來看，好像前後一共只修過七次，實際上卻是修過九次，其中還有道光年間修過一次，光緒五年（一八七九年）修過一次。除第一次創修時，曹氏還在江西武陽渡外，其餘各次，都是到了豐潤以後續修的了。現在在這部《浭陽曹氏族譜》上除首次創修未留下什麽文字記録外，其餘各次每次重修的叙文，都還完整地保留在這部譜裏，如第二次重修有六世孫榮之的叙文，第三次重修有九世孫觀源、觀淮的叙文，第四次重修有十三世孫明試、明揚的叙文，第五次重修有十四世孫文珩、文林、安行的叙文，第六次重修有十四世孫文鼎、文珩，十五世孫思獻、十三世孫鼎望的叙文，第七次重修有十九世孫振鄴的叙文，第八次重修有十九世孫蓬齡乞李玉堂撰的叙文，第九次重修有二十世孫宗海、振澧、晟魁，二十一世孫兆琛的叙文。

從上面這張表所顯示的這部《浭陽曹氏族譜》的修撰源流是十分清楚的，因而也是比較可信的，這對我們弄清豐潤曹氏族譜的源流是有用處的。

二、《浭陽曹氏族譜》歷次修譜叙文概述

據統計，《浭陽曹氏族譜》共修九次，今保存在譜裏的自六世（依豐潤曹計算是三世）至二十一世（豐潤曹是十八世）各次重修的叙跋碑記共有二十一篇，其他類的文字未計在內。今將其世次及序跋碑記的題目列舉如下：

六世孫崇之撰	明宣德元年（一四二六年）	高辛氏以來年表
六世孫安撰	明正統三年（一四三八年）	豫章曹氏墳碑記
九世孫觀源撰	明正德十年（一五一五年）	武陽曹氏源流宗譜序
九世孫觀淮撰		曹氏重修族譜序
十三世孫明試撰	明萬曆四十三年（一六一五年）	曹氏重修族譜序
十三世孫明揚撰	同上	曹氏重修族譜序
十四世孫文珩撰	清順治九年（一六五二年）	曹氏重修南北合譜序
十四世孫文琳撰	清順治九年（一六五二年）	曹氏重修南北合譜序
十四世孫文鼎撰	同上	曹氏重修族譜序

十三世孫鼎望撰	康熙九年（一六七〇年）	曹氏重修南北合譜序
十五世孫思獻撰	同上	武陽以來世派序
十五世孫思皇撰		曹氏重修族譜後序
十六世孫安行撰		曹氏重修族譜序
十八世孫振鄴撰	道光丁巳（？）	曹氏南北合譜序
十九世孫蓬齡乞清華李玉堂撰	光緒五年（一八七九年）	曹氏重修族譜序
二十世孫宗海敬撰	光緒三十四年（一九〇八年）	曹氏重修族譜序
二十世孫晟魁謹撰	光緒三十三年（一九〇七年）	曹氏重修譜序
呂萬受頓首拜撰	光緒戊申（一九〇八年）	曹氏宗祠碑記
二十一世孫兆琛拜撰	光緒丁未（一九〇七年）	曹氏重修譜序
二十世孫振灃拜撰	光緒丁未（一九〇七年）	曹氏重修族譜序
張樹田	光緒丁未（一九〇七年）	跋

以上二十一篇叙文，雖然大都只是泛泛而談，但對我們瞭解歷次修譜的情況，還是有用處的。特別是其中有五篇叙文，涉及遼東曹的問題，現在把這五篇序文中有關的文字，依時間先後，摘録於下：

（一）十三世孫明試，明萬曆四十三年（一六一五年）第四次重修時的序文《曹氏重修族譜序》：

天其翁卜居武陽，至今凡十四世，子孫衆多，支派分析，由武陽而遷豐潤、遷遼東、徙進賢，南北州郡之間……

（二）十三世孫曹鼎望康熙九年（一六七〇年）第六次重修時的序文《曹氏重修南北合譜序》：

爰稽世系，蓋自明永樂年間，始祖伯亮公從豫章武陽渡協弟溯江而北，一卜居於豐潤之咸寧里，一卜居於遼東之鐵嶺衛。……

（三）十八世孫振鄴，道光丁巳（?）第七次重修時的序文《曹氏南北合譜序》：

端明公字伯亮，於前明永樂初攜弟端廣渡江而北，卜居豐潤縣之咸寧八甲，端廣公卜居遼東之鐵嶺衛。

（四）二十世孫宗海，光緒三十四年（一九〇八年）第九次重修時的序文《曹氏重修族譜序》：

溯自永樂初年伯亮公偕弟自預章武陽迤江而北，一卜居遼東之鐵嶺衛，一卜居豐潤之咸寧里。

（五）二十世孫晟魁，光緒三十三年（一九〇七年）第九次重修時的序文《曹氏重修譜序》：

我始祖伯亮公於前明永樂年間，從豫章武陽渡遷居豐潤之咸寧里，則知武陽者乃吾始祖之故鄉也。

上面這五篇文章裏，萬曆四十三年第四次重修時曹明試的文章是提出由武陽北遷豐潤的最早的文章，但此文的提法是『遷豐潤、遷遼東、徙進賢』三者並提的。很明顯，這種提法，並不是說先遷豐潤、再遷遼東、再遷進賢，而是說，從武陽分出三支，一遷豐潤、一遷遼東、一遷進賢。這樣也就不存在後來所說的端明攜弟端廣一起遷到豐潤，在若干年後，端廣再遷遼東的事。也就是說，半個多世紀以後，曹鼎望說曹端明攜弟渡江而北云云，並不能以此為根據的。

第二篇文章是康熙九年第六次重修時曹鼎望的文章，此文首先提出攜弟渡江而北說，此說第一是不知根據何在，第二，此說也仍是並行式的，而不是主從式的。並不是說端明把弟弟一直攜到豐潤，住了若干年，端廣再由豐潤北遷遼東。就憑曹鼎望的上面這段話，決不能作出曹端廣先居豐潤，再遷遼東之說。

第三篇是十八世孫振鄴於道光年間第七次重修時所寫的文章，文章的內容與曹鼎望的一模一樣，很顯然，他的依據就是曹鼎望的文章，而此說存在的問題，自然也就與曹鼎望是同病相憐。

第四篇是二十世孫宗海於光緒三十四年第九次重修時所寫的文章。此文一反曹鼎望的說法，提出曹端明偕弟渡江而北後，『一卜居遼東之鐵嶺衛，一卜居豐潤之咸寧里』。依照此說，則端明、端廣應該先到遼東，然後端明再從遼東遷豐潤。按照豐潤說的一貫的邏輯，難道不應該作這樣的解釋嗎？

第五篇是二十世孫晟魁於光緒三十三年寫的文章，也就是武惠堂刊印此譜時寫的文章。此文恰好是只提伯亮公（曹端明）於永樂年間自江西遷居豐潤，隻字未及曹端廣的問題。

以上這五篇文章，有兩篇是未及曹端廣其人的，有一篇是以遷遼東打頭的。只有兩篇是說到曹端廣遷遼東的。但它的意思也很明確，遷豐潤和遷遼東是並行的。

由此，我們可以得出以下的看法：

（一）豐潤說裏的曹端廣其人，並未到過豐潤。豐潤說本身就是無源之水，無本之木，是虛構出來的。

（二）在整部《浭陽曹氏族譜》裏，根本找不出來一句話是說曹端廣到過豐潤，並且定居過足够的年份，而後再遷遼東的。

（三）按照我們歷來計算各人籍貫的方法，根本不能把寓居的地方作為籍貫的，這是一種極為普通的常識。因此，無論曹端廣根本没有到過豐潤，就算是到過豐潤，也不能把豐潤作為他的籍貫。

三、《浭陽曹氏族譜》敘文選讀

為了徹底弄清問題，我們必須認真閱讀和分析原始資料，掌握原始資料，從這些完整的原始資料裏，得出客觀的，不以個人的好惡為轉移的結論來，為此我們選擇了幾篇關鍵性的敘文來供大家閱讀，并進行分析。

（一）豫章曹氏墳碑記

六世孫安撰

江右南昌府武陽渡，乃安曹氏之原籍也。聚族而居，耕讀為業，代有偉人。我祖伯亮公苦志蕓窗，無書不覽，即堪輿星數等學，概皆精通。早歲即補郡弟子員，以數奇不第。遨遊燕都山海間，見豐邑山秀水異，遂卜居焉。後數年，復自擇宅兆於此西河之上。嘗撫安父及安言曰：『此地口向寬，發越遲，欲速者固不喜。然龍真派（脈）清，後世子孫，必有大吾宗者。但可懼面前大河左來特潮，日久沿岸崩塌，水掃城脚，腰劫射脅，明堂逼窄，龍氣未免受傷，必墳前建壩，迎水築堤，以固明堂，以衛龍身，以護城脚，不可謂現在離水尚遠，遥及半里有餘，目前無患，異日衝突漸積，難免傾潰。況山河水駛，一但（旦）汛漲，墳基將隨水西流矣。』此安祖囑吾父言也。我時年幼，常懷斯言，及長無力，今幸少裕，何敢尚待後人，謹勉力建厥兩壩，以成祖志焉。按此墳地南北中長二百七十步，東一百九十三步，西二百二十步，東西闊，中七十二步，南九十步，北七十九步，東至黃，西至道，南至河，北至道，計地七十一畝六分。又迎水壩地，南北中長一百七十七步，東一百六十四步，西一百七十一步，東西闊，中十九步，南二十三步，北十五步。東至李，西至黃，北至道，南至河，計地十三畝伍分，皆價買王姓名福杏西地。隨契過入本里咸寧八甲納糧，子孫其志之。凡我後人，宜念我祖輩故園，離鄉曲，百艱備嘗，來斯土，葬斯地，有子若孫，果得如我祖言發越，當永保堤壩，毋忽毋怠，庶不愧為曹氏孫，是為記。大明正統三年孟春穀旦立

候選行人司司副孫安謹記

上面這篇文章，是明正統三年（一四三八年）武陽一世曹孝慶的六世孫，或豐潤一世曹伯亮（端明）三世孫曹安在第二次修譜時寫的①。文中記到他的祖父伯亮公端明因『數奇不第，遨遊燕都山海間，見豐邑山秀水異，遂卜居焉』。端明到豐潤來定居，是因為豐潤的山水好，風水好，將來的子孫必定能『發越』，所以纔來定居的，文中還記到他祖父曹端明囑咐他父親曹英要築壩保護他所選擇的墓地的一段話：

---

① 按：此譜第二次是宣德元年（一四二六年）『捐俸刻板』的，而曹安的文章寫於大明正統三年（一四三八年），已晚了十三年，但宣德元年只是『捐俸刻板』，究竟刻了多少年，并未確切敘明，故也許此次修譜時間較長，也未可知，不管如何，曹安文末署明的時間正統三年是明確的，可以作為依據的。

此地口向寬，發越遲，欲速者固不喜。然龍真派（脈）清，後世子孫，必有大吾宗者。但可懼面前大河左來特潮，日久沿岸崩塌，水掃城脚，腰劫射脅，明堂逼窄，龍氣未免受傷，必墳前建壩，迎水築堤，以固明堂，以衛龍身，以護城脚，不可謂現在離水尚遠，遥及半里有餘，目前無患，異日衝突漸積，難免傾潰。況山河水駛，一但（旦）汛漲，墳基將隨水西流矣。

接着文章説：

此安祖囑吾父言也，我時年幼，常懷斯言。

曹安是端明的孫子，親自聽過端明的囑咐訓誨，而且印象很深。但就是這篇豐潤曹氏記述祖先從江西武陽渡卜居豐潤的重要文章，卻隻字未提還有祖父的弟弟端廣又從豐潤遷居遼寧鐵嶺的事。而且端明既精於風水，能自卜宅兆（墳地），斷言後之子孫『必有大吾宗者』，那末為什麽有了這樣的好地方，反而不留弟弟端廣一同定居，卻讓他再遷到遼東鐵嶺去呢？難道是不願意讓他弟弟同占這個好風水麽？如果説端廣其人真是又從豐潤遷到了遼東鐵嶺，那末為什麽曹安的文章裏也一字不及呢？這不令人覺得奇怪嗎？

按曹端明自江西遷豐潤，是在永樂二年（一四〇四年）①，距離曹安寫這篇文章時，只有三十四年。曹安小時聽曹端明對他父親曹英的囑咐時，至少也應有八九歲或十來歲。按曹端明『自擇宅兆』是在遷居豐潤『後數年』，就姑且算他三年，那就是永樂五年。也就是説曹安親聽他祖父之言，還只是曹端明遷居豐潤以後三年左右的事，當時如果是端明與弟弟端廣同從江西武陽遷來豐潤的話，為什麼曹安隻字不提？當時如果是確有曹端廣後來又從豐潤另遷遼東鐵嶺之事，為什麼曹安又隻字不提？尤其是曹端明既然看中了這片好風水地，並斷言後來的子孫必定會『發越』，那末又為什麼不讓弟弟留下來，這一連串的疑問難道不能引起人們的深思嗎？

（二）武陽曹氏源流宗譜序

九世孫觀源撰

曹氏之先世居真定，宋乾德初，諱彬者仕神武將軍，兼樞密承旨。二年冬伐蜀，為都監，開寶六年進檢校太傅。七年將兵伐江南，仁恕清慎，備載史册。真宗朝贈中書令，封濟陽王，謚武惠。子璨、玬、瑋、玹、玘、珣、琮。璨，授河南節度使同平章事，贈中書令，謚武懿，璨子儀，官至耀州

① 見《浭陽曹氏族譜》卷三：『端明，字伯亮，行二。永樂二年占籍豐潤，為北曹始。』卷四：『端明，字伯亮，明永樂二年由南昌武陽遷豐潤，配黄氏，子一，英，為北曹之始祖。』以上兩處亦同樣未提端廣去遼東的事。

觀察使。玥尚秦王女興平郡主。瑋累官安撫觀察使，改彰武節度使，贈侍中，謚武穆。玹，左藏庫副使；玘，尚書虞部員外郎；珣，東上閤門使；琮，西閤門使，累官安撫都指揮使；琮子佺，皇城使嘉州防御使；佺子詩，尚魯國大長公主，玘之女即慈敬光聖皇后也。彬之父蕓，累贈魏王，彬韓王，玘吳王，子孫累代光顯，享爵禄於無窮，垂芳名於不朽。武陽曹氏，始祖孝慶公者，蓋彰武節度使武穆公之五世孫也，官朝散大夫，知隆興府，因家省城之南。子善翁卜居城南之四十里地為武陽，至今人稱為武陽曹氏云。圖書世澤，紹述綿延，視靈壽之族雖各天一方而實一氣之流行也。然自孝慶公以來，世代既遠，子孫益衆，使譜法不立，則本源不清而支流未免有混，故歐、蘇二公深為此懼，乃自流溯源，支分派别必求其清而不混。庶幾三代宗法之遺意而後世師範之所在也。予因致仕，得仿老蘇之法，乃取舊藏之系，參互考訂，源有所本者則録之，派失其傳者則缺之，斷自始祖孝慶公以迄於今凡九世，各於名下記其生死，書其葬娶，言行事實，親疏遠近，靡不備載，使後之人有考於斯文則孝悌之心寧不油然而生乎。至若親盡而不譜，此老泉之失，予不敢遵，觀者幸恕其僭。

上面這篇《序》，是明正德十年（一五一五年）第三次修譜時寫的。這篇《序》文，主要説明了曹氏從河北真定靈壽遷到江西武陽的情況，説明了江西武陽曹氏的始祖是孝慶公，孝慶公則是真定靈壽曹彬的第三子曹瑋的五世孫。這篇叙文的作者，是武陽曹氏的九世孫，豐潤曹氏的六世孫。這篇叙文寫作的時間，距永樂二年已一百十一年，但奇怪的是這篇叙文也同樣不提曹端廣遷來豐潤和再遷遼東鐵嶺的事。這難道不更令人懷疑嗎？

（三）曹氏重修族譜序

十三世孫明試撰

國有本系，家（有）譜牒，皆所以紀昭穆而統族類也。嬴秦以來而本系廢，李唐以後而譜牒逸，賢士大夫往往自譜其族，如歐陽氏、老蘇氏，其立法之意，卓卓乎可稱者也。吾宗曹氏，本真定散處天下者，更代多故，隆替不一，源流混而枝葉雜，恨莫考正。惟孝慶公宋仕隆興，一傳而進士天其翁卜居武陽，至今凡十四世，子孫衆多，支分派析，由武陽而遷豐潤、遷遼東、徙進賢，南北州郡之內，忠厚相傳，詩書相重，兄弟叔侄後先炳彪，可謂盛矣。使譜牒不修可乎？六世祖叔顏公知此，乃緝而刻之，至守拙守愚二公，又補而完之。惟恐前之遠而迷其源，後之蕃而混其派，其用心均厚矣。是譜之法，其亦有得於歐、蘇之教歟。後之子孫必當以是心為心。自今十四世而至於千百世引而長之，讀而書之，俾是譜之傳，永久而不替，斯無愧矣。昔于公高大其門曰：吾為吏多陰德，子孫必興，今同吾譜者，富貴仕宦，類皆存心以仁，施政以惠，歷歷有明徵，其於于公陰德無忝矣！曹氏之興殆未可量。予因督修族譜，故謹識焉。

上面這篇《序》是明萬曆四十三年（一六一五年）曹氏第四次修譜時寫的，距離第三次修譜已經整整一百年，距離永樂二年曹端明始遷豐潤已經二百十二年。按：就在這一年，努爾哈赤設八旗，第二年，即正式稱朝曰『金』，建元『天命』，是為天命元年。到天命三年努爾哈赤即以七大恨告天自誓伐明。萬曆四十七年（後金天命四年，一六一九年）三月薩爾滸大戰，明軍大敗，六月陷開原，七月陷鐵嶺。明天啓元年（後金天命六年，一六二一年）瀋陽、遼陽相繼為後金攻破。曹雪芹的上祖曹世選、曹振彦大約就在此時歸附後金。以上是萬曆四十三年也就是上面這篇《序》文寫作的一年到天啓元年前後共七年間遼東地區明金戰爭的形勢。

就是這篇離開曹氏始遷豐潤已經二百十二年的文章，開始提出了『由武陽而遷豐潤、遷遼東、徙進賢』。究竟是誰由武陽遷豐潤；又究竟是誰『遷遼東、徙進賢』？卻隻字未提，更没有説明是何所依據。

（四）曹氏重修南北合譜序

十三世孫鼎望撰

家之有譜猶郡邑之有志，一代之有史也。然史之義取乎文，志之義取乎博，而譜之義以親不以博，以實不以文，乃世風不古，往往有宗支式微，率多簡略，攀援赫奕，喜事鋪揚。或失則誣，或失則薄，二者並譏云。余家託迹浭陽，沐先人之餘光，慶世澤之蕃衍，繩繩振振，俾熾俾昌，亦可謂綿瓜瓞而享燕翼矣。爰稽世系，蓋自明永樂年間，始祖伯亮公從豫章武陽渡協弟溯江而北，一卜居於豐潤之咸寧里，一卜居於遼東之鐵嶺衛，則武陽者，洵吾始祖所發祥之地也。追吾始祖，不得不追吾始祖所自出之祖；追吾始祖所自出之祖，又不得不追吾始祖以上之人與始祖以下之人，以共承吾始祖所自出之祖，此修明家乘之意，前人固有志焉而未之逮也。先叔仲相公領袁州牧，遣力訪其族里，時方定鼎之初，哀鴻甫集，族之人群然驚疑，逡巡中止。既而統六弟督榷鳩茲，族侄諱珩，字楚白者始一過而問焉，南北之源流相叙由此始，逮我皇上龍飛六年，余承簡命，出守新安，楚白率子廷獻，侄廷臣閱三載凡再過焉。因出其所輯族譜，余從而綜核之，凡宗派大小於是乎備；昭穆親疏於是乎明；服族隆殺於是乎序。蓋地雖異宗不因之而異；支雖分祖不因之而分，如九河之於海，五岳之於泰山，或源也，或委也，可謂核而嚴，秩而不紊矣。昔司馬遷自序始於氏出重黎，班固著書遥稱系出楚尹。文勝則史，賢者不免，若余之以武陽為族，以明實也，以明親也，所以崇本反始也。夫豈與重黎楚尹同類而觀也哉。至遼陽一籍，闕焉未修，尚屬憾事，從而考訂淵源，使前此數百年之祖禰，歡若同堂，後此數千里之宗裔，敦乎一本，是余之責也夫，是余之責也夫！

康熙九年歲次辛亥孟春穀旦。

按：這篇文章，是十三世孫曹鼎望於康熙九年（一六七〇年）寫的，這時距離始遷豐潤的永樂二年已經是二百六十六年了。奇怪的是年代離得愈遠，記述上世的事卻愈來愈清楚，就是這篇文章首先提出了：

始祖伯亮公從豫章武陽渡協弟溯江而北，一卜居於豐潤之咸寧里，一卜居於遼東之鐵嶺衛。

但是儘管提出了曹端廣『卜居於遼東之鐵嶺衛』，卻没有説他是先到了豐潤，停留了若干年後又遷居遼東鐵嶺。按上引這段文字來解釋，則『一卜居於豐潤之咸寧里，一卜居於遼東之鐵嶺衛』，兩句是並列的、同時分别進行式的句子，并没有表明共同先到豐潤，其中有一人再去遼東。相反，按詞意來分析，倒只能理解為一個到了豐潤的咸寧里，另一個到了遼東的鐵嶺衛。因此，豐潤與曹端廣其人也還是拉不上什麽關係。

尤其應該指出的是，在曹鼎望祖父曹士直的墓誌銘裏，卻根本没有提曹端廣其事。誌文説：

> 先世伯亮公為江西南昌人，永樂時北遷塞上，占籍豐潤，遂世為豐潤咸寧里人。①

按：曹士直死於崇禎十年（一六三七年）八月，同年十月安葬，曹士直墓誌早於曹鼎望的這篇叙文僅三十三年，那末，曹鼎望的這個『協弟渡江而北，……一卜居於遼東之鐵嶺衛』的説法，究竟是何所據呢？難道這種『無稽之談』也可以作為信史看嗎？

現在，我們再退一萬步，就算曹鼎望所説的都是事實，因而，姑且説曹端廣是在豐潤暫住了一段時間，而後又遷遼東鐵嶺衛定居的。設使是這樣，這豐潤能算是曹端廣的籍貫麽？如果要依這個辦法來計算古人和今人的籍貫，那末一個人要有多少個籍貫呢？試舉李白、杜甫、蘇東坡為例，請問，能依這個辦法來算他們的

---

① 見《曹雪芹祖籍在豐潤》第九十八頁，天津人民出版社一九九四年版。

籍貫嗎？

再則：這篇叙文寫作的時候已經是康熙九年（一六七〇年），明朝早已覆亡，清皇朝已經確立。這時曹鼎望五十四歲，曹璽約五十三歲，曹璽的妻子孫氏早在順治十一年（一六五四年）就當了玄燁（後來的康熙帝）的保姆，到曹鼎望寫這篇《序》文的時候，曹璽任江寧織造已八年，曹家已遷到了南京。這年曹寅十三歲，曹宣九歲，都隨曹璽在江寧織造任所，這時曹家已是顯貴之家，無論是在北京和南京，都有一定的聲望和地位了。這篇《序》是第六次重修本譜時由曹鼎望寫的。曹鼎望字冠五，號澹齋，順治甲午科舉人，己亥科進士，授徵仕郎翰林院庶吉士等職，其長子名釗，字靖遠；次子名鈖，字賓及，號瘦庵；三子名鋡，字沖谷。現在據曹寅的詩集裏可以得知曹鼎望的第二子曹鈖及第三子曹鋡，都是與曹寅有很深的交往的，曹寅的詩集裏留有涉及他們的詩多首。從這些詩句看，他們是很小的時候就在一起的。這就是説第六次重修豐潤曹譜的『監修』曹鼎望的兩個兒子都是曹寅的至交，因此曹鼎望對曹振彦、曹璽、曹寅一家是必然很瞭解的。這裏就產生了這樣一個問題，既然豐潤曹氏宗譜的監修者曹鼎望與曹振彦、曹璽、曹寅這一家關係很密切，如果曹寅一家確是豐潤曹分出到遼東鐵嶺去的，曹璽、曹寅的東北籍貫確是鐵嶺，曹寅與曹沖谷、賓及等確是同一始祖分支下來的，那末曹鼎望在監修此譜時為什麼把這一支就在眼前的同宗兄弟不編修入譜而要排除在這個譜外呢？這一點應該作何解釋呢？我覺得反過來它只能證明曹振彦、曹璽、曹寅這一支確實不是由永樂年間流轉到鐵嶺去的曹端廣的後人，除此以外，就很難解釋這個問題。更何況就連曹端廣其人去鐵嶺的事也還尚待證實！

附：曹鼎望墓誌銘、曹鈖墓碑

曹鼎望墓誌銘

〔墓誌蓋全文，篆書〕：皇清誥授中憲大夫陝西鳳翔府知府加三級澹齋曹公墓誌銘。

〔墓誌全文〕：皇清誥授中憲大夫陝西鳳翔府知府加三級前翰林院庶吉士澹齋曹公墓誌銘。

賜進士出身光禄大夫户部左侍郎加六級年眷弟大興蔣弘道頓首拜撰

賜進士出身通議大夫順天府尹年眷弟真定劉元慧頓首拜篆

欽授翰林院編修太常寺少卿加一級年眷弟静海勵杜訥頓首拜書

公諱鼎望，字冠五，別號澹齋，姓曹氏。豐潤人。順治甲午舉於鄉，己亥進士，選內翰林國史院庶吉士。屢試太和殿，賜茶，人以為榮。辛丑散館，授刑部山西司主事。念關外嚴寒，流犯多凍死者，請大司寇龔公鼎孳具疏，三冬不發遣，以廣好生之德。制曰可。癸卯陞本部員外郎，有誣陝西張某謀反者，并揭其廳壁反詩證之，獄將成，公閱其詩，乃唐人張謂舊作，歸取刻本示之，事乃寢。甲辰，仍晉本部郎中。丙午，奉命典湖廣鄉試。丁未，擢徽州府知府。婺源、祁門盜踵至，掠去童子張有鵬等十三人。蓋徽州地連三省，在萬山中，賊渠六人，率其黨數千，出没郡縣為害，已二十年。公聞之，遣丁壯市魚鹽假商人入山貿易，識其巢穴姓名，乃密報巡撫，走江寧謁總督，具道其事。總督驚，將發兵剿之，公曰不可，剿必聯三省行文備軍儲，往返期會，非三閱月不能竣，風聲一出，賊偵知解散，兵去而賊復聚，此所以屢剿而一賊不獲也。總督曰：然則奈何？公曰：徽、寧、池饒將弁，皆制府所轄，誠得一老誠廉能者，少帶兵馬，探訪責在胥役，剿緝責之營兵，發縱指示，則操之主將。寬其時日，開以自新之路，如此則成功必矣。總督曰善。遂令總兵丘越，帥郭應萃等，將精甲三百偕公往，陣斬賊首何老二等十三人，生擒王跳鬼、六公子、趙老大等九十餘人。搜獲被掠童子十三人，縱之歸，餘悉投誠免死，計七月而賊平。遇覃恩，誥授中憲大夫，封父母如其官。未幾，督撫相繼去，新巡撫至，以事忤其意，奪爵三級歸。當是時，三藩未靖，尋以才賢，起廣信府知府。廣信邇七閩，自耿逆之為亂，兩陷兩復，兵燹之餘，民逃匿，城中蓬蒿深没人，逆賊江機、楊一豹等盤據山谷為盜，距郡城僅五十里，提鎮將軍駐廣信，公與將軍約，俾兵民和輯，勿得恃強虐民，招流亡勸墾，民稍稍集。又出令先降者受上賞，賊疑懼未定。既而奉檄調提鎮，赴湖南援剿，賊勢復張，公請總督亟剿之。總督至，謂公曰：吾欲先撫後剿何如？公曰：甚善。第此賊狡甚，非剿不可以撫。今日之賊首，即前日之投誠人也。總督曰：太守言是。即發兵破其前關，賊遁入封禁山，公隨營兩月，晝則督糧儲，夜則入謀帷幄。賊糧盡將就撫，而總督亦調赴湖廣，進取雲貴。兵既去，郡佐亦攝篆他縣，空城中止餘知府一人而已。於是募健丁，得士兵二百人為守御資。己未，舊提鎮移駐貴溪，公遺之以書，又投牒巡撫，且乞師浙督會剿。江機、楊一豹等計窮，走福建投誠，餘黨漸次剿滅。忽并征七年逋賦，公嘆曰：六載兵戈，民氣非二十年不能復，今若此，是驅之為盗也。白巡撫疏請於朝，十七年以前逋賦盡蠲，民獲蘇息。以外艱去，亡何丁内艱，服闋補鳳翔府知府。先是秦蜀初定，分西安將軍兵馬之半，駐防漢中，春秋往來，道出鳳翔。民田苦踐踏不得獲。公言於總督，疏免之。乃新張橫渠先生祠，及蘇眉山喜雨亭，公餘觴咏其間。公是歲六十有九。因念《禮》大夫七十致仕，奈何以遲暮之年，汩没風塵中，不遠愧二疏耶？遂引年乞休。公沉毅有謀，三出守皆值大軍之後，凶荒相繼，而其指揮戡亂，捷若影響，卒能起廢興行，可謂為政識本末者矣。生於明萬曆戊午二月初九日，終於康熙癸酉正月初三日，得年七十六。公之系出宋濟陽武惠王彬之五世孫孝慶，咸淳中，仕至顯文閣侍制，家於豫章。明永樂中，始祖伯亮徙豐潤之咸寧里。伯亮生英，英生安，安生宗禮，宗禮生思敬，思敬生登瀛，登瀛生士直，公之祖也。士直生繼祖，是為公父，封中憲大夫。母王氏，封大恭人。元配常氏，封恭人。男子三人，長釗，廩貢生。次鈖，□貢，官內閣中書舍人，俱先公卒。次鉿，歲貢。女子六人，俱為士人妻，孫八人，尚幼。所著曹子全書，藏於家。是歲十二月乙丑，十五日甲申，季子鉿爰卜宅兆，奉柩安厝於城西十八里鴨護山之陽，商家莊新塋，銘曰：三仕大府，囊無餘資。卓爾獨立，詎肯詭隨。手操兵柄，制勝出奇。料敵巧中，電驟雷馳。傷哉時命，未竟厥施。屢起屢蹶，乃止於斯。炳然者詞，穹然者碑。仿佛來臨，風馬靈旗。

曹鉿墓碑

〔碑首〕：清雲得禄

〔碑文〕：皇清待贈休職佐郎曹四公諱鉿沖谷府君孺人張高太君之墓

〔左面一行〕：　室朱門女立

（五）曹氏宗祠碑記

曹氏發源於真定靈壽，武惠公彬佐宋定天下，由乾德至咸平，出入將相，仁恕清慎，美不勝書，爵魯公，追封濟陽王。公有七子：璨、玥、瑋、玹、玘、珣、琮，皆顯官。瑋名尤著，與公併圖形昭勳崇德閣。五傳至孝慶公，公生南宋之世，以朝散大夫知隆興府即豫章，今江西南昌府，遂家焉。生子二，長善翁，一名浩，字天其，登進士第，當宋元之際，卜居新建縣之武陽渡。次美翁，別居於進賢縣，曹氏之由靈壽而南，自孝慶公始也。故曹氏之祖即推孝慶公為一世，傳至四世，端明公字伯亮，於永樂年間偕弟渡江而北，卜居豐潤縣之咸寧里，弟就遼東之鐵嶺衛，曹氏之由武陽而北，自伯亮公始也。（着重點為引者所加，下同）自是燕山楚水幾同參商，物換星移，數遭兵燹，南北之不通者亦有年。國朝定鼎以來，簪纓媲美於前，文獻克昌厥後。順治初十二世繼參公由山西太原府通判守城有功，擢江西袁州府知府，地近南昌，得以訪武陽之派系。康熙甲辰，公嗣首望由拔貢授中書督榷江南蕪湖縣。戊申，公猶子鼎望由賜進士出身，欽點翰林院庶吉士，除江南徽州知府，戊午又知江西廣信府，距南昌俱不遠，得再接武陽之派系。維時十四世文珩，分字楚白，偕子思獻、侄思皇往復江南，再謁官署，樽酒談宴，詳叙宗支。鼎望公因於庚申之秋，由廣信府署朱輪駟馬過故里，拜祖墓，與族人會宴終日，自此南北一家，孝友之心各有油然不能自已者，何莫非祖德所培養，先靈所默佑，俾咸寧之派，足以承靈壽乎，此曹氏所以稱望族於豐潤云。豐潤城內舊有曹氏宗祠，燬於火，遺址無存，今有二十世振澧公字子純者，居城南之鄭八莊，不忍宗祠之久廢，思欲從新改建。光緒丙午施自己開院一所，慨出金貲獨力創修，公之叔鑄公經理，堂兄宗海公監工，閱數月告竣，舊祠無所考，按宗譜之世次以定宗祠之昭穆。然宗譜與宗祠相維繫，既修祠不可以不修譜。曹氏之譜，自元而明而本朝，迭為增修，康熙乙巳為南北合譜之始，庚戌為南北合譜之終，至今二百餘年，續修無人，南北亦不相聞問。中經宗海公之曾祖著輝公，補綴咸寧之支，譜未成卷帙，宗海公欲輯而修之，以成先志，顧宗族蕃衍，恐獨力難成其事，因不憚勤勞，躬冒雨雪，赴各同宗之家隨帶紙筆，逐一填寫，資斧自備，族衆等共助修譜之費，至經費不足，謙、遜二公與振澧公又樂包墊協辦，須人如松公與晟魁公共成斯美，乃閱丙午、丁未、戊申而譜告成。至若進縣鐵嶺兩派，仍從其略。而北京旗籍，亦待補焉，不惟武陽別支分遷他省者不可追續，即武陽一籍亦有遠莫致之之憾。他日者或再有官遊於南，與夫有事四方者，隨在盡詳其世序，不惟登於譜，併以列於祠，是不能不望於曹氏繼起之有人也。因將修譜之始末附諸於修祠之後云。

光緒戊申壬午科舉人呂萬綏頓首拜撰

按：這篇《序》文寫於光緒戊申，即光緒三十四年（一九〇八年）。這是對曹氏由河北真定靈壽遷至江西南昌之武陽渡，再從武陽渡北遷至河北豐潤和北遷至遼寧鐵嶺的這一遷徙過程敘述得最詳細的一篇《序》文。也是這部豐潤曹氏族譜的最後一篇文章，距離曹氏始遷豐潤之永樂二年，已經是五百零四年了。

特别應該强調的是，所謂『始祖伯亮公從豫章武陽渡協弟溯江而北，一卜居於豐潤之咸寧里，一卜居於遼東之鐵嶺衛』，這是曹鼎望在康熙九年時説的，在此以前一直没有人講過。連曹端明在囑咐兒孫不要忘記祖宗要保護好自己的墳塋時，也没有講還有自己的弟弟曹端廣在遼東鐵嶺衛。這篇叙文，除了重複曹鼎望的話外，在曹端廣的問題上，没有提供任何新的東西。

四、《遷徙志》及其他

還應該指出來的是，在《浭陽曹氏族譜》卷二第七十三頁有《遷徙志》，對從江西武陽遷徙到各地的情况記載很明確，現在把有關的部分移録於下：

遷徙志

一、祖居真定，元季遷於江西南昌新建城南四十里之武陽渡，由武陽散居鄰近：安仁、近賢、回峰、塘里、山東、捉牛崗等處。

一、遷居遠省：湖北、山西、河南、山東、直隸。

一、直隸豐潤，始由江西武陽遷居城內西街，由豐潤入旗籍於京城，由京徙於霸州者，而豐潤之鄰近散居者：蘆各莊、鄭八莊、小集、女各莊、大樹莊。

一、遷鄰州縣者：灤州、玉田、寶坻（原注：現在寶坻無，寧河潘莊有一支派，原寧河原屬寶坻，故祇有寶坻焉）

以下便是列舉各村莊的名字，没有必要再加引録。上引的材料裏，特别請注意第二條『遷居遠省』，下面列舉『湖北、山西、河南、山東、直隸』各省，但竟無遼寧省。那末，自然也不存在遷居『遼東之鐵嶺衛』。不僅如此，在『二十世孫晟魁謹撰』的《曹氏重修譜序》裏也没有一點端廣遷居遼東鐵嶺的影子，只説：『始祖伯亮公於前明永樂年間從豫章武陽渡遷居豐潤之咸寧里』，這裏連所謂『協弟渡江而北』也没有了。應該指出，這部《浭陽曹氏族譜》的編撰是相當混亂的，其中自相矛盾的地方也不少。所以上述《遷徙志》裏不提遼寧省，更不提『遼東鐵嶺』，這篇光緒三十三年（一九〇七年）寫的《序》裏不提『始祖伯亮公協弟渡江而北……一卜居於遼東之鐵嶺衛』，就算這都是自相矛盾和錯漏疏忽，那末再請看看此譜的卷五《譜世》（南北合譜總世，由第四世分南北支）第四世：『子義，行一，子三：端可（下略——其庸）。端明，字伯亮，行二。永樂二年占籍豐潤，為北曹始。以後另序。端廣，字□□，行三。占籍遼東，後人失載。』請再看看本卷前面的《曹氏南北合譜總圖》『自一世至五世』的『世系表』，在子義名下，並列端可、端明、端廣三人。在端明名下，直書『卜居豐潤』，在端廣名下，直書『卜居遼東』。這裏表明得非常清楚，哪裏有什麼曹端廣先到豐潤，再遷遼東之事！可以説，查遍這部《浭陽曹氏族譜》也找不到曹端廣到過豐潤、暫居過豐潤的信息。連《浭陽曹氏族譜》都不承認這一點，那末曹端廣曾落籍豐潤云云，豈非完全是憑空虛構！所以鬧了幾十年的『曹雪芹祖籍豐潤』説，實際上完全是虛構：一是虛構了曹端廣曾落籍豐潤；二是在此虛構的基礎上又虛構了曹雪芹是曹端廣的後人的這重關係；三是再在此虛構的基礎上虛構了曹雪芹的祖籍是豐潤。真是『玄之又玄，衆妙之門』。然而虛假的東西總是不可靠的，還是老實一點的好。但是，有些人卻總是不老實，總是要騙人，還硬要打腫臉充胖子，死咬住豐潤籍不放，這只能表明他們毫無真正做學問的態度，毫無對讀者説真話的誠意。難道有了一副鐵齒鋼牙，就能把真理咬扁，把歪理咬成真理，把假的咬成真的？

説實在話，最早講到『由武陽而遷豐潤、遷遼東、徙進賢』的是十三世孫明試。這時距永樂二年已經是二百一十二年了，但也只是一句空話，没有具體的人和事。到了曹鼎望，纔把這句空話加以具體化，具體化到『協弟溯江而北，一卜居於豐潤之咸寧里，一卜居於遼東之鐵嶺衛』。但這時又過了半個多世紀了。這樣没頭没腦的事情，能令人信服不疑嗎？

曹鼎望既然能把距離自己二百六十七年前的祖宗的事寫得很具體，那末，他又為什麼不能把與自己很熟悉的人曹璽、曹寅等寫得詳細些呢？

曹鼎望當時正在監修此譜，他一方面慨嘆『遼陽一籍，闕焉未修』，而另一方面卻把真正遼陽的曹錫遠、曹振彦、曹璽、曹寅這一支排除在外，不修入譜，這種特殊的情況怎麼能説得通呢？這只能説明曹錫遠、曹振彥、曹璽、曹寅這一支確實不是與豐潤曹同宗，因之他們也無法把他們編修入譜。除了這樣的解釋外，恐怕很難得出更確切的解釋來。

五、豐潤曹氏宗譜世系表

這個《豐潤曹氏宗譜世系表》是據光緒三十四年武惠堂刻的《浭陽曹氏族譜》中的世系表『此單序豐潤一支圖』繪製的，因為曹氏自江西武陽遷到豐潤後，又支派蔓延，分居各地，在這部《浭陽曹氏族譜》的《遷徙志》的第三條前已引録，其第四條則是『遷鄰州縣者』，譜上開列了大批的地名，因為這些都是豐潤曹分出去的，與曹璽、曹寅等人更無關係，故譜上其他支派的世系圖表如『老二門一支』、『曹家坨等莊一支』、『南昌一支』等等不再列入，以省篇幅。上引第三條內説『由豐潤入旗籍於京城』，這是否是指曹振彥、曹璽、曹寅一家呢？不是。在本譜『元下卷二』明白記載：

北京旗籍：

曹鑛，寓北京東四牌樓乾麵胡同，有『四世五大夫』匾。

曹首望，住北京孫公園，有『父子兄弟叔侄太守』匾。

在本譜的《藝文志》內，又記有：

四世五大夫第匾

此匾在京東四牌樓乾麵胡同，係軍機處行走兵部尚（書？）孫家淦為欽加按察司銜江西袁州府知府曹繼參暨子提督通惠河道湖關監督曹守（首）望，侄翰林苑庶吉士、刑部郎中曹鼎望，孫刑部雲南司郎中曹鑛，重孫兵部職方司員外曹永淳立。

父子兄弟叔侄太守匾

此匾在京孫公園，係太子太保兵部尚書直隸總督方觀成為江南袁州府知府曹繼參暨侄江南徽州府知府曹鼎望子江蘇蘇州府知府曹守（首）望立。

由此可見，以上這些概與曹璽、曹寅無關，因此我們只繪製了『豐潤一支圖』。

豐潤曹氏宗譜世系表